中国产业园区研究新论 2023

礼森（中国）产业园区智库◎编著

A NEW RESEARCH ON INDUSTRIAL PARKS IN CHINA

首都师范大学出版社
CAPITAL NORMAL UNIVERSITY PRESS

图书在版编目(CIP)数据

中国产业园区研究新论.2023 / 礼森(中国)产业园区智库编著.—北京:首都师范大学出版社,2024.1

ISBN 978-7-5656-7929-2

Ⅰ.①中… Ⅱ.①礼… Ⅲ.①工业园区—经济发展—研究—中国 Ⅳ.①F424

中国国家版本馆 CIP 数据核字(2023)第 252287 号

ZHONGGUO CHANYEYUANQU YANJIU XINLUN 2023

中国产业园区研究新论 2023

礼森(中国)产业园区智库 编著

责任编辑 李军政

首都师范大学出版社出版发行

地 址 北京市西三环北路 105 号

邮 编 100048

电 话 68418523(总编室) 68982468(发行部)

网 址 http://cnupn.cnu.edu.cn

印 刷 北京印刷集团有限责任公司

经 销 全国新华书店

版 次 2024 年 1 月第 1 版

印 次 2024 年 1 月第 1 次印刷

开 本 787mm×1092mm 1/16

印 张 17.25

字 数 295 千

定 价 58.00 元

编 委 会

序言 PREFACT

中国式现代化需要中国式园区
——写在第二个百年奋斗起点上

党的二十大提出"从现在起，中国共产党的中心任务就是团结带领全国各族人民全面建成社会主义现代化强国、实现第二个百年奋斗目标，以中国式现代化全面推进中华民族伟大复兴"。中国式现代化伟大实践需要中国式园区。时代在召唤中国园区人，为第二个百年奋斗目标交出"中国式园区"的完美答卷。

中国式园区是实践伟大建党精神的有机生命组织。园区不仅仅是一个地理空间或是物理载体，更是一个有生命的组织。园区是由地方政府(管委会)、园区开发主体、入园企业、服务机构以及入园人才共同组成的，物理载体提供的是一个舞台，是他们通过共同协作与努力，促进了产业园区的发展。在新的历史起点上，伟大建党精神将指引这一生命组织不断前进。践行初心、担当使命，中国式园区自 1984 年以来一直保持改革开放的重要初心，担负着推进经济发展的使命，这是过去几十年来促进园区人不断探索前进的重要精神财富。不怕艰险、英勇奋斗，面临百年未有之大变局，中国式园区在新时代要勇于在波涛汹涌的国际产业格局中顽强奋斗，园区人更要保持一百二十分的工作热情，不惧险阻，更加积极主动地服务产业，保障供应链和产业链稳定安全。在第二个百年奋斗起点上，园区人更要践行初心、英勇斗争，以改革的初心同墨守成规、"照章办事"的惰政惯性斗争，以进取的初心同能缓则缓、能推则推的推诿情绪斗争，以开放的初心同唱衰中国、做空产业的悲观预期斗争。园区人要通过不断地努力，更进一步凝聚园区这个生命体中各个组成部分的共识，尤其是注重树立和发扬入园企业和人才对园区的认同感，邀请各方参与到园区的重大决策、重大建设和重大活动中。

中国式园区是建设现代化产业体系的主阵地。园区自诞生以来就肩负着推进产业发展的重任，中国式园区更是紧跟时代脉搏和国家战略要求，不断推进产业更新迭代，促进核心技术中国化。新一代信息技术、人工智能、生物技术、新能源、新材料、高端装备、绿色环保等一系列战略性新兴产业已经成为各个产业园区的主要发展方向。在建设现代化产业体系的道路上，中国式园区面临着新的课题。数字技术和实体产业的更紧密结合是伴随着数字化转型而来的新要求，中国式园区不仅仅要推进园区内产业的数字化，也要推进自身的数字化，不仅仅要强化对产业实体资产的维护，也要实现数据资产的流动与变现。更高端的产业发展要求园区提供更精准和高效的服务，园区开发建设和运营管理本身也是现代服务业和高端服务业的组成部分，是现代化产业体系中不可分割的一部分。园区做精专业化服务，推动产业发展是最具落地性的二、三产融合方式，是中国式园区为产业升级转型找到的答卷。

中国式园区是对外高水平开放的最重要前沿。开放与创新一直是中国式园区在发展过程中的关键词。中国式园区是改革开放由沿海走向内陆，由重点城市走向普通城市的重要见证者和参与者，承担着一个地区对外开放、促进创新的光荣使命。经济技术开发区、海关特殊监管区域、自由贸易试验区……这些中国式园区的名字中就深深刻下了开放的烙印。在新的历史征程上，中国式园区更应担负起对外开放的重任，成为新发展格局中双循环的重要链接点。从货物开放走向服务开放，中国式园区在畅通国际物流、促进国际货物贸易的同时，也要积极推动服务业的“引进来”和“走出去”。一方面紧抓数字经济东风，促进具有竞争力的服务对外输出，另一方面对接全球市场，推动各类具有国际标准的专业化服务引入。中国式园区重点要不断强化制度型开放，推动园区办事环境和营商环境接轨国际，营造符合技术创新要求、利于技术产业化实践的园区环境，以更大程度的制度型开放，谋求更深的技术型创新。

中国式园区是构建青山绿水的重要基础。中国的青山绿水决不是贫穷得一清二白，而是在产业高度发达后，通过新技术和集约化生产达到人与自然的和谐共生。这一切都有赖于中国式园区的贡献。通过园区集聚产业，在推进产业发展形成规模效应的同时，也有利于集中管理各类污染物排放和碳排放，更有利于推进污染治理技术和减排技术的覆盖。在我国“双碳”战略下，青山绿水对中国式园区来说绝对不是单纯的挑战，而是更大的机遇。通过从能源端，尤其是集中供电端入手，降低能耗，用好清洁能源，在促进产业绿色化的同时，为园区提供大量的潜在“碳资产”，园区将从单纯的基础设施服务商转变为入园企业的碳资产管理服务商。

中国式园区是全球治理体系的重要参与者。园区作为推进经济增长，促进发展的重要工具，虽然不是由中国首创的，但是由中国将之发扬光大的。中国式园区作为改革开放以来推动经济高质量发展的重要载体，积累了众多后发国家发展的经验，形成了一系列可复制、可推广的方法与措施。在以“和平与发展”为主题的全球治理体系中，中国式园区有资格代表中国参与全球减贫和发展解决方案的比拼与竞争，成为中国在全球治理中的名片。

中国式园区是伴随着中国式现代化的脚步诞生、发展、壮大的，是一代代园区人通过不断的实践摸索出的一条重要发展之路。在新的历史起点上，中国式园区必将继续大放异彩，在新的历史征程上，中国式园区要不断自我革命，实现新的价值。

中国式园区要在服务模式上不断创新。园区作为服务企业和人才的最前沿，是我国各类产业政策和创新政策落地的最重要阵地。长期以来，各地政府依托中国式园区开展经济管理工作，为产业发展提供保障。在迈向现代化的路上，中国式园区要不断创新服务模式，变企业管理为企业服务，将单纯的由上至下的行政指令性的管理，变为以服务为核心的园区产业发展价值体系。每个园区都需要深深嵌入自身服务的产业领域中，成为本区域特色产业发展的重要基础设施，将自身的服务转变为覆盖企业全生命周期的不可或缺的因素。

中国式园区要在内部治理上不断改革。当前众多园区的内部治理方式仍然仿照政府机关，尽管近几年来大江南北轰轰烈烈地开展了法定机构等改革，但是中国式园区的内部制度建设和运作机制仍然脱离不了强烈的行政色彩。随着市场进一步在资源配置中起决定性作用，在“两个毫不动摇”的原则下，当前园区较为低效的内部治理方式正面临着来自市场运行规律和入园企业诉求的双重冲击。中国式园区一定要在内部治理上大刀阔斧地进行自我革命，将不贴近市场、不符合市场运行规律的方式和机制革除。内部治理的改革将在不断提升园区管理结构运作效率的同时，促进园区对企业的服务，更有利于营造良好的营商环境。

中国式园区要在能力建设上不断提升。园区发展的未来，根本在于园区自身的能力建设，在于园区人综合能力的提升。优质园区的成功不在于楼宇业态上的差异，不在于产业政策之间的差异，而在于园区能力建设上的差异。中国式园区的未来发展依靠的不仅仅是如数字化这样的技术革新或是如自贸区这样的政策革新，更多地要依靠自身的能力迭代。更重要的是，要保证园区人持久的自我学习，保证园区服务管理团队的长期稳定，在确保园区能力建设体系整体稳定的情况下，不断吸收新知识和新思路。

在新的征程上，中国式园区的发展道路不会是一帆风顺的，但是在中国式现代化的历史指引下，中国式园区必能继续乘风破浪。让我们向着第二个一百年再创辉煌！

《产业园区研究》编委会

目　录

产业环境大趋势

发展模式再探索

运营管理新篇章

政策研究探影响

土地更新破难题

他山之石树典型

产业环境大趋势

全国外资外贸重要载体发展基本情况及吸引力分析

马彤晖

面临百年未有之大变局，中国不仅对外开放的决心不动摇，还以更高水平的对外开放来促进更深层次的改革，推动经济高质量发展，实现外资外贸较快增长，规模再创新高。2022年，我国货物贸易进出口总值达到42.07万亿元，同比增长7.7%；全年全国实际使用外资金额12326.8亿元人民币，按可比口径同比增长6.3%。国家级经济技术开发区(以下简称“国家级经开区”)、国家级高新技术产业开发区(以下简称“国家级高新区”)、海关特殊监管区域和中国自由贸易试验区(以下简称“自贸区”)等作为国家重点发展区域，充分发挥资源优势，政府参与开发建设并给予一定的优惠政策，同时在制度上进行大胆创新，使得我国外资外贸在2022年依然展示出强劲韧性。通过对我国外资外贸重要承载区基本情况进行总结，笔者分析了不同类型的产业园区对于外资外贸的吸引力情况。

一、全国外资外贸重要载体发展基本情况

国家级经开区是由商务部主管的国家级开发区，是我国最早集中在沿海城市建立的用于吸引外资、进行经济贸易的重点区域，设立之初就携带着对外开放的基因，成立至今已经吸引了一大批高质量的外资企业。截至目前，全国共有230家国家级经开区，基本遍布全国绝大部分省级行政区。在商务部最新的国家级经开区综合考评办法中，与外资相关的指标共5项——实际使用外资金额、实际使用外资金额增速、外商投资企业再投资金额、实际使用外资占所在地级市实际使用外资比重、高技术产业实际使用外资金额及增速，权重总和为19%；与进出口相关的指标共4项——进出口总额、进出口总额增速、进出口额占所在地级市进出口额比重、高新技术产品进出口额及增速，权重总和为17%。该办法将进一步引导和强化国家级经开区对外开放。

国家级高新区由科技部归口管理，与国家级经开区一样，是我国最早设立的一批国家级开发区，主要设立在技术密集型和开放发展的城市。通过实施高新技术产业的优惠政策和各项改革措施，促进科技成果转化，完成了一项项关键核心技术的突破，是我国科技创新成果、高科技人才最集聚的区域。

从 2009 年开始，国家依托实力较强的 66 家国家级高新区建设 23 家国家自主创新示范区，打造成国家级高新区的升级版，加大政策先行先试力度，通过示范，引领科技高速发展。在最新的国家级高新区综合评价体系中不考核外资外贸总量，而是考核出口总额中技术服务出口占比、营业收入中高新技术企业出口总额占比两项占比指标，这体现了对高新技术出口的重视。

海关特殊监管区域是国家对外开放过程中应企业需求设立的用于保税加工贸易的区域，包含保税区、出口加工区、保税物流园区、跨境工业区、保税港区、综合保税区 6 类，区域内具备保税功能，享受国家级开发区优惠政策。海关特殊监管区域以很小的面积推动了整个区域的对外贸易，通过跨国产业转移平台吸引了一大批外贸龙头企业，并且围绕龙头企业在周边聚集配套企业，打通了进出口的国际通道，促进了外向型经济的发展。

与海关特殊监管区域相比，自贸区不局限于税收优惠，而是以制度创新为核心，不断推进政府职能转变，创新管理模式，进一步促进贸易和投资便利化，重点“试验”探索出更加开放的新体制。自贸区设立较晚，但发展迅速，从 2013 年到现在已经覆盖了全国 21 个省、自治区、直辖市，形成了 200 多条可以进行推广和复制的创新成果，有效激发了市场活力，推动外资外贸水平进一步提升。

表 1　全国外资重要载体基本情况

名称	主管部门	定义	特征	分布
国家级经济技术开发区	商务部	我国为实行改革开放政策而设立的现代化工业、产业园区，主要解决我国长期存在的审批手续繁杂、机构“叠床架屋”等制约经济社会发展的体制问题。既着眼于产业发展规律又着眼于区域发展规律。	不同的产业之间如何互补，突出产业的集聚优势，政府发挥较大的作用。能够进入园区的企业享有一定的优惠政策，比如优惠提供工业用地和税收减免。	230 家，东部 112 家，中部 68 家，西部 50 家。
国家级高新技术产业开发区	科技部	着眼于产业发展规律，在一些知识与技术密集的大中城市和沿海地区建立的发展高新技术的产业开发区。	高新技术产业在发展初期需要政府的扶植加以培育。科技部对于“高新区”的介入细化到了产业的指导目录，也就是说，哪个地方的高新区应重点发展何种产业，都有着明确的规定。	177 家，东部 70 家、中部 49 家、西部 42 家、东北 16 家，还建设了 23 家国家自主创新示范区。

续表

名称	主管部门	定义	特征	分布
海关特殊监管区域	海关	具有保税港区功能的海关特殊监管区域，由海关参照有关规定对综合保税区进行管理，执行保税港区的税收和外汇政策，集保税区、出口加工区、保税物流区、港口的功能于一身，可以发展国际中转、配送、采购、转口贸易和出口加工等业务。	经过国务院审批，纳入国家级开发区范畴，同时享受所在地区国家赋予开发区的优惠政策；采取封闭围网管理，海关特殊监管区域基础和监管设施验收有严格的标准，具有一线二线的通关特征；具备保税功能，即对区内的货物实施保税政策。	海关特殊监管区域 163 个。其中，综合保税区 150 个，保税港区 2 个，保税区 9 个，出口加工区 1 个。
中国自由贸易试验区	商务部	指某一国家或独立关税地区在本国或本地区境内所划出的特定贸易区。在这个区域内实行自主给予外国或其他地区特殊优惠税收和监管政策。	园区内的生产、贸易和投资活动适用的关税、审批和管理政策灵活。	21 家。

二、全国外资外贸重要载体分布特征

从分布情况来看，国家级经开区成立时间最早，数量也最多，合计 230 家。在国家的推动下，全国除港澳台的 31 个省级行政区均设立了国家级经开区，成为各地政府推动区域经济发展的重要抓手，贡献了全国 12%的 GDP。江苏省、浙江省、山东省数量最多，分别为 27 家、22 家和 16 家，新疆、西藏、宁夏、青海等中西部地区均至少有 1 家。随着园区加速开发建设，已经进入到二次开发阶段，现在面临着增长动力不足、体制机制不灵活等问题。中西部内陆地区承接外资外贸转移能力较弱，阻碍了国家级经开区进一步高质量发展。在新时代下，总量大幅度提升之后的国家级经开区进入高质量发展阶段，将继续发挥区域带动作用，承接更多城市功能，通过城市化发展带动产业能级的提升，提升科技创新实力，促进二、三产业均衡发展，并通过与海关特殊监管区和自贸区的联动发展加快对外开放。

全国共有 177 家国家级高新区，除港澳台的 31 个省级行政区均有分布，江苏省、广东省、山东省最多，分别为 18 家、14 家、13 家。绝大多数省级行政区国家级经开区多于国家级高新区，浙江省国家级经开区比国家级高新区多 14 家，江苏省多 9 家，新疆多 5 家，反观广东省则是国家级高新区比国家级经开区多7家，体现出广东省对于高新技术的重视程度和科技活力。深圳高新区、广州高新区、珠海高新区等在全国高新区排名靠前。自2009年国家依托国家级高新区设立了第一家中关村国家自主创新示范区以来，23家国家自主创新示范区遍布21个省级行政区，其中浙江省、广东省创建了2家国家自主创新示范区。山西、内蒙古、海南、青海等本身国家级高新区较少、创新能级不强的省份，需要加快提高原有高新区的发展质量，借鉴国家自主创新示范区在科技成果转移和转化、科技金融创新、人才集聚和培养、开放共享等方面的政策创新和经验，加快自主创新和创新要素集聚。河北、广西、云南等省份需要整合高新技术资源，创建国家自主创新示范区，提升现有高新技术能级，探索创新驱动发展的新路径。

2013年我国首个自贸试验区——上海自贸试验区挂牌成立。到目前为止，21个省级行政区设立了自贸区，实现了沿海省份全覆盖，其实施范围均超过百平方公里，用制度创新倒逼改革的方式，进一步密切与周边国家的经济贸易往来。对于内陆地区经济和外生发展较为困难的省份，需积极融入到“双循环”等国家和区域发展战略，联合培育具有国际竞争力的新优势载体，这样未来才能在对内和对外贸易循环中具有更大的发展空间。

表2　全国外资外贸重要载体分布情况　　单位：个

区域	国家级经开区	国家级高新区	国家级自主创新示范区	海关特殊监管区域	中国自由贸易试验区
北京市	1	1	1	2	1
天津市	6	1	1	5	1
河北省	7	5	—	4	1
山西省	4	2	—	1	—
内蒙古自治区	3	3	—	3	—
辽宁省	9	8	1	5	1
吉林省	5	5	1	2	—
黑龙江省	8	3	1	2	1
上海市	6	2	1	10	1
江苏省	27	18	1	21	1
浙江省	22	8	2	11	1
安徽省	13	8	1	5	1
福建省	10	7	1	7	1

续表

区域	国家级经开区	国家级高新区	国家级自主创新示范区	海关特殊监管区域	中国自由贸易试验区
江西省	10	9	1	4	—
山东省	16	13	1	13	1
河南省	9	9	1	5	1
湖北省	9	12	1	5	1
湖南省	10	9	1	5	1
广东省	7	14	2	16	1
广西壮族自治区	5	4	—	4	1
海南省	1	1	—	2	1
重庆市	3	4	1	5	1
四川省	10	8	1	6	1
贵州省	2	3	—	3	—
云南省	5	3	—	2	1
西藏自治区	1	1	—	1	—
陕西省	5	7	1	7	1
甘肃省	4	2	1	1	—
宁夏回族自治区	1	2	—	1	—
青海省	2	1	—	1	—
新疆维吾尔自治区	9	4	1	4	—
合计	230	177	23	163	21

三、全国外资外贸重要载体对外开放情况

国家级经开区和自贸区均公布了 2021 年实到外资，分别为 683 亿美元、2130 亿美元，同比增速分别为 14%、20.8%，占全国实到外资的 5.9%、18.5%。自贸区总量和同比增速远高于国家级经开区，21 家自贸区对外资外贸吸引力方面表现优异。

对比国家级经开区与国家级高新区的出口总额，国家级经开区 2021 年出口总额 5 万亿元，同比增长 28.2%，国家级高新区 2021 年出口总额 5.1 万亿元，同比增长 14.1%，总量基本相当，说明在外贸的吸引力上以外资推动和

技术提升推动出口水平基本相当。

从进出口总额来看，国家级经开区总量最大，占全国进出口总额的21.9%，其次是以进出口为主的海关特殊监管区域，这主要是由于绝大多数海关特殊监管区域包含在国家级经开区内，但从增速来看海关特殊监管区域略高于国家级经开区。自贸区进出口总额为6.8万亿元，占全国总额17.4%，增速最高为44.7%，是最具活力的区域，也是未来对外贸易的重要增长极。

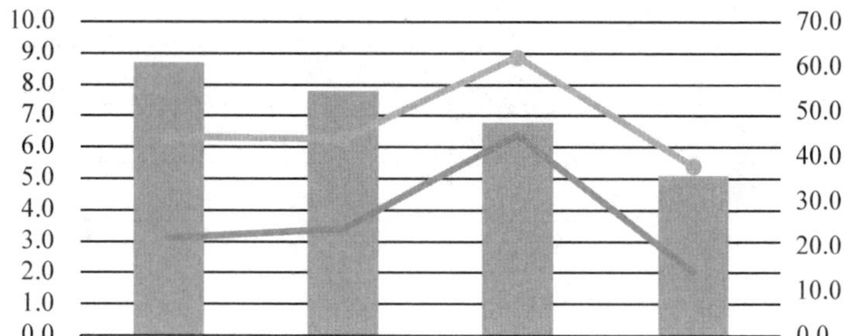

	国家级经开区	海关特殊监管区域	中国自由贸易试验区	国家级高新区
进出口总额（万亿元）	8.7	7.8	6.8	5.1
占比（%）	22.3	19.9	17.4	23.5
同比增长（%）	21.9	23.8	44.7	14.1

图1　全国外资重要载体进出口总额①

注：以上数据来源于网络公开整理。

四、结语

通过对比国家级经开区、国家级高新区、国家级自主创新示范区、海关特殊监管区域和中国自由贸易试验区等园区的功能、分布特征和外资外贸情况，可以发现上述五类园区均是我国吸引外资外贸的重要载体，且贡献的GDP、实到外资和进出口水平相当，但是从增速来看国家级经开区和高新区已经进入了稳步增长阶段，国家级高新区高新技术产品出口受国际环境限制难以实现大幅突破，国家级经开区由于成立时间较早、集聚的外资企业发展较为成熟，在吸引实到外资方面与自由贸易试验区相比落后较多。现阶段，海关特殊监管区域成为对外贸易最重要的窗口，成为带动国家级开发区对外贸易的重要增长极，自由贸易试验区虽然成立最晚、数量最少，但是在外资外贸水平上已经远超其他类型开发区，发展速度迅猛。

① 国家级高新区为出口总额，占比为全国出口总额占比。

RCEP区域经济一体化对于我国进出口贸易影响研究

葛婧怡

2020年11月15日，长达8年之久的区域全面经济伙伴关系协定(Regional Comprehensive Economic Partnership，以下简称“RCEP”)的谈判终于尘埃落定，包括中国在内的15个国家正式签署协定，并于2022年1月1日生效。在全球经济一体化深入发展的浪潮下，RCEP的成功谈判和顺利签署是区域经济一体化取得的重大突破性进展，是世界经济发展的重要推手和国际贸易良性循环的强大动力。本文主要探讨RCEP对于我国进出口贸易的影响，包括在RCEP推动下，我国进出口总额的变化、协议国进出口贸易经济情况受到的影响，以及我国进出口产品结构的变动。

一、RCEP背景介绍

东亚区域经济一体化的思想萌芽于1990年，马来西亚总理马哈蒂尔提出“东亚经济集团”(EAEC)设想。1997年亚洲金融危机时期，大范围货币危机席卷亚洲各国，西方国家对亚洲各国遭受的金融重创冷眼旁观，亚太国家反思后提出理应加强亚洲区域内部的信息分享和经济合作，避免对以美国为首的西方国家经济过度依赖，摆脱美国对亚太地区的经济控制企图。同年，东南亚国家联盟(以下简称“东盟”)与中、日、韩“9+3”领导人非正式会议举行，启动合作进程。在柬埔寨加入东盟后，1999年发布《东亚合作联合声明》，2001年在“10+3”会议上提出建立东亚共同体，次年发布《东亚研究小组最终报告》，2005年在“10+3”基础上举行第一次东亚峰会，2007年发布《第二份东亚合作联合声明》。

基于东亚区域经济一体化发展和应对跨太平洋伙伴关系协定冲击的迫切需求，2012年东盟提议发起RCEP，希冀于构建全面、多元、互利互惠的高质量区域自贸协定。历经8年时间多达31轮的艰苦谈判，以及20余次领导人、部长级会议，直到2020年才最终敲定下来，成员方包括东盟10国和中国在内的非东盟5国。RCEP于2022年1月1日正式生效，首批受益国家包括文莱、柬埔寨、老挝、新加坡、泰国、越南等东盟6国和中国、日本、新西兰、澳大利亚等非东盟4国。RCEP覆盖人口约22.7亿人，GDP约占全球的三分之一，出口额占全球的30%，作为当前覆盖人口最多、贸易规模最大、结构最多元、最具发展活力的自由贸易区，是东亚区域经济一体化里程碑式的突破。

二、RCEP的特点和优势

RCEP协定内容紧跟全球贸易发展趋势，在世贸组织规定的基础上，创新性地纳入了很多全新的贸易形式，包括电子商务、知识产权、竞争政策、政府采购、中小企业等。RCEP在货物贸易方面力图实现较高的自由化水平，在多领域开放市场和简化进出口规则的同时，协议成员国享受关税减让，区域内90%以上的货物贸易将在十年内最终实现零关税。另一个亮点是实施原产地累计规则，通过将各RCEP其他成员国的原产材料累积计算，使得货物更容易获得RCEP原产地资格，显著提高协定优惠税率的利用率。RCEP为区域内的投资和经济合作创造强大的吸引力，在便捷化贸易规则的同时有助于强化区域内部资金的吸引力，稳固区域贸易伙伴之间的经济联系，大幅推进区域一体化进程。

在当前全球贸易保护主义和单边主义盛行的背景下，RCEP充分协调亚洲区域经济发展的多元化，为各成员国提供全球贸易体系重构下不可或缺的机遇。我国一直积极参与“10+3”各领域合作交流，在推动东亚合作进程中发挥重要作用，作为首个完成RCEP批准的国家，我国对RCEP生效带来的机遇和挑战相当重视，相关部门陆续颁布一系列政策，如国务院办公厅发布《国务院办公厅关于做好跨周期调节进一步稳外贸的意见》(国办发〔2021〕57号)，积极依托RCEP稳外贸；商务部等6部门联合印发的《关于高质量实施区域全面经济伙伴关系协定(RCEP)的指导意见》(商国际发〔2022〕10号)要求高标准实施贸易便利化、自由化，聚焦提质升级。RCEP作为我国国际经贸合作发展的强有力基石，将为高质量高水平对外开放、开拓合作共赢新局面提供有效支撑。

三、RCEP生效对我国经贸的影响

下面从进出口总额、对协议国进出口和进出口商品占比情况三个角度探究RCEP生效对我国经贸的影响，相关数据均来源于中国海关总署和国家统计局。

(一)RCEP生效对我国进出口总额的影响

2013—2020年间，我国进出口总额整体呈现波动上升趋势，最大增幅未超过15%。在RCEP签署的2021年，进出口总额由2020年的4.66万亿美元跃升至 6.05 万亿美元，增幅高达 29.8%。2022 年在 2021 年高基数的基础上进出口总额仍保持了 4.3%的同比正增长，外贸运行发展展现出较强的韧性。

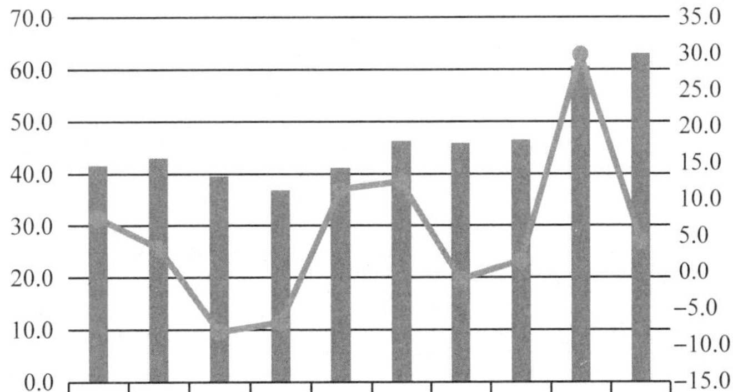

	2013年	2014年	2015年	2016年	2017年	2018年	2019年	2020年	2021年	2022年
进出口总额（万亿美元）	4.16	4.30	3.95	3.69	4.11	4.62	4.58	4.66	6.05	6.31
进出口总额增幅（%）	7.5	3.4	-8.1	-6.8	11.4	12.5	-1.0	1.7	29.9	4.3

图 1　2013—2022 年我国进出口总额情况图

RCEP 的生效大幅拉动了我国进出口总额增长。在 RCEP 影响下，各协议国之间实现高水平的区域自由贸易。我国国际国内贸易市场稳步扩张，向协议国进出口金额在 2021 年大幅增长，同协议国的进出口金额共计 1.87 万亿美元，同比正增长 26.3%，达到近十年最大涨幅。我国同协议国进出口金额合计增长 0.39 万亿美元，对同年我国进出口总额增长贡献了高达 27.9%的比重，利好作用明显，在我国对外贸易发展中发挥了重要作用。

RCEP 的影响使我国进出口差额激增，可能造成潜在的通货膨胀。近十年来，我国出口水平均高于进口水平，贸易顺差基本保持在 0.5 万亿美元及以内的水平，自 2019 年起进出口差额持续拉大，增幅在 2021 年进一步提高至 29.0%，在 RCEP 生效当年增幅达 29.8%，实现创纪录的贸易顺差。2021 年，我国出口和进口总额增幅波动基本趋于同步，均达到近十年最大涨幅。2022 年出口总额增幅水平高于进口总额增幅，预测未来进出口差额还将进一步上涨。尽管我国在对外贸易收支方面占据有利地位，但贸易顺差过大却意味着我国经济对外依存度较高，过多的外汇储备也容易造成潜在的通货膨胀压力。

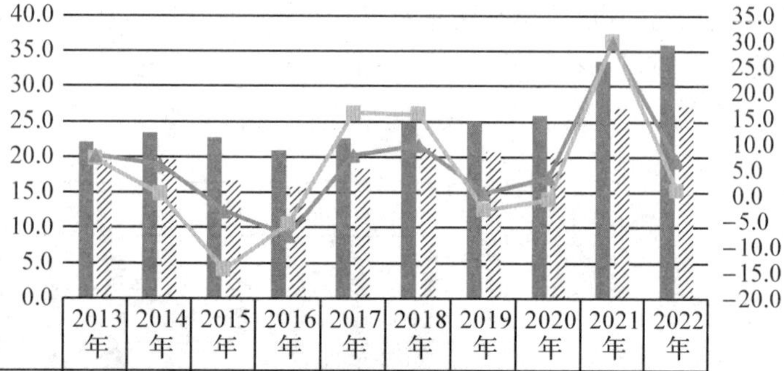

	2013年	2014年	2015年	2016年	2017年	2018年	2019年	2020年	2021年	2022年
出口总额（万亿美元）	2.21	2.34	2.27	2.10	2.26	2.49	2.50	2.59	3.36	3.59
进口总额（万亿美元）	1.95	1.96	1.68	1.59	1.84	2.14	2.08	2.07	2.69	2.72
出口总额增幅（%）	7.8	6.0	–2.9	–7.7	7.9	9.9	0.5	3.6	29.8	6.9
进口总额增幅（%）	7.2	0.5	–14.3	–5.5	16.1	15.8	–2.7	–0.6	30.1	1.1

图2 2013—2022年我国出口、进口总额情况图

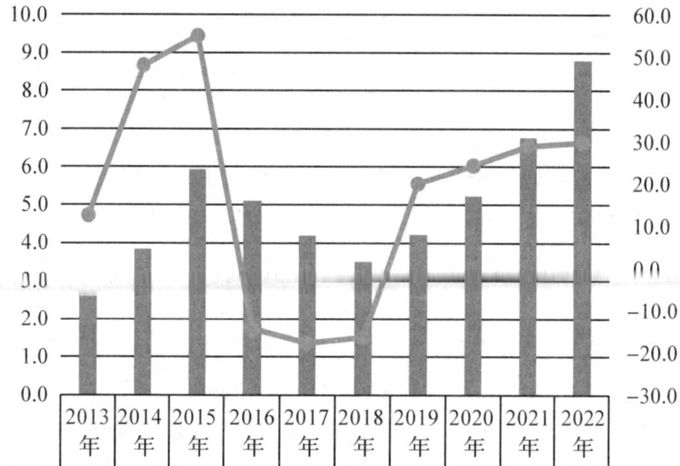

	2013年	2014年	2015年	2016年	2017年	2018年	2019年	2020年	2021年	2022年
进出口差额（万亿美元）	0.26	0.38	0.59	0.51	0.42	0.35	0.42	0.52	0.68	0.88
进出口差额增幅（%）	12.5	47.9	55.0	–14.2	–17.7	–16.4	20.0	24.4	29.0	29.8

图3 2013—2022年我国进出口差额情况图

(二)RCEP生效对协议国进出口总额的影响

2021年，我国在同RCEP各协议国的经贸合作中，仅同缅甸进出口同比出现小幅度负增长，与其余协议国进出口均呈现不同幅度的正增长。在RCEP各协议国中，我国对日、韩进出口总额较高，2022年在协议国合计进出口中占比分别为20.6%和20.8%，其次是越南占比13.5%，占比较高的三

国进出口较2021年各国进出口额比重均提高一个百分点左右。进出口增幅前三的协议国分别是印度尼西亚、文莱和柬埔寨，区域内外贸市场开拓开局表现良好。由于RCEP直到2022年5月才对缅甸生效，彼时尚未享受到RCEP推动带来的外贸红利。

2022年，在RCEP推动下，多数协议国在2021年高基数的情况下仍保持着进出口的韧性。我国同日本进出口小幅下滑，原因可能是日元大幅贬值削弱其进口能力。下跌最明显的是我国与澳大利亚进出口，同比下降92.0%。近年来在单边主义、保护主义和排他性的不利影响下，中澳关系的僵化直接影响了同澳大利亚外贸市场的发展，这也是2022年我国同协议国进出口整体负增长的重要影响因素。

表1 2021—2022年我国对RCEP各协议国进出口情况表

指标	2021年			2022年		
	进出口（万亿美元）	占比（%）	增幅（%）	进出口（万亿美元）	占比（%）	增幅（%）
中国同日本进出口总额	0.37	19.9	17.0	0.36	20.6	−3.7
中国同韩国进出口总额	0.36	19.4	26.8	0.36	20.8	0.0
中国同越南进出口总额	0.23	12.3	19.7	0.23	135	2.0
中国同澳大利亚进出口总额	0.23	12.3	34.3	0.02	1.1	−92.0
中国同马来西亚进出口总额	0.18	9.5	34.6	0.20	11.7	15.0
中国同泰国进出口总额	0.13	7.0	33.0	0.13	7.8	2.9
中国同印度尼西亚进出口总额	0.12	6.7	58.8	0.15	8.6	19.7
中国同新加坡进出口总额	0.09	5.0	5.2	0.12	6.6	22.6
中国同菲律宾进出口总额	0.08	4.4	34.0	0.09	5.0	6.9
中国同新西兰进出口总额	0.02	1.3	36.3	0.03	1.4	1.8
中国同缅甸进出口总额	0.02	1.0	−1.3	0.0	0.0	−100.0
中国同柬埔寨进出口总额	0.01	0.7	43.1	0.0	0.0	−100.0
中国同老挝进出口总额	0.0	0.2	21.3	0.0	0.0	−100.0
中国同文莱进出口总额	0.0	0.2	47.5	0.0	0.0	−100.0

（三）RCEP生效对外贸产品结构的影响

RCEP生效以来，我国各项产品进出口规模同样大多呈现正增长，机械及运输设备类产品进出口表现优异。从进口贸易分析，东盟国家对我国降税产品进行了范围扩充，汽车零部件、机电等机械产品进口扩张，进口规模最大的机械及运输设备类产品增幅达 21.4%，其中电力机械、器具及其电气零件规模超 0.58 万亿美元，同比增长 21.9%；能源产品的合作也不断加深，石油、石油产品及有关原料产品进口额 0.29 万亿美元，同比增长 42.6%。从出口贸易分析，我国对东盟各国的出口优势产品集中于机电、机械器具、钢铁等工业制成品，出口额占比近 50%的机械及运输设备类产品同比增长 28.7%，是我国外贸出口的主力军。但在过去两年内出口同比增速均高于进口增速，2022 年更是呈现进口负增长，应当进一步扩大内需，力求实现内外需同步增长。

我国进出口在规模攀升的同时，区域内产业链合作持续深化，产品结构也不断优化调整。从进口产品分析，第 7 类机械及运输设备保持着我国出口第一大类，但在进口产品总额中占比重逐年下降。第 3 类矿物燃料、润滑油及有关原料产品对进口总额贡献一直保持不错的增长趋势，RCEP 的生效为印度尼西亚、马来西亚和越南三大东南亚燃料出口国提供了广阔的需求市场。从出口产品分析，第 5 类化学成品及有关产品外需逐年增长，日本、韩国及越南在我国化工品出口国家中，以前五的排名拉动化工品在出口产品中的贡献比重。在 RCEP 的驱动下，我国同区域内贸易伙伴实现产业链分工优势互补，为开拓海外市场共同构建区域外贸新平台。

表 2　2020—2022 年我国进口产品构成占比情况表　　　单位：%

商品构成(按 SITC 分类)	2020 年	2021 年	2022 年
0 类 食品及活动物	2.45	2.08	2.05
1 类 饮料及烟类	0.10	0.08	0.09
2 类 非食用原料(燃料除外)	0.61	0.66	0.70
3 类 矿物燃料、润滑油及有关原料	1.24	1.27	1.79
4 类 动植物油、脂及蜡	0.05	0.07	0.10
5 类 化学成品及有关产品	6.53	7.86	8.72
6 类 按原料分类的制成品	16.76	16.08	16.70
7 类 机械及运输设备	48.57	48.11	47.44
8 类 杂项制品	22.58	22.59	21.06
9 类 未分类的商品	1.10	1.20	1.37

注：SITC 指《联合国国际贸易标准分类》。

表 3　2020—2022 年我国出口产品构成占比情况表　　单位：%

商品构成(按 SITC 分类)	2020 年	2021 年	2022 年
0 类 食品及活动物	4.78	4.57	4.83
1 类 饮料及烟类	0.30	0.28	0.26
2 类 非食用原料(燃料除外)	14.33	15.93	14.85
3 类 矿物燃料、润滑油及有关原料	13.01	15.03	19.71
4 类 动植物油、脂及蜡	0.52	0.54	0.48
5 类 化学成品及有关产品	10.38	9.82	9.81
6 类 按原料分类的制成品	8.19	7.81	7.29
7 类 机械及运输设备	40.31	37.43	34.69
8 类 杂项制品	7.10	6.33	4.99
9 类 未分类的商品	1.09	2.25	3.11

四、总结与展望

在 RCEP 签署、生效的显著影响下，我国外贸进出口规模创历史新高，对外呈现出蓬勃的发展态势，与 RCEP 贸易伙伴合作交流关系进一步拉近，是我国外贸进出口深入参与东亚区域一体化发展的强有力的助推器。在此提出以下几点建议和展望：一是严格把控进出口总额规模，避免过大的贸易顺差，采取政策积极扩大内需市场，维持健康的对外经济循环；二是充分依托区域贸易平台，对外积极促进贸易伙伴经济合作交流，秉持互利互惠的原则携手“破冰”，开拓合作共赢新局面；三是充分发挥区域之间产业优势互补，调整外贸产业链结构，持续推进产业链、供应链融合式发展。在 RCEP 区域一体化的机遇和挑战下，中国能够在贸易新规则下开放新市场，以更强大的实力和包容的心态巩固自身在全球经济中不可或缺的地位，谋求具有更深远意义的全面、多元发展。

全国国家级经开区分布特征及发展空间影响分析

马彤晖

国家级经开区本质上是国家制度设计的产物，经过近四十年的发展，国家级经开区持续做大二产，提升三产在经济总量中的比重，推动二、三产步入融合发展新轨道，促进越来越多的城市发展。笔者通过分析全国国家级经开区在不同省级行政区、省会城市、地级市等行政区划上的分布特征，探索城市经济规模对于经开区发展空间的影响。

一、全国各省市国家级经开区分布特征

(一)全国除港澳台的31个省份国家级经开区分布特征

全国除港澳台的31个省份均设立了国家级经开区，江苏省最多共27家，其次是浙江省22家，山东省和安徽省分别有16家、13家，福建省、湖南省、江西省、四川省均有10家，北京市、海南省以及宁夏和西藏自治区最少，仅有1家。为了更加直观体现各省份国家级经开区的分布特征，将各省份2022年GDP与其国家级经开区数量做对比，可以发现各省份国家级经开区的数据与所在区域经济发达程度具有一定的相关性。经济总量第一梯队的江苏省、山东省、浙江省是国家级经开区数量最多的省份，国家级经开区对当地的经济贡献度也极高，而广东省国家级经开区数量较少，为7家；经济总量第二梯队的河南省、四川省、湖北省、福建省、湖南省、安徽省国家级经开区数量也基本处于第二梯队；可以很明显地发现，辽宁省、新疆、天津市、黑龙江省、吉林省、甘肃省等省份国家级经开区数量相较其GDP总量偏多，新疆GDP总量排23位，但国家级经开区数量与河南省、湖北省数量相当，均有9家，作为东北三省的辽宁省、黑龙江省、吉林省国家级经开区分别达到9家、8家和5家。

单独看4个直辖市，共成立了16家国家级经开区，北京作为政治中心设立的最少，只有1家，天津和上海均设立6家，重庆有3家。

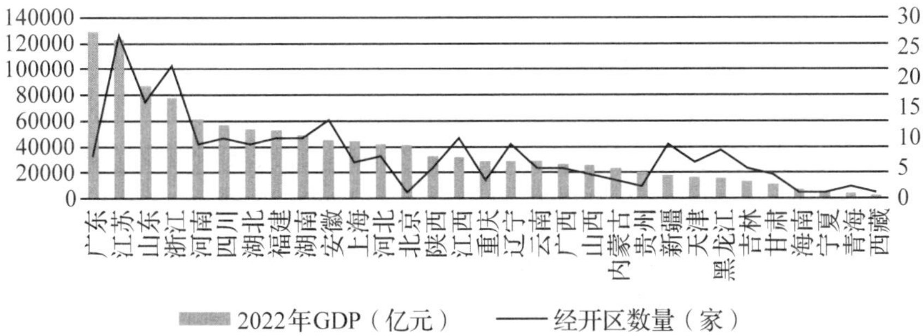

图 1　全国 31 个省国家级经开区数量和 GDP 情况

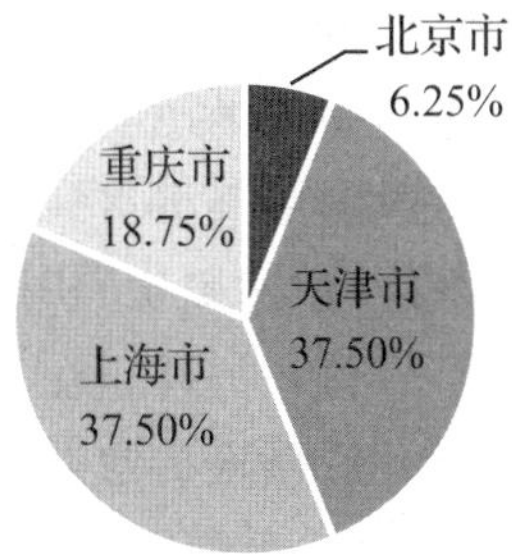

图 2　全国直辖市国家级经开区数量分布情况

(二)全国省会城市国家级经开区分布特征

全国各省省会城市一般是本省经济最为发达的区域，成为设立国家级经开区的首选，全国 22 个省(不包含台湾省)中 20 个省份的省会城市共设立了 37 家国家级经开区，其中海南省省会海口经济开发区和山东省省会济南经济开发区均为省级开发区，没有国家级经开区，但区域内设有国家级高新区。部分经济实力雄厚的省会城市则设立了多家国家级经开区，长沙设立 4 家，广州、哈尔滨、西安均设立了 3 家。另外，5 个自治区的首府均设有国家级经开区，合计 7 家，其中南宁、乌鲁木齐数量较多，分别为 2 家。

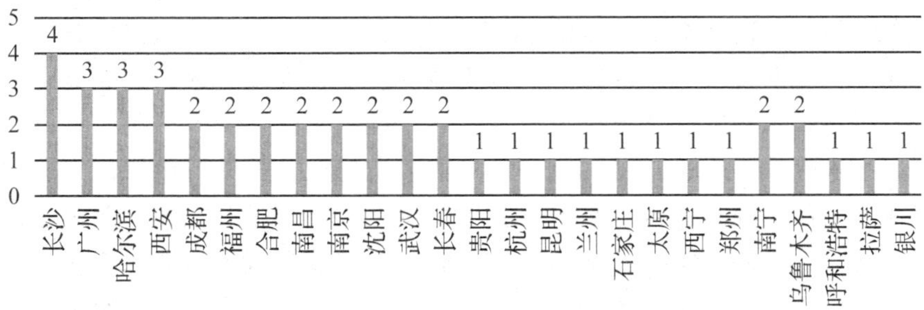

图 3　全国省会城市、自治区首府设立的国家级经开区数量(家)

在这20个省的省会城市和5个自治区的首府中设立超过1家国家级经开区的又分为不同情况。长沙设立的4家国家级经开区中除了长沙经开区外，还设立在望城区和宁乡、浏阳两个县级市；哈尔滨更是在宾县设立了1家国家级经开区。随着国家级经开区实际管辖范围的扩大，承接更多城市功能的需求不断增加，广州3家国家级经开区已经分别与所在行政区黄埔区、南沙区、增城区实行“政区合一”，陕西航空经开区也积极探索与阎良区“政区合一”的管理体制改革。哈尔滨宾西经开区、南昌小蓝经开区则地处省会中的县级行政区域，带动了当地经济快速发展。

(三)全国地级行政区国家级经开区分布特征

全国333个地级行政区(包括293个地级市、7个地区、30个自治州、3个盟)中，有214家国家级经开区分布在151个地级行政区中，覆盖率超过45%。大部分地级市均设有1家国家级经开区，有24个经济较为发达的地级市设立超过1家，其中苏州共有9家国家级经开区，远超各直辖市、省会城市，其市辖区就有5家国家级经开区，另外还在常熟、张家港、昆山、太仓4个县级市设有国家级经开区。杭州、南通、宁波和长沙均有4家。

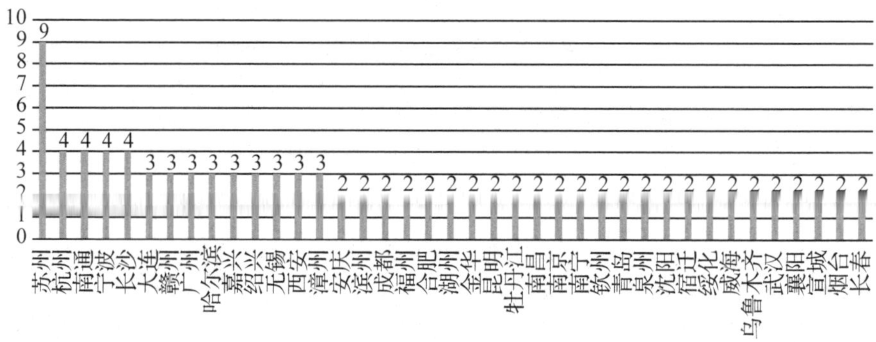

图4　全国地级行政区国家级经开区分布情况(不含直辖市)(单位：家)

很多城市抓住机会设立国家级经开区，将国家级经开区所在行政区划再进行细分可以看出：有11家国家级经开区实行政区合一。大连经济技术开发区与金州区合并为金普新区，宁波石化经济技术开发区与镇海区合并，宁波杭州湾经济技术开发区并入宁波前湾新区管理，泉州台商投资区、漳州招商局经济技术开发区通过开发区管委会对辖区实施全方位的行政管理；旅顺经济技术开发区、牡丹江经济技术开发区、绥化经济技术开发区、锡山经济技术开发区、苏州浒墅关经济技术开发区等30家国家级经开区则隶属于地级市辖区；大连长兴岛经济技术开发区、海林经济技术开发区、宜兴经济技术开发区、嘉善经济技术开发区、桐城经济技术开发区、瑞金经济技术开发区、胶州经济技术开发区、枣阳经济技术开发区等26家国家级经开区为县级市设立的；长兴经济技术开发区、东山经济技术开发区、明水经济技术开发区、嵩明杨林经济技术开发区4家为县设立的国家级经开区；阿克苏地区设立了库车经济技术开发区；蒙自经济技术开发区、格尔木昆仑经济技术开发区、库尔勒经济技术开发区等6家为自治州设立的国家级经开区；阿拉尔经济技术开发区、新疆五家渠经济技术开发区、石河子经济技术开发区3家位于新疆生产建设兵团。总体来看，全国国家级经开区覆盖的地级行政区类型多样，是所在地级市、市辖区、县级市、县的重要经济发展区域。

表1　全国经开区行政区划分布情况

<table>
<tr><td colspan="2">行政区</td><td>数量(家)</td></tr>
<tr><td colspan="2">直辖市</td><td>16</td></tr>
<tr><td colspan="2">省会</td><td>44</td></tr>
<tr><td colspan="2">地级市</td><td>170</td></tr>
<tr><td rowspan="7">其中</td><td>政区合一</td><td>11</td></tr>
<tr><td>市辖区</td><td>30</td></tr>
<tr><td>新疆生产建设兵团</td><td>3</td></tr>
<tr><td>县级市</td><td>26</td></tr>
<tr><td>自治州</td><td>6</td></tr>
<tr><td>地区</td><td>1</td></tr>
<tr><td>县</td><td>4</td></tr>
</table>

(四)全国GDP百强城市分布特征

近期全国GDP百强城市名单公布，24个万亿GDP城市中就有65家国家级经开区，其中郑州有1家国家级经开区，深圳、佛山、济南、东莞4个万亿GDP城市中没有国家级经开区。另外百强城市中还有常州、鄂尔多斯、宜昌、济宁、南阳、淄博、菏泽、衡阳、茂名、保定、江门、包头、中山、周口、株洲等15个城市未设立国家级经开区。

表 2　全国 GDP 万亿城市经开区分布情况

排名	城市	GDP（亿元）	区域	经开区数（家）	排名	城市	GDP（亿元）	区域	经开区数（家）
1	上海	44652.8	长三角	6	13	青岛	14920.75	山东半岛	2
2	北京	41610.9	京津冀	1	14	无锡	14850.82	长三角	3
3	深圳	32387.68	珠三角	无	15	长沙	13966.1	长江中游	4
4	重庆	29129.03	成渝	3	16	郑州	12983.39	中原	1
5	广州	28839	珠三角	3	17	佛山	12698.39	珠三角	无
6	苏州	23958.3	长三角	9	18	福州	12308.23	海峡西岸	2
7	成都	20817.5	成渝	2	19	泉州	12102.97	海峡西岸	2
8	武汉	18866.43	长江中游	2	20	济南	12027.5	山东半岛	无
9	杭州	18573	长三角	4	21	合肥	12013.1	长三角	2
10	南京	16907.85	长三角	2	22	西安	11486.51	关中平原	3
11	天津	16311.34	京津冀	6	23	南通	11379.6	长三角	4
12	宁波	15704.3	长三角	4	24	东莞	11200.32	珠三角	无

二、城市发展对全国国家级经开区分布的影响

（一）区位对国家级经开区空间分布的影响

东部沿海地区包括长三角、京津冀、山东半岛区域，其具备对外开放的先天优势，且开发建设时间较早，因此东部沿海地区国家级经开区在分布和发展上更为均衡。而珠三角作为中国最早开放的地区，国家级经开区与其经济总量和吸引外资外贸水平相比较数量偏低。深圳、佛山、东莞、江门、中山等城市均未设立国家级经开区，依然有一定增长空间。

中部与东部国家级经开区的差距逐渐减小，尤其是长江中游武汉、长沙等城市的崛起，另外合肥、南昌、郑州等城市的国家级经开区承接了大量东部转移产业并且发展形成支柱产业，国家级经开区的发展规模和质量不断赶超发达地区。总体来看，中部与东部国家级经开区对于当地经济总量的贡献程度依然有待提升。

西部国家级经开区起步较晚，发展受区位限制，设立国家级经开区更多是由于国家宏观政策的推动，在数量上与中部基本达到平衡，加之西部大开发优惠政策的叠加效应，2022 年西部国家级经开区 GDP 依然保持两位数增

长。西部国家级经开区经济总量和规模虽然与东部国家级经开区依然有较大差距，但对于城市的发展和产业集聚发挥着重要的作用，普遍区域带动能力较强。西部国家级经开区在各省份的分布不均衡，重庆、内蒙古、贵州、宁夏、青海等地区国家级经开区数量偏低。

(二)不同经济体量城市对经开区发展的影响

将我国国家级经开区分布与各省份 GDP 总量做对比分析，可以明显发现经开区的发展与所在城市的经济体量有极大的相关性。直辖市北京、上海、重庆、天津内的国家级经开区虽然自身经济规模较高，但是对于所在城市的贡献度和显示度不强，例如金桥经开区一直位列全国国家级经开区三十强，但相对于过万亿的浦东新区贡献度低于十分之一，对于整个上海的贡献度更是偏小，北京经开区也面临着同样的问题。

在广州、苏州、杭州、宁波、成都、西安等经济体量较大的城市中，广州经开区、苏州工业园区等头部经开区已经积极探索以政区合一的形式来提升经开区内产业发展与城市发展的契合度，为经开区转型升级带来新动力；拥有 1—2 家国家级经开区的地级市，政府引导全市产业集中布局于经开区内，享受当地财税上的优惠政策，国家级经开区对促进当地的经济发展发挥了重要作用。

全球独角兽企业特征及发展趋势

马彤晖

独角兽企业最开始是指市值超过10亿美元的创业公司，现在锁定在成立时间不超过10年、估值超过10亿美元并且没有上市的企业。独角兽企业往往出现于新的行业，代表着高增长和新技术，是全球未来行业发展趋势的风向标。近日胡润研究院《2023全球独角兽榜》发布，全球独角兽企业数量达到1361家，总量进一步提升。独角兽企业数量可以衡量一个国家的创新实力和创新环境，只有在技术的驱动和较为宽松的政策环境的支持下，才能培育出快速增长的高估值企业。

一、全球独角兽企业发展现状

当前全球独角兽企业在新一代信息技术、生物技术、绿色技术、先进制造技术、新空间开拓技术等五大领域加速发展。我国有26家独角兽企业进入百强，新一代信息技术中人工智能、区块链、大数据、社交媒体、数字科技依然是创新热点，尤其是社交媒体领域的字节跳动估值超过1.3万亿元，在百强中位列第 ，生物技术领域中合成生物学、基因编辑、脑科学、再生医学等技术正在从更为根本的角度解释生命的本质，但我国在新药研发领域缺乏独角兽企业；绿色技术领域中分布式发电、先进储能、能源互联网、高效燃料电池等技术正在推动一场能源革命，核能、太阳能、风能、氢能等新型能源应用比例不断提升；先进制造技术领域中机器人、增材制造、数字孪生、工业互联网等技术正在全面推动制造业向智能化、服务化、绿色化转型，超材料、纳米材料、石墨烯等为制造创新提供了巨大发展空间；深空深海深地探测技术取得快速进展，太空、海洋等开发利用成本大幅下降。

表 1　2023 年全球技术驱动独角兽重点领域与典型企业

技术领域	重点方向	典型企业	估值（亿元）	城市
新一代信息技术	人工智能	Grammarly	900	旧金山
	区块链	币安	1380	马耳他
	大数据	Databricks	2150	旧金山
	社交媒体	字节跳动	13800	北京
	数字科技	京东科技	1300	北京
生物技术	新药研发	Biosplice Therapeutics	830	圣迭戈
	数字健康	微医	480	杭州
	医疗器械	维昇药业	1039	上海
绿色技术	新能源汽车	广汽埃安	1000	广州
	新能源	远景能源	670	无锡
先进制造技术	机器人	大疆	1200	深圳
新空间开拓技术	航天	SpaceX	8400	洛杉矶

注：本文图表均来自胡润全球独角兽企业排行榜整理。

二、全球独角兽企业发展特征

(一)美中两国独角兽企业数量世界领先

从全球独角兽企业分布国家来看，基本集中于美国、中国、印度和英国。美国独角兽企业数量最多，2023 年占比达到 48.93%；中国独角兽企业数量大约是美国的一半，增速较美国放缓，两国独角兽企业合计占比高达 72%，数量遥遥领先。从全球独角兽企业发展增速来看，2019—2023 年各国独角兽企业发展迅速，全球累计增速高达 176%，美国、英国和印度累计增速超 200%。

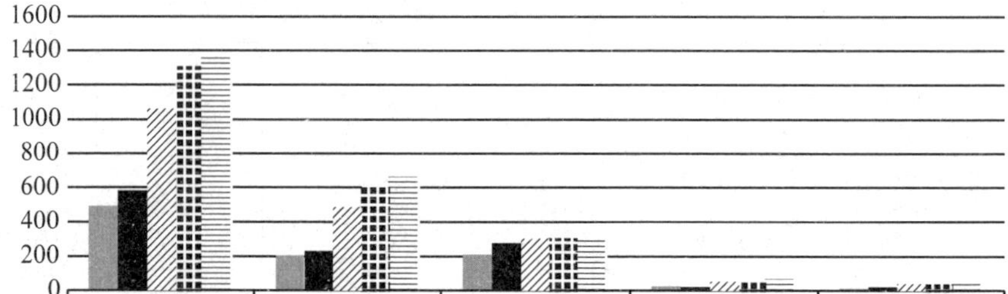

	全球	美国	中国	印度	英国
2019	494	203	206	21	13
2020	586	233	277	21	24
2021	1058	487	301	54	39
2022	1312	625	312	68	46
2023	1361	666	316	68	49

图 1　2019—2023 年全球独角兽企业国家分布（单位：家）

（二）集聚于全球最发达的城市

从 2023 年全球独角兽企业分布城市来看，旧金山和纽约是独角兽企业最多的城市，北京、上海、深圳是独角兽企业分布最密集的城市，杭州独角兽企业高速成长，独角兽企业总数与广州相当，准独角兽企业（估值不少于 1 亿美元）超过 300 家，是未来最具发展潜力的城市。作为全球 GDP 排名第二的东京和第九的莫斯科鲜有独角兽企业，而印度的班加罗尔独角兽企业数量却超过柏林和巴黎，达 33 家，这与独角兽企业的出现需要广阔的应用市场和强劲的经济增速有关。

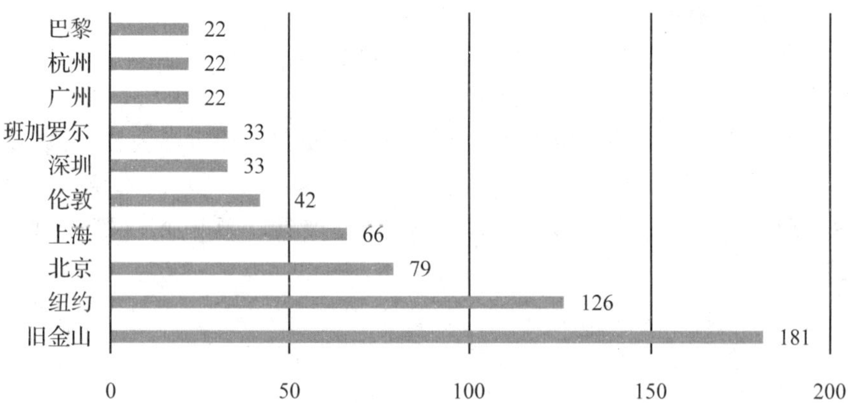

图 2　2023 年全球独角兽企业城市分布（单位：家）

(三)行业集聚明显

全球超过 60%的独角兽企业来自金融科技、电子商务、软件服务、健康科技和人工智能等十大行业。2023 年前十大行业独角兽企业数量均有所增加，其中软件服务、人工智能行业数量增加较多。金融科技、软件服务和电子商务三大行业依然拥有最为稳定、数量最多的独角兽企业，占到总量的三分之一。物流行业独角兽企业数量与生物科技相当，但估值较高。全球独角兽企业集聚的行业代表着该行业正处于兴盛发展阶段，独角兽企业引领行业发展，以技术创新带来新的投资热潮。

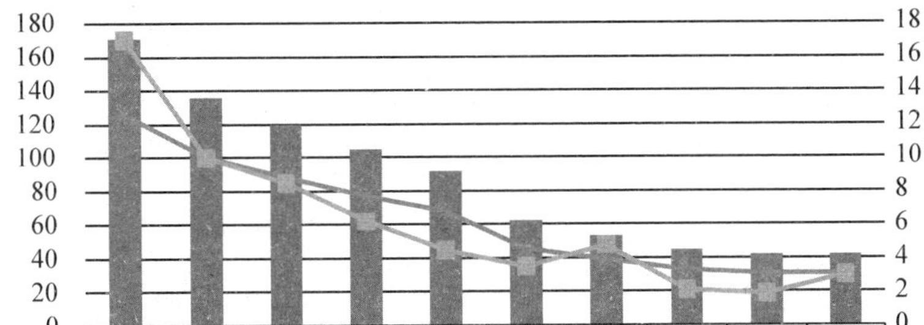

	金融科技	软件服务	电子商务	人工智能	健康科技	网络安全	区块链	企业服务	生物科技	物流
独角兽数量（家）	171	136	120	105	92	62	53	45	42	42
总量占比（%）	13	10	9	8	7	5	4	3	3	3
总价值占比（%）	17	10	8.5	6.2	4.5	3.5	4.8	2.1	1.9	3

图 3　2023 年全球独角兽企业十大行业分布(单位：家)

(四)中美独角兽企业实力有所差距

2023 年中美独角兽企业前五大行业均包括健康科技、人工智能，但企业规模数量分布有较大差异，尤其是在其细分领域呈现出相当大的差异。我国独角兽企业前五大行业与 2022 年相比变化较大，原本排名第一的健康科技行业变为第四位，联影医疗已完成上市，在国家倡导的“互联网＋医疗健康”背景下，我国代表性企业以不同的模式布局互联网医疗，将移动医疗和传统医疗相融合；美国的代表性企业 Hinge Health 是一家数字健康领域的初创企业，另外一家公司 Ro 提供互联网问诊和线上送药服务。我国排名第一的人工智能行业代表性企业小马智行、文远知行聚焦于智能驾驶这个分领域，美国人工智能行业代表性企业渗透到更多领域中，Talkdesk 作为企业联络中心平台，帮助企业提高工作效率，Grammarly 则是在线语法纠正和校对工具。

从独角兽企业前五大行业的分布来看，中美行业差异主要是受政策环境的影响。消费者对于网络电商的需求持续扩张，大批电子商务软件蓬勃发展；国家大力支持国产芯片研发制造、新能源、健康科技行业，涌现一批相关代表性企业，旨在打破美国的垄断地位。但我国网络安全领域的独角兽企业缺失严重，这主要因为在云计算和网络安全中具有领导地位的阿里、京东、华为等企业成立时间较久，不符合独角兽企业条件。

表 2 2023 年中美独角兽企业行业分布

中国				美国			
序号	行业	数量（家）	代表企业	序号	行业	数量（家）	代表企业
1	人工智能	35	小马智行、文远知行	1	软件服务	93	Airtable，Rippling
2	半导体	28	集创北方、歌尔微电子	2	金融科技	73	Stripe，Citadel Securities
3	电子商务	25	Shein、车好多、得物	3	健康科技	60	Ro，Hinge Health
4	新能源	22	远景能源、远景动力	4	人工智能	53	Open AI，Grammarly，Talkdesk
5	健康科技	22	联影医疗、新瑞鹏、圆心科技	5	网络安全	47	Tanium，Lacework

三、全球独角兽企业未来发展趋势

（一）美中集聚度将进一步降低

近几年全球独角兽企业数量逐年增加，主要集中于美国、中国两个国家，但占比逐年降低，从 2020 年的 87%到 2023 年的 72%，下降高达 15 个百分点。随着全球疫情缓解，众多国家经济发展在 2023 年出现全面增长的趋势，未来美国、中国两个国家独角兽企业数量虽然依然具有明显的优势，但以色列、瑞典、日本、澳大利亚、荷兰等国家独角兽企业数量将逐步增加，在全球独角兽企业榜单中占有一席之地，另外，诸如越南、比利时、智利等国家也将上榜，潜在的独角兽企业蓄势待发。

（二）独角兽企业名单更新将更加频繁

全球每年都会有大量的独角兽企业更迭，会涌现一大批新面孔，之前的独角兽企业也受上市、并购、估值降级等多种选择影响而退出独角兽序列。

2023 年新增企业有 673 家，高达 133 家独角兽企业估值跌破 10 亿美元而退出榜单，占比 10%；2021 年上市、并购达 162 家，占比高达 15%。全球独角兽企业更新率 2022、2023 年均超过 30%，2021 年更是高达 83%。独角兽企业作为全球最活跃的企业，受到了资本市场的青睐，未来随着新兴技术加速迭代升级，应用场景在更多国家打开市场，会有越来越多的新面孔进入到序列中来，独角兽企业名单更新将更加频繁。

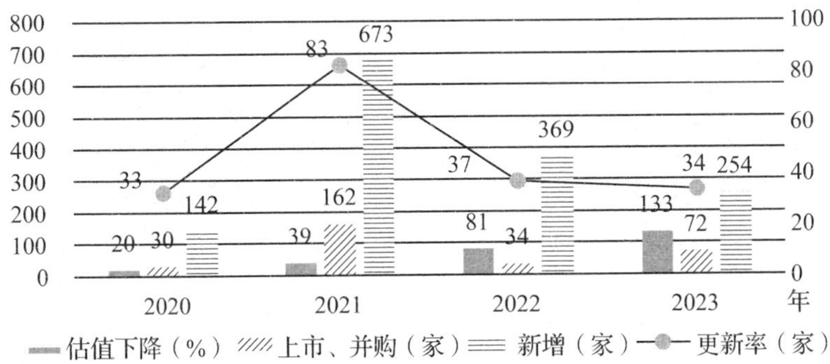

图 4　2020—2023 年全球独角兽企业变更情况

(三)技术提升带来新增长点

全球独角兽企业在金融科技、电子商务、软件服务、健康科技和人工智能等众多行业分布广泛，从设立之初就瞄准了新行业增长点和新科技前沿不断拓展，通过技术提升来满足消费市场的需求，并且通过迅速占领市场份额而带来高估值。未来更多在 3D 打印、自主机器人、新材料、绿色能源等领域掌握关键性技术的公司，通过将技术赋能于实体经济，更加受到资本的青睐，也会大量涌现独角兽企业。同样地，现有的已经在消费市场具有一定优势的企业也在逐渐向行业细分领域延伸，通过创立新公司投入到技术创新中，也会带来新增长点，也将是未来独角兽企业产生的潜在领域。

长三角国家级创新载体分布特征比较研究

卢瑞轩

科技创新是经济社会发展的动力和潜力，是重塑地区发展格局的重要一环，有利于促进经济结构调整和产业转型升级。在各类国家级创新载体中，孵化器、众创空间、企业技术中心是极具代表性的三类。孵化器以面向科技型创业企业和创业团队为主，提供物理空间、共享设施和专业化服务。众创空间是通过市场化机制、专业化服务和资本化途径构建的低成本、便利化、全要素、开放式的新型创业公共服务平台。企业技术中心则是根据市场竞争需要设立的技术研发与创新机构，负责制定企业技术创新规划、开展产业技术研发、创造运用知识产权、建立技术标准体系、凝聚培养创新人才、构建协同创新网络、推进技术创新全过程实施。

本文以长三角区域内2022年最新的国家级孵化器、众创空间，以及2023年最新的国家级企业技术中心名录为研究对象，助力各级政府部门熟悉掌握区域内国家级创新资源的情况、开展科技创新政策研究等，同时为长三角各地分门别类发展未来产业等诸多方面提供参考，为各类市场主体选择创新栖息地提供方向。

一、研究背景

长三角地区是全国科创实力最为突出的区域，根据《长三角科技创新共同体建设发展规划》，到2025年长三角地区要形成现代化、国际化的科技创新共同体；到2035年，要全面建成全球领先的科技创新共同体。国家级创新资源代表着长三角地区的科创能级和影响力，为长三角地区抢占技术制高点和发展先机提供重要支撑，也是历年来评价国家级高新区、经开区、新型工业化示范基地等科技创新方面能力的重要依据。因此，有必要开展长三角国家级创新资源分布特征研究，推进长三角加快构建科技创新共同体，集聚和优化配置创新资源，促进各类人才、技术、资本、信息等创新要素跨区域流动。

二、长三角国家级创新载体现状对比分析

(一)按创新载体分析

长三角地区共有国家级孵化器408家，其中优秀A类147家，良好B类193家，合格C类68家，各地分布不均衡；国家级众创空间共计468家，其中江苏优势明显；国家级企业技术中心有482家，三省一市拥有量均超过100家。笔者通过公开数据以及GPS Visualizer将上述国家级创新载体的地址转化为经纬度坐标，经处理后导入Arcmap中进行分析。

表1　长三角地区国家级创新载体现状对比表　　单位：家

名称	上海市	浙江省	江苏省	安徽省
国家级孵化器	60	92	218	38
国家级众创空间	59	149	212	48
国家级企业技术中心	101	143	137	101

注：按照注册/运营主体工商注册地址进行统计，不包括分中心。

1. 国家级孵化器

按照国家级孵化器的地理位置，对落在长三角各地级市/直辖市内的国家级孵化器进行细分统计，从各地核密度分布情况来看，国家级孵化器主要形成四大高度集聚区域，以上海市、苏州市、南京市、杭州市为中心向外辐射，其中苏锡常连片分布特征初显。按省份分析，江苏国家级孵化器最多，为218家，省内的差异极为明显，第一梯队是苏州和南京，第二梯队是无锡、常州、南通和徐州，其余为第三梯队；而安徽仅有38家，其中合肥共有18家国家级孵化器，几乎是安徽的一半。从城市尺度分析，国家级孵化器是三类国家级创新载体中极差最明显的类别，在41个城市中，共有34个城市拥有国家级孵化器，占比82.93%。从绝对数量上看，排在前五的分别是上海60家，占比14.7%；苏州50家，占比12.25%；杭州45家，占比11%；南京41家，占比10%；常州25家，占比6%；五座城市的国家级孵化器总数超过长三角地区的一半，其中上海最多的是浦东新区16家，其次为闵行区10家，杨浦区5家。

2. 国家级众创空间

从集聚程度来看，主要有上海、苏州、南京、杭州四大密集分布区，另外还有两个零星密集区，分别是合肥和宁波。以城市为单位进行度量，在长三角41个城市中，共有37个城市至少拥有1家国家级众创空间，前5名分别

是杭州 65 家，苏州 64 家，上海 59 家，南京 59 家，宁波 29 家。此外，长三角地区还有 5 个城市的国家级众创空间数量超过 10 家。浙江的国家级众创空间高度集中在杭州和宁波，占全省的 63%，另外嘉兴和温州的国家级众创空间也较多，分别为 17 家、14 家。

3. 国家级企业技术中心

从地域分布情况来看，国家级企业技术中心主要分布在省会城市以及经济实力较强的地级市，全国 24 个万亿级城市中，长三角 8 个万亿级城市拥有国家级企业技术中心 322 家，占长三角地区的比重为 66.8%。

表 2　长三角地区万亿级城市国家级企业技术中心数量

序号	城市	数量(家)	占比(%)
1	上海	101	20.95
2	合肥	53	11.00
3	杭州	44	9.13
4	宁波	39	8.09
5	苏州	32	6.64
6	南京	21	4.36
7	无锡	19	3.94
8	南通	13	2.70
合计		322	66.80

(二)按所属行业分析

长三角地区 408 家国家级孵化器对应 11 个国标行业门类，高度集中于租赁和商务服务业，共 173 家，占比 42.4%。其中，上海租赁和商务服务业国家级孵化器共 29 家，占上海全部国家级孵化器比重为 48.3%；浙江租赁和商务服务业国家级孵化器共 37 家，占比 41.3%；江苏租赁和商务服务业国家级孵化器共 93 家，占比 42.6%；安徽租赁和商务服务业国家级孵化器共 15 家，占比 15.6%。468 家国家级众创空间分别属于 12 个国标行业门类，其中租赁和商务服务业共 245 家，占比 52.3%；科学研究和技术服务业共 89 家，占比 19%；信息传输、软件和信息技术服务业共 44 家，占比 9.4%。482 家国家级企业技术中心分布在 23 个国标行业门类，其中制造业数量共有 337 家，占比约 70%，电气机械和器材制造业领域企业最多为 46 家，占比 9.5%。

对于不同城市而言，考虑其资源禀赋、区位等优势，呈现出不同特点。

以上海为例，在国家级企业技术中心方面，计算机、通信和其他电子设备制造业行业有 11 家，软件和信息技术服务业有 8 家，汽车制造业有 7 家，铁路、船舶、航空航天和其他运输设备制造业有 6 家，化学原料和化学制品制造业有 6 家，这与上海打造高端装备、电子信息、先进材料和汽车等重点产业集群息息相关。此外，上海在专业技术服务业、电气机械和器材制造业、科技推广和应用服务业等行业也有较好的国家级创新资源基础。

表 3　长三角地区国家级制造业企业技术中心前十行业大类情况

序号	行业类别	数量(家)	占比(%)
1	电气机械和器材制造业	46	9.5
2	通用设备制造业	39	8.0
3	计算机、通信和其他电子设备制造业	33	6.8
4	专用设备制造业	31	6.4
5	化学原料和化学制品制造业	29	6.0
6	医药制造业	29	6.0
7	汽车制造业	25	5.1
8	铁路、船舶、航空航天和其他运输设备制造业	23	4.7
9	金属制品业	13	2.6
10	有色金属冶炼和压延加工业	10	2.0

(三)按企业规模分析

目前长三角地区国家级孵化器平均注册资本约 1.6 亿元，平均实缴资本约 1.5 亿元。孵化器实际运营主体中，属于小微型企业占比超过 70%，其中小型企业 183 家，占比 44.8%，微型企业 106 家，占比 25.9%。国家级众创空间平均注册资本约 6000 万元，平均实缴资本约 5000 万元。众创空间实际运营主体中，小微型企业占比超过 85%，其中小型企业 147 家，占比 31.4%，微型企业 262 家，占比 55.9%。国家级企业技术中心所属企业平均注册资本约 20 亿元，平均实缴资本约 12 亿元，属于大、中型企业，占比超过 95%，其中大型企业 341 家，占比 70.7%，中型企业 119 家，占比 24.6%。此外，对比分析发现上海大幅拉升了长三角地区国家级企业技术中心的注册和实缴资本金。

关于从业人数方面，长三角国家级企业技术中心所属企业从业总人数约 100 万人，每家企业平均从业人数约 2000 人，大部分属于当地重点产业领域的龙头企业，对产业的高质量发展建设起到引领作用。其中，上海国家级企业技术中心所属企业从业人数约 18 万人，浙江国家级企业技术中心所属企业从业人数约 25 万人，江苏国家级企业技术中心所属企业从业人数约 30 万人，安徽国家级企业技术中心所属企业从业人数约 27 万人。

表 4　长三角地区国家级企业技术中心所属企业规模情况

名称	上海市	浙江省	江苏省	安徽省
大型企业数(个)	74	101	97	69
中型企业数(个)	26	32	35	26
平均注册资本(亿元)	55.27	9.99	12.40	10.09
从业总人数(万人)	约 18	约 25	约 30	约 27

注：从业总人数按照企业参保人数计算。

三、结语

沪苏浙皖三省一市的国家级创新载体主要聚集在 8 大重点城市，加强了关键技术的引导式合作突破，服务了国家重大战略并催生了新兴未来产业，未来将形成全球技术领先优势。礼森智库认为，要充分利用布局建设综合性国家技术创新中心的发展契机，发挥诸如新成立的长三角国家技术创新中心的纽带链接作用，参与设立“多元投入、团队持股”的运营公司，联动长三角区域内的国家级创新资源载体，在利益共享机制下开展关键技术联合攻关，可极大程度推动国家级孵化器、众创空间、企业技术中心在构建产业集群生态方面发挥生力军、主心骨作用，为提升长三角区域协同创新能力和整体发展能级提供综合性、引领性支撑。

后疫情时代上海产业园区 2023 年社会经济趋势分析

管锡清

一、2022 年上海市产业园区实现稳增长

2022 年对上海产业园区而言是极其不平凡的一年，新冠疫情导致上海全城静态管理两个多月，对生产与消费高峰的 4—7 月持续产生负面影响，12 月调整优化防疫措施后，上海加速拼经济，努力打好年底"收官战"，也为 2023 年平稳开局夯实基础。整体而言，上海产业园区通过下半年的努力最大限度减少了疫情的负面影响，实现了经济稳增长。

(一)产业园区经济规模持续增加

1. 营收、产值双双正增长

2022 年上海产业园区经济总量持续扩大，超过 13.2 万亿元，同比增长 2.5%左右，经济总量相比 2016 年 6.5 万亿元增长超 1 倍。陆家嘴金融贸易区和中国(上海)自由贸易试验区营业总收入超过 2.5 万亿元，6 个园区超 5000 亿元。2022 年上海产业园区实现工业总产值超 3.6 万亿元，同比增长 2%。其中，临港产业区、张江科学城和金桥开发区超过 2500 亿元规模，超千亿元的园区有 13 个。

表 1　上海产业园区经济规模对比情况表

	工业总产值(亿元)	同比增长(%)	营业收入(亿元)	同比增长(%)
2022 年	36242.3	2.04	132135.6	2.52
2021 年	35517.4	9.79	128887.7	19.69
2020 年	31157.0	−1.42	111215.1	1.97

2. 外资保持平稳增长态势

2022 年，上海产业园区实际利用外资实现正增长，第三产业仍然是实到外资的主要领域；2022 年，产业园区实现全社会固定资产投资正增长，同时产业园区工业投资略有增长，其中外商投资成为 2022 年全社会固定资产投资稳增长的主力。

(二)重点行业和大型企业平稳发展

1. 支柱产业助力经济稳增长

上海前两大行业的两位数增长是实现经济稳增长的关键，汽车制造业在新能源汽车高速增长的带动下，实现7200亿元产值，可比增长12%以上；计算机、通信和其他电子设备制造业实现产值近5400亿元，可比增长10%。前10大行业中6个行业实现正增长，确保了产业园区经济规模实现正增长。

2. 新兴产业快速发展

从新兴产业方面看，2022年产业园区内战略性新兴产业产值达到1.45万亿元以上，占全市战略性新兴产业产值的比重超88%，占产业园区规上产值的比重45%；产业园区内高技术制造业规上产值近7000亿元，占产业园区规上产值22%。两者占比提升，新能源汽车、数字经济、新能源、高端装备、生物医药、节能环保等新兴产业快速成长，制造业转型升级取得良好成果。

3. 大型企业拉动作用明显

产业园区是大型企业的集聚区，2022年预计产业园区内销售额超3亿元的大型企业将实现规上产值1.67万亿元以上，占产业园区规上产值的54%，可比增长5.9%左右，而中型企业与小型企业规上产值可比增长均为负，可见大型企业对产业园区的拉动作用非常明显，是稳增长的压舱石。

(三)重点区域与园区是产业园区经济发展的基石

1. 自贸区、科学城成为产业园区发展的龙头

2022年，外高桥自贸区、张江科学城、临港新片区经济规模分别超过2万亿元、1万亿元和8000亿元，其中张江科学城、临港新片区的工业总产值都超3300亿元，成为实体经济最集聚的区域，是上海市、浦东新区最重要的增长极。

2. 国家级开发区成为产业园区稳增长的基石

2022年上海市国家级开发区实现营业收入超8万亿元，占全市产业园区的比重进一步提升，实现规上产值预测超1.3万亿元，可比增长接近10%，成为上海市产业园区稳增长的重要基石。

3. 市级重点园区成为区域经济发展的中坚力量

2022年，嘉定工业区、青浦工业区、莘庄工业区、宝山高新区、湾区高新区、工业综合开发区等市级重点园区经受住疫情的巨大冲击，经济规模持续增加，工业生产保持强大韧性，区域经济活力持续增强，成为产业园区社会经济发展的中坚力量。

二、2023 年产业园区社会经济发展重要因素分析

2023 年是一个特别的年份，是全面贯彻落实党的二十大精神的开局之年，也是疫情放开后新形势下的第一年。上海将以国家重大战略任务为基础，全力促进社会经济发展的八项工作，为二十大开局之年起好步。

(一)后疫情时代对 2023 年社会经济发展影响分析

美国等国家在疫情政策调整过程中社会经济发展具有以下特点：一是大部分国家和地区经历了“瞬时冲击”，感染和死亡人数上升，GDP 增速下滑，一般持续 3—4 个月左右，后续影响会逐步消退；二是从半年或更长时期看，疫情政策调整后经济大都呈复苏态势，经济恢复过程呈现出商品消费普遍好于服务、部分服务恢复较慢的特点。随着我国防疫的“新二十条”、“新十条”相继出台，根据国外疫情新政策后社会经济发展的特点，考虑到我国人口、医疗水平等的影响，疫情的影响主要体现在企业用工的人手不足、供应链部分中断所致开工不足。

(二)党的二十大对 2023 年社会经济发展影响分析

2022 年 10 月党的二十大胜利召开，2023 年将是二十大后的开局之年，全国以习近平新时代中国特色社会主义思想为指导，全面贯彻落实党的二十大精神，扎实推进中国式现代化，坚持稳中求进工作总基调，完整、准确、全面贯彻新发展理念，加快构建新发展格局，着力推动高质量发展。从最近三次党的全国代表大会之后上海经济发展的情况分析，上海经济发展增速基本与上年持平(2008 年主要受美国次贷危机引起的全球金融危机影响导致增速较上年大幅下降)。

表 2　上海近三次党代表会 GDP 增长情况表

指标	十九大		十八大		十七大	
	2018 年	2017 年	2013 年	2012 年	2008 年	2007 年
地区生产总值(亿元)	36011.8	32925	23204.1	21305.6	14536.9	12878.7
相比上半年地区生产总值指数(%)	106.7	106.8	107.7	107.7	109	114.4
地区生产总值增速(%)	6.7	6.8	7.7	7.7	9	14.4

(三)重点工作对 2023 年社会经济发展影响分析

2023 年上海将从科技创新、扩大内需和提振市场信心三方面出台重大措施，加快建设现代化产业体系，加快提高产业链供应链的韧性和安全水平，

巩固和放大经济向稳、向好发展态势，以国际消费中心城市建设为抓手，发展首发经济，有效改善社会心理预期，增强发展信心。社会经济发展紧紧围绕国家重大战略任务、经济平稳健康发展、塑造发展新动能新优势、城市数字化转型和绿色低碳转型、五个新城建设南北转型发展、安全韧性城市建设、高质量充分就业、营商环境提升发展水平。

三、2023 年上海产业园区社会经济发展趋势分析

(一)产业园区经济规模将迈上 15 万亿元

2023 年上海产业园区经济总量将持续扩大，预计达到 15 万亿元以上，增长超过 10%，特别是与上海市特色产业园区有重叠的 47 个产业园区经济总量将有明显增长。工业生产将呈现前低后高的走势，可比增长在一季度呈现向下走势，但在二季度 5 月将出现拐点向上，全年实现 9%左右的增长，规上工业总产值达到 3.4 万亿元，出口交货值实现两位数增长。

(二)上缴税金将明显增长

2023 年虽然国家将进一步减税降费，延续部分税收优惠政策，但经济发展速度相比 2022 年将有较大增长，同时由于 2022 年同比基数低，2023 年上海产业园区上缴税金将明显增长。

(三)特色产业园区引领“3＋6”重点产业快速发展

2022 年上海市正式公布 53 个特色产业园区目录，特色产业园区主要发展上海“3＋6”重点产业，园区面积近 200 平方公里，具有较大的产业规模与市场竞争力。53 个特色产业园区中，有 47 个与产业园区交叉重叠，两者之间协同发展将有力促进产业园区快速发展。

(四)制造业将实现较快增长，但行业间呈现分化

以 2019—2021 年为一个小周期，对比分析 2021—2023 年周期，2023 年产业园区工业生产将增长 9%左右，35 个行业大类，预测有 27 个行业大类将实现增长，汽车制造业将实现个位数增长，铁路、船舶、航空航天和其他运输设备制造业、医药制造业、电气机械和器材制造业、专用设备制造业将实现两位数高增长；而计算机、通信和其他电子设备制造业，石油、煤炭及其他燃料加工业为代表的行业将出现负增长。

(五)重点园区规模进一步增加

2023 年将是浦东“引领区”国家战略任务实施的第三年，也是初显成效的一年，因此，浦东临港新片区、张江科学城、外高桥自贸区、陆家嘴金融贸易区将持续发力，4 个区域经济规模有望达到 7.5 万亿元，引领产业园区发展。国家级开发区将以张江高科技园区和国家级经开区为主体，加大对外开

放程度，提高科技创新能力，促进产业转型升级，社会经济发展不断提升，经济规模持续增加。市级重点园区将以升级国家级开发区为工作抓手，促进园区综合发展水平全面提升，成为各区产业发展的增长极。

2023 年，上海产业园区社会经济将迎来更快发展，增长速度可能是“十四五”期间最高值，园区产业规模将迈上 15 万亿元大关，工业生产与上缴税金两方面增长明显，新产业、新动能持续集聚，发展动力将越来越坚实。

上海市高新技术企业在特色产业园区内集聚情况分析

龙　涛

高新技术企业是发展高新技术产业的重要基础，也是转变发展方式、提升自主创新能力、优化产业结构、增强国际竞争力的重要载体，在我国经济发展中占有十分重要的战略地位。在特色产业园区内集聚一批高创新性、高成长性的高新技术企业，对于特色产业园区充分发挥其培育产业新动能、推动产业高质量发展的核心战略载体和平台作用具有重大意义。本研究根据高新技术企业注册地址对上海市高新技术企业进行精准定位，分析了上海市高新技术企业在上海市以及特色产业园区内集聚情况，提出了特色产业园区在加强高新技术企业培育、促进高新技术企业集聚等方面的建议。

一、高新技术企业概述

根据2016年1月1日实施的《高新技术企业认定管理办法》，高新技术企业是指在《国家重点支持的高新技术领域》内，持续进行研究开发与技术成果转化，形成企业核心自主知识产权，并以此为基础开展经营活动，在中国境内（不包括港、澳、台地区）注册的居民企业。国家重点支持的高新技术领域包含电子信息领域、生物与新医药领域、航空航天领域、新材料领域、高技术服务领域、新能源与节能领域、资源与环境领域和先进制造与自动化领域。

高新技术企业的认定最早可以追溯到1988年原国家科委组织实施的火炬计划，为了配合火炬计划的实施，原国家科委颁布了《关于高技术、新技术企业认定条件和标准的暂行规定》。1991年国务院发布了《国务院关于批准国家高新技术产业开发区和有关政策规定的通知》（国发〔1991〕12号），《国家高新技术产业开发区高新技术企业认定条件和办法》作为第一附件一同发布，授权原国家科委开展高新区内高新技术企业认定工作，并配套制定了一系列财政、税收、金融、贸易政策。1996年，高新技术企业认定的范围扩展到高新区外（国科发火〔1996〕018号）[①]。之后，高新技术企业认定管理办法不断修订和完善，2000年、2008年和2016年相继对高新技术企业认定管理办法进行了修

① 史昱．高新技术企业发展历程回顾[J]．中国科技产业，2009(2)：2.

订，认定标准更为严格和明确，更加突出强调和鼓励企业创新。

二、上海市高新技术企业总体分布特征

本研究数据来源于上海市公共数据平台，根据高新技术企业名单，通过天眼查获取到企业的工商信息，为了最大程度获取企业的精确位置信息，本研究通过调用高德地图 API 将高新技术企业地址转化为经纬度坐标，然后导入 ArcMap 中进行空间分析。

(一)上海市高新技术企业在各区内的数量分布情况

通过对高新技术企业名单的梳理，获得上海市高新技术企业数量共 1.97 万家。高新技术企业在各区内的数量分布极不均衡，其中近 20%的高新技术企业分布于浦东新区，其次为闵行区、松江区和嘉定区，其数量占比均在 10%以上，且以上四个区的高新技术企业数量总和超过了全市总数的一半。

表 1　上海市各区高新技术企业数量

序号	所属区	数量(家)	占比(%)
1	浦东新区	3932	19.96
2	闵行区	2683	13.62
3	松江区	2250	11.42
4	嘉定区	2036	10.34
5	宝山区	1539	7.81
6	奉贤区	1299	6.59
7	金山区	1005	5.10
8	杨浦区	977	4.96
9	青浦区	833	4.23
10	徐汇区	714	3.62
11	普陀区	519	2.63
12	崇明区	507	2.57
13	静安区	470	2.39
14	虹口区	409	2.08
15	长宁区	372	1.89
16	黄浦区	155	0.79
总计		19700	100

(二)高新技术企业在上海市产业园区内的集聚情况

从高新技术企业的地域分布上看，上海市高新技术企业分布不平衡，三大高新区呈现高度集聚的态势：上海张江高新技术产业开发区是首批国家级高新区，是上海市培育战略性新兴产业的核心载体和实现创新驱动发展的示范区域，园区内高新技术企业最为密集；上海漕河泾新兴技术开发区是经国务院批准的第一批以引进外资、引进国外先进技术、发展新兴技术为主的国家级经济技术开发区和高新技术开发区，园区内也集聚了大量的高新技术企业；上海紫竹高新技术产业开发区是运用市场化运作方式而设立的新型高新技术产业开发区，区域内高新技术企业同样高度集聚。

除此以外，上海临港松江科技城、莘庄工业区、宝山工业园区、漕河泾浦江高科技园、宝山城市工业园区、上海奉贤经济开发区生物科技园区、上海市市北高新技术服务业园区、天地软件园、长征工业园、临港滴水湖西侧等区域高新技术企业集聚程度也较高。

值得注意的是，杨浦区复旦大学、同济大学周边区域虽不在产业园区的范围内，但其集聚程度仅次于上海张江高新技术产业开发区，是上海市公告园区范围外高新技术企业高度集聚的区域。

(三)高新技术企业在上海市产业园区内的数量

上海市高新技术企业数量共 19700 家，分布在产业园区内的企业数量为 10372 家，占比 52.65%，超过一半的高新技术企业分布于全市的各产业园区中。

表 2　上海市各园区高新技术企业数量前 30 位

序号	园区名称	企业数量(家)	占比(%)
1	张江高科技园区	1265	12.20
2	漕河泾新兴技术开发区	397	3.83
3	上海紫竹高新技术产业开发区	360	3.47
4	上海青浦工业园区	332	3.20
5	嘉定工业园区	328	3.16
6	莘庄工业区	298	2.87
7	上海临港松江科技城	264	2.55
8	宝山工业园区	259	2.50
9	漕河泾浦江高科技园	249	2.40

续表

序号	园区名称	企业数量(家)	占比(%)
10	上海金桥经济技术开发区	241	2.32
11	上海松江经济技术开发区(松江工业区)	233	2.25
12	陆家嘴金融贸易区	224	2.16
13	上海松江经济技术开发区(车墩分区)	182	1.75
14	上海市市北高新技术服务业园区	181	1.75
15	上海浦东康桥工业园区	169	1.63
16	工业综合开发区	168	1.62
17	嘉定工业园区马陆园区	167	1.61
18	上海奉贤经济开发区生物科技园区	144	1.39
19	宝山城市工业园区	136	1.31
20	外高桥保税区	132	1.27
21	洞泾工业园	132	1.27
22	金山工业园区	132	1.27
23	上海国际医学园区	122	1.18
24	金山工业园区(山阳园)	114	1.10
25	国际零部件配套园区	112	1.08
26	中山工业园区	110	1.06
27	上海松江经济技术开发区(新桥分区)	109	1.05
28	上海枫泾工业园区	107	1.03
29	上海松江经济技术开发区(小昆山园区)	104	1.00
30	上海金山第二工业园区	99	0.95

注：因数据实效性、撤销资格等原因，以上高新技术企业数量与园区实际可能存在偏差，仅做参考。

三、上海市高新技术企业在特色产业园区内集聚情况

自 2020 年 3 月开始，上海市共设立了 53 家市级特色产业园区，涉及集成电路、生物医药、人工智能、先进材料、电子信息、汽车、高端装备、在线新经济、时尚消费品、新兴领域 10 个产业门类。虽然特色产业园区总面积相对较小且大多处在建设发展过程中，但园区内同样集聚了大量的高新技术

企业。

(一)特色产业园区内高新技术企业数量

上海市特色产业园区内共集聚了3176家高新技术企业，虽只占到了全市高新技术企业总数的16.12%，但密度却达到了16家/平方公里，远高于全市产业园区的11家/平方公里。特色产业园区内高新技术企业数量前三位分别是集成电路设计产业园、漕河泾元创未来和临港松江科技城，部分园区因尚处在开发建设初期，高新技术企业尚在引进和培育。

表3　上海市各特色产业园区高新技术企业数量

序号	特色产业园区名称	企业数量(家)	占比(%)
1	集成电路设计产业园	372	11.71
2	漕河泾元创未来	339	10.67
3	临港松江科技城	264	8.31
4	张江数链	210	6.61
5	东方美谷·医药	186	5.86
6	市北数智生态园	182	5.73
7	虹桥之源	124	3.90
8	碳谷绿湾产业园	98	3.09
9	马桥AI试验区	87	2.74
10	[illegible]	[illegible]	[illegible]
11	G60松江信创产业园	79	2.49
12	长阳秀带	78	2.46
13	张江机器人谷	77	2.42
14	临港南桥智行生态谷	69	2.17
15	汽车新能港	64	2.02
16	机器人产业园	57	1.79
17	智能传感器产业园	56	1.76
18	虹桥数字物流装备港	53	1.67
19	超能新材料科创园	48	1.51
20	东方美谷·美妆	45	1.42
21	中以(上海)创新园	43	1.35

续表

序号	特色产业园区名称	企业数量(家)	占比(%)
22	奉贤化工新材料产业园	42	1.32
23	临港新片区东方芯港	42	1.32
24	张江在线	37	1.16
25	湾区生物医药港	36	1.13
26	北斗西虹桥基地	34	1.07
27	长兴海洋装备产业园	33	1.04
28	动力之源	27	0.85
29	新食尚都市产业园	27	0.85
30	浦江创芯之城	27	0.85
31	张江创新药产业基地	24	0.76
32	G60电子信息国际创新产业园	24	0.76
33	临港新片区海洋创新园	21	0.66
34	嘉定氢能港	21	0.66
35	闵行开发区智能制造产业基地	20	0.63
36	G60生物医药产业基地	19	0.60
37	上海金谷智能终端制造基地	17	0.54
38	临港新片区生命蓝湾	17	0.54
39	北上海生物医药产业园	17	0.54
40	新型显示产业园	15	0.47
41	国际氢能谷	12	0.38
42	青浦生命科学园	11	0.35
43	西岸智慧谷	9	0.28
44	江南智造国际设计港	8	0.25
45	张江人工智能岛	8	0.25
46	上海电子化学品专区	7	0.22
47	Innogreen创新绿洲	1	0.03
48	宝武(上海)碳中和产业园	1	0.03
49	临港新片区大飞机园	1	0.03

续表

序号	特色产业园区名称	企业数量(家)	占比(%)
50	外高桥智能制造服务产业园	1	0.03
51	数智南大	0	0.00
52	华东无人机基地	0	0.00
53	临港新片区信息飞鱼	0	0.00

注：因数据实效性、撤销资格等原因，以上高新技术企业数量与园区实际可能存在偏差，仅做参考。

(二)特色产业园区内高新技术企业所属产业门类

从特色产业园区内高新技术企业所属的产业门类来看，特色产业园区内60%以上的高新技术企业所属产业门类集中在科技推广和应用服务业、软件和信息技术服务业，以及专业技术服务业三大类，总体与特色产业园区的发展导向相一致。

表4　上海市特色产业园区内高新技术企业所属产业门类

序号	所属行业	数量(家)	占比(%)
1	科技推广和应用服务业	1015	31.96
2	软件和信息技术服务业	497	15.65
3	专业技术服务业	479	15.08
4	批发业	360	11.34
5	研究和试验发展	164	5.16
6	商务服务业	87	2.74
7	化学原料和化学制品制造业	62	1.95
8	通用设备制造业	61	1.92
9	计算机、通信和其他电子设备制造业	58	1.83
10	专用设备制造业	52	1.64
11	电气机械和器材制造业	48	1.51
12	零售业	38	1.20
13	汽车制造业	37	1.16
14	建筑装饰、装修和其他建筑业	23	0.72
15	医药制造业	21	0.66

续表

序号	所属行业	数量(家)	占比(%)
16	金属制品业	19	0.60
17	仪器仪表制造业	19	0.60
18	建筑安装业	16	0.50
19	其他制造业	15	0.47
20	橡胶和塑料制品业	14	0.44

从单个特色产业园区内高新技术企业所属的产业门类来看，绝大多数高新技术企业所属产业门类符合其所在园区的产业定位，例如集成电路设计产业园中高新技术企业所属的产业门类主要为科技推广和应用服务业与软件和信息技术服务业；漕河泾元创未来中高新技术企业所属的产业门类主要为科技推广和应用服务业、软件和信息技术服务业与专业技术服务业；张江数链中高新技术企业所属的产业门类主要为软件和信息技术服务业与科技推广和应用服务业。

四、结论及建议

培育和集聚符合特色产业门类的高新技术企业是加快特色产业园区高技术人才集聚、提升特色产业园区创新能力、提高特色产业园区经济效益，进而实现特色产业园区建设目标的重要途径。

将国家高新区政策惠及特色产业园区。从上海市高新技术企业的空间分布上看，绝大多数的高新技术企业分布于上海市的三大国家级高新区中，而高新技术企业在高新区内聚集的主要原因是高新区内优越的政策条件更加有利于企业的发展。特色产业园区作为承载上海市提升产业链创新能力、构建特强产业集群生态的重要载体，需要强有力的政策激活园区发展引擎，建议逐步将高新区政策覆盖到特色产业园区或将特色产业园区纳入到张江高新区，厚植高新技术企业成长沃土，促进特色产业园区内高新技术企业培育和集聚。

加强特色产业园区与科研院校的产学研合作。上海市高新技术企业在复旦、同济等科研院校周边集聚特征十分明显，经过进一步研究发现，复旦、同济等科研院校在周边设立的科技园、创新中心等区域具有培育高新技术企业的强大动力。上海市特色产业园区可加强与这些科研院校的合作，推动高校在特色产业园区内设立各类科技园、创新创业中心、孵化器等，打造资源集中、功能完善的人才创新创业服务平台，为人才提供全生命周期的创新创业服务，为高新技术企业的培育提供强大动能。

充分发挥特色产业品牌优势，增强特色产业吸引力。从高新技术企业的集聚情况看，特色产业园区内的高新技术企业的集聚密度远高于全市产业园区的总体水平，说明特色产业园区具有较强的集聚高新技术企业的内生动力，高新技术企业所属产业门类与其所在的特色产业园区的产业定位基本一致，说明特色产业园区的品牌效应在集聚其对应产业门类的高新技术企业方面发挥了重要作用。特色产业园区可进一步发挥其特色产业优势，围绕特色产业加强营销推广，塑造园区特色产业品牌。同时，通过培育和集聚特色产业链上下游企业，营造良好的特色产业生态，形成对高新技术企业落户园区的强大吸引力。

发展模式再探索

从综评角度分析科技创新与对外开放两种引领开发区发展模式的未来趋势

管锡清

国家级经济技术开发区（以下简称“国家级经开区”）和国家高新技术产业开发区（以下简称“国家高新区”）是我国最重要的两类国家级开发区。国家级经开区是我国对外开放引领园区发展模式的最重要载体，通过对外开放引进外资、增加出口、不断优化营商环境、促进体制机制改革，增强经济发展实力。国家高新区是我国实施创新驱动发展战略的重要载体，以创新驱动发展为根本路径，通过吸引人才、培育创新机构、营造创新环境、提高自主创新能力增强国家科技实力。

一、考核评价工作对两种发展模式下的园区具有巨大促进作用

从 1984 年设立首批 14 家国家级经开区以来，全国目前有 230 家国家级经开区。国家级经开区已经成为我国经济发展的强大引擎、对外开放的重要平台和改革创新的排头兵。2016 年商务部正式印发《国家级经济技术开发区综合发展水平考核评价办法》，持续开展考核评价工作，从对外开放、高质量发展、科技创新等方面进行评价，发挥考核评价的“指挥棒”“探测器”作用，引导国家级经开区不断提升发展质量和效益。2020 年，国家级经开区地区生产总值 11.6 万亿元，占同期国内生产总值比重为 11.5%；实际使用外资和外商投资企业再投资金额 611 亿美元，占全国比重为 23.1%；进出口总额 6.7 万亿元，占全国比重为 20.8%。与 2016 年相比，2020 年国家级经开区地区生产总值、进出口总额和利用外资金额，分别增长 40%、36%和 23%，在经济发展、产业转型和对外开放中发挥了示范带动作用，为我国全面建成小康社会做出了重要贡献。同时 2016 年起开展的考核评价工作也形成了倒逼机制，2020 年和 2021 年有 2 家国家级经开区经国务院批准后退出国家级经开区序列，首开国家级开发区“红牌”退出先河，对国家级经开区发展起到警示作用。

1988 年国务院批准建设了第一个国家高新区，到目前为止，国家高新区达到 173 家。国家高新区是我国实施创新驱动发展战略的重要载体，走出了一条具有中国特色的高新技术产业化道路。科技部在 1993 年出台了国家高新

区综合评价指标体系，并在1999年、2004年、2008年、2013年四次修订国家高新区评价指标体系，加强对国家高新区的指导与评价，有力推动了国家高新区的发展。2020年，国家高新区园区生产总值(GDP)达到13.56万亿元，占全国国内生产总值比重达13.3%；实际利用外资金额4252.5亿元，占全国实际使用外商直接投资金额的42.5%；实际上缴税费总额为1.86万亿元，占全国税收收入比重达12.1%；出口总额44726.6亿元。2020年国家高新区集聚了全国70%以上的国家工程研究中心、国家工程实验室；拥有高新技术企业占全国高企总数的37.3%；企业研发(R&D)经费内部支出占全国企业R&D经费支出的48.9%，成为我国重要的科技创新策源地。

二、新时代国家级经开区和国家高新区评价办法的特点分析

2021年11月2日，商务部印发《国家级经济技术开发区综合发展水平考核评价办法(2021年版)》(商资发〔2021〕188号，以下简称《国家级经开区考核评价办法》)，推进国家级经开区创新提升，在国内国际双循环中发挥示范带动作用，打造“改革开放新高地”。2021年4月26日，科技部印发《国家高新技术产业开发区综合评价指标体系》(国科发火〔2021〕106号，以下简称《国家高新区评价指标体系》)，推动国家高新区建设成为“创新驱动发展示范区和高质量发展先行区”。

(一)“目标导向”对比“过程导向”

《国家级经开区考核评价办法》(2021年版)从五个维度促进经开区发展。“对外开放”引导国家级经开区积极发挥开放平台作用，大力发展开放型经济，围绕主导产业和优势产业开展产业链招商，加快形成更具国际竞争力的外资集聚区，在稳外资稳外贸中发挥更大作用；“科技创新”引导国家级经开区增强科技创新驱动能力，积极打造科技创新平台，促进创新要素聚集，积极培育先进制造业集群，推进传统产业转型升级；“绿色发展”引导国家级经开区绿色低碳发展，鼓励有条件的国家级经开区在碳达峰、碳中和工作中先行先试；“统筹协调”引导国家级经开区共建共享、协调发展，加快体制机制创新；“发展质量”引导国家级经开区推进高质量发展，促进共同富裕。国家级经开区考核评价办法立足新发展阶段，引导国家级经开区进一步明确发展定位，充分发挥重要开放平台作用，突出高质量发展和开放发展导向，调动地方和国家级经开区推进创新提升的积极性，在国内国际双循环中发挥示范带动作用。国家级经开区以目标为导向，考核经开区年度社会经济发展中的实际成果。

《国家高新区评价指标体系》(2021年修订)继续坚持“发展高科技、实现产

业化”，加快建设科技强国。新版评价指标体系设置了五个一级指标，“创新能力和创业活跃度”评价“创新发展”能力，“结构优化和产业价值链”评价“协调发展”水平，“绿色发展和宜居包容性”考核高新区在“绿色发展”和“共享发展”中呈现的环境水平，“开放创新和国际竞争力”考核高新区科技创新的“开放发展”程度，“综合质效和持续创新力”反映创新驱动发展的综合效果。在指标选取上，突出知识产权、成果转移转化、创新创业、经济运行效率、产业竞争力、单位能耗与碳排放等。新办法突出国家高新区“又高又新”的重要部署，体现科技创新是高质量发展重中之重，综合衡量高新区“创新驱动发展示范区和高质量发展先行区”目标的实现程度。国家高新区以过程为导向，强调高新区在科技创新能力各方面取得的成效与水平，以促进园区科技创新能力的提升，较少直接考核高新区社会经济发展成果。

(二)“重点突出”对比“强调均衡”

《国家级经开区考核评价办法》(2021年版)显著的变化是公布了指标权重，30个指标权重从2—8不等，权重最小为2的指标最多，指标呈现偏态分布。

表1 《国家级经开区考核评价办法》(2021年版)指标分布情况表

权重	8	6	5	4	3	2
指标数	2	1	2	5	8	12
权重和	16	6	10	20	24	24

《国家高新区评价指标体系》(2021年修订)46个指标权重从1.2—3.6不等，中间权重为2.4的指标数最多。

表2 《国家高新区评价指标体系》(2021年修订)指标分布情况表

权重	1.2	1.5	1.6	1.8	2	2.4	3	3.6
指标数	6	4	8	6	4	12	2	4
权重和	7.2	6	12.8	10.8	8	28.8	6	14.4

从重点指标分析，《国家级经开区考核评价办法》(2021年版)有5个重点指标，其中2个指标权重为8，5个指标权重总和为32，平均为6.4，非常突出。

表 3 《国家级经开区考核评价办法》(2021 年版)重点指标情况表

序号	一级指标	指标	权重	指标性质	指标类型
1	对外开放	实际使用外资金额	8	定量	总量指标
2		进出口总额	8	定量	总量指标
3	发展质量	单位土地地区生产总值产出强度	6	定量	相对指标
4		园区地区生产总值	5	定量	总量指标
5		园区地区生产总值增速	5	定量	相对指标
合计			32	—	—

《国家高新区评价指标体系》(2021 年修订)有 6 个重点指标，其中指标权重为 3.6 的有 4 个，6 个指标权重总和为 20.4，平均为 3.4，重点指标影响力远没有国家级经开区的大。

表 4 《国家高新区评价指标体系》(2021 年修订)重点指标情况表

序号	一级指标	指标	权重	指标性质	指标类型
1	综合质效和持续创新力	5.2 全员劳动生产率的增长率	3.6	定量	相对指标
2		5.3 当年内部研发投入强度达 5% 企业的营收合计占营业收入比例	3.6	定量	相对指标
3		5.9 园区抓党建守规矩、权责健全、体制机制创新、先行先试以及依法施政、严管安全生产、建设平安社区评价	3.6	定性	
4		5.10 园区参与评价所报数据和相关材料的及时性、准确性以及重视火炬统计工作的评价	3.6	定性	—
5		5.1 园区全口径增加值占所在城市 GDP 比例	3	定量	相对指标
6		5.4 营业收入中数字产业相关企业营收合计占比	3	定量	相对指标
合计			20.4	—	—

《国家级经开区考核评价办法》(2021 年版)非常重视生产总值、实到外资和进出口三个方面，其中与生产总值相关的指标共 7 项，权重总和为 28，与实到外资相关的指标共 5 项，权重总和为 19，与进出口相关的指标共 4 项，权重总和为 17。三个方面的指标共 16 项，权重总和为 64，因此这三个方面

就基本决定了国家级经开区考核评价的结果。而《国家高新区评价指标体系》(2021 年修订)围绕创新考核了与之相关的方方面面，包括人员、费用、专利(创新成果)、创新服务机构等；同时在创新能力和创业活跃度、结构优化和产业价值链、开放创新和国际竞争力、综合质效和持续创新力 4 个一级指标下有 11 个指标考核国家高新区各类创新型企业的情况，指标数占比为 23.91%，权重为 20，每个指标平均权重小于 2。

从以上分析可以看出《国家级经开区考核评价办法》(2021 年版)重点突出，着重考核经开区的外资、外贸与生产总值，体现对外开放引领高质量发展；《国家高新区评价指标体系》(2021 年修订)围绕创新各方面均衡施力，提升园区创新实力、活力和潜力，体现科技创新引领园区高质量发展。

(三)“重视增速”对比“突出增量”

《国家级经开区考核评价办法》(2021 年版)强调国家级经开区持续发展的重要性，新增地区生产总值增速等 6 个增速指标，同时保留了旧办法中唯一的增速指标——企业数量增长率，指标权重扣除 2 个混合指标的一半权重后达到 21，影响巨大。增速指标以去年的总量作为分母，在增量一定的情况下，去年的总量越大，增速越小。所以，在考核办法总量指标与增速指标并重的情况下，园区只有两者都好，特别是只有保持高增速，才能得到高分。可见，对外开放促进发展强调的是快慢，发展慢了就要落后，强调增速对经开区的重要性。

《国家高新区评价指标体系》(2021 年修订)突出考核指标的增量情况，例如不考核企业数量增长率而是考核当年新注册企业数，不考核营业总收入而是考核当年净增营业收入。唯一的增速指标是园区二氧化碳排放量增长率，其他都是增量考核而不是增速考核。增量是数量增加的绝对值，科技创新需要实力增长，重点考核增量情况。

(四)结果应用的趋同与差异

两个考核评价办法都强调要加强评价结果的使用，增强对园区的指导作用，督促地方政府切实承担起经开区与高新区建设的主体责任，都会公布前 30 或 50 名园区，接受社会各界的监督。根据不同区域进行分类排名，强调评价结果有针对性地分类运用。对于连续排名靠后的园区都将重点督导或约谈。但国家级经开区考核评价加大了“红牌退出”的实施力度，连续三年内有两次进入本地区(按东部地区、中部地区、西部地区划分)国家级经开区最后 5 名的纳入降级备选名单，名单比旧办法增加 2 倍，并且自退出国家级经开区序列决定公布起两年内，相关省(市、区)原则上不得推荐省级开发区升级。可见在考核评价结果的应用上，两种评价办法具有明显差异。

三、对未来发展趋势影响分析

（一）考核评价将使两种发展模式之间的差异更显著

党的二十大提出我国必须“加快实施创新驱动发展战略”“坚持对外开放的基本国策，坚定奉行互利共赢的开放战略”。科技创新与对外开放必将成为国家高新区与国家级经开区实现第二个百年发展目标的必由之路。在2021年新版考核办法出台之前，两个发展模式之间有融合的趋势，国家级经开区非常重视科技创新，鼓励开发区增强自主创新能力，打造核心竞争力。随着国家高新区自主创新能力的增强、产业生态的完善与提升，外资纷纷入驻，特别是张江高新区、中关村等。但随着2021年版考核办法出台，国家级经开区将沿着对外开放特别是外资外贸主导的发展之路，通过引进高质量的外资企业，增大对外贸易，增强制造业企业实力，形成特色更加鲜明的对外开放引领发展的格局。

（二）国家级经开区提升优质产业生态，国家级高新区向产业社区升级更新

国家级经开区重视实体经济，重视单位土地的产出水平，引导经开区打造优质产业生态，提高产业规模与质量，不断提升资源利用水平，促进经开区高质量发展。人才是第一资源，开发区是人才集聚的载体，必然会向社区化蜕变，园区功能与形态更加符合人才的生活、工作与娱乐之需。国家高新区评价重视创新企业与人才的集聚，为人才营造良好的环境，在考核评价办法中有园区总绿地率、园区各级医院和各类学校数、从业人员平均月工资性收入与当地每平方米房价的比例等指标，引导高新区向产业社区升级更新。

（三）国家级经开区在规模基础上提升质量，国家高新区在质量基础上扩大规模

国家级经开区评价非常重视经开区的区域带动作用，考核评价办法2016年版就有5个区域占比指标，考核经开区在GDP等方面规模占所在地（地级市）的比重，2021年新办法中仍然有实到外资占比、GDP占比等4个区域占比指标，经开区规模越大、占比越高、引领作用越强，而单位土地GDP指标权重为6，园区土地开发利用率指标权重为4，可见经开区的发展不能再简单地扩大园区土地面积，而是要走高质量的规模化发展之路，以此带动引领所在区域发展。国家高新区考核办法强调高新区各项指标的增量，引导高新区不断增加人才、团队、企业等创新资源数量，增强园区的创新实力，指引高新区不断扩大园区规模，走一条规模化的高质量发展之路。

国家级经开区高质量发展路径研究

——以上海市国家级经开区“十四五”规划为例

马彤晖

全球经济正在逐渐复苏，“再工业化”战略的实施导致制造业回流，以大数据、云计算、人工智能等方式进行的工业变革进一步加剧了产品更迭和竞争升级。我国经济也从高速度增长转向高质量发展，高质量发展成为我国全面建设社会主义现代化国家的首要任务。国家级经开区作为我国重要的经济引擎，经过40多年的建设，科技创新实力不断提升，成为重要的对外开放平台，但随之而来也面临着产业转型升级、新兴产业支撑不足、土地利用率有待提高、二次开发难度较大等问题。上海市作为最早设立国家级经开区的城市之一，“十四五”时期6家国家级经开区将进入转型升级的关键时期，高水平地建设全国具有标杆性的高质量经开区，是历史赋予的重大任务。

一、“十四五”发展政策环境

国家级经开区自设立之初就凭借特殊优惠政策、区位优势等形成产业集聚，在“十四五”时期国家对于国家级经开区的政策导向侧重于赋予更多自主权，支持开发建设主体进行资产重组、股权结构调整优化。在对外开放方面进行创新，国家支持国家级经开区按程序开展符合其发展方向的自贸试验区相关改革试点，鼓励设立综合保税区、建设外贸转型升级基地和外贸公共服务平台，支持国家级经开区推进关税保证保险改革。国家还支持国家级经开区进一步加强土地集约利用水平和绿色发展，允许对具备土地独立分宗条件的工业物业产权进行分割用以引进优质项目。

表 1　全国经开区高质量发展政策

名称	文号	政策重点
《商务部等10部门关于支持国家级经济技术开发区创新提升更好发挥示范作用若干措施的通知》	商资函〔2022〕549号	1. 支持服务业扩大开放综合试点省市所属国家级经开区承担试点任务，鼓励国家级经开区内符合条件的企业用好自由贸易试验区、综合保税区平台政策，按规定开展“两头在外”的保税维修、跨境电商贸易便利化等创新业务。2. 对于国家级经开区智能制造优秀企业，优先支持其申报“智能制造标准应用试点”“高新技术产业标准化试点示范”，支持鼓励设立外资研发中心。3. 鼓励国家级经开区之间探索建立产业链供应链重点企业疫情防控跨区域互信制度。
《关于进一步推进国家级经开区创新提升更好发挥开放平台作用的通知》	商资函〔2021〕523号	1. 内外资企业享受相同助企纾困政策。2. 鼓励国家级经开区创建国家生态工业示范园区、循环化改造示范试点园区等。3. 鼓励有条件的国家级经开区推行产业链“链长制”，高水平建设国际合作园区。4. 引导东中西部地区国家级经开区加强产业对接，在发展规划、运营管理、招商引资、人力资源等方面加强协同，积极开展产业转移和承接工作，深化产业链配套合作。5. 加强对邻近各类开发区的整合规范、统筹管理，形成一批布局合理、分工明确、竞争力强的产业集聚区，避免同质化和低水平竞争。6. 鼓励经开区深化投资项目审批全流程改革，积极探索“容缺审批”“告知承诺制”等新型管理模式，鼓励有条件的地方开展“区域评估”。
《国务院关于推进国家级经济技术开发区创新提升打造改革开放新高地的意见》	国发〔2019〕11号	1. 提升开放型经济质量，重点引进跨国公司地区总部、研发、财务、采购、销售、物流、结算等功能性机构，对在中西部和东北地区国家级经开区内从事鼓励类项目且在完善产业链等方面发挥重要作用的外商投资企业，可按规定予以支持；支持符合条件的国家级经开区申请设立综合保税区；支持符合条件的国家级经开区建设外贸转型升级基地和外贸公共服务平台、支持国家级经开区推进关税保证保险改革。2. 赋予更大改革自主权，深化“放管服”改革，支持地方人民政府对有条件的国家级经开区开发建设主体进行资产重组、股权结构调整优化，引入民营资本和外国投资者，开发运营特色产业园等园区；支持国家级经开区按程序开展符合其发展方向的自贸试验区相关改革试点。在政府职能转变、投资贸易便利化等重点领域加大改革力度，充分发挥国家级经开区辐射带动作用。3. 完善对内对外合作平台功能，支持积极探索与境外经贸合作区开展合作，建设一批国际合作园区，鼓励港澳地区及外国机构、企业、资本参与国际合作园区运营。4. 鼓励新入区企业和土地使用权权属企业合作，允许对具备土地独立分宗条件的工业物业产权进行分割，用以引进优质项目。

续表

名称	文号	政策重点
《吉林省人民政府关于加快推动全省国家级开发区高质量发展的实施意见》	吉政发〔2021〕16号	1. 突出优化营商环境。加大放权力度。聚焦企业设立、办证、项目建设行政审批全链条，采取“点菜式”放权。赋予开发区省政府审批和报告事项直报权。2. 突出破解体制机制。突出经济管理和投资服务主责主业，因地制宜精简或剥离社会管理职能，支持开发区实行聘任制和档案封存制，建立绩效考评体系，鼓励推行“管委会＋公司”管理模式。3. 突出产业发展方向。引导开发区向产业集群化、产业链方向发展，集中精力打造1—2个主导产业集群，围绕产业集群重点打造1—2个产业链，建立“链长制”。4. 推动开发区建立健全创新生态。在集聚高端创新资源、健全科技服务体系、推动科技成果转化等方面给予重点支持。
《西安市关于推进全市经济技术开发区创新提升高质量发展具体措施》	市政办函〔2021〕64号	1. 允许经济技术开发区实行兼职兼薪年薪制协议工资制。2. 支持经开区内骨干企业开展境内外并购重组和上市。3. 支持符合条件的经济技术开发区建设外贸转型升级基地和外贸公共服务平台，支持跨境电子商务园区建设和外贸综合服务(平台型)企业发展，对符合条件的自主产品出口企业予以支持。4. 支持经开区非自贸功能区域申请创建陕西自贸试验区协同创新区，率先复制陕西自贸试验区改革试点经验；支持依托综合保税区，聚集发展保税物流、创新研发、检验检测、跨境电商、服务外包等业态，提升发展水平。5. 支持经开区盘活利用存量用地，给予同等面积的新增建设用地指标奖励。

二、上海市国家级经开区建设情况和发展问题

(一)上海市国家级经开区建设情况

上海市共有6家国家级经开区，作为上海市外资企业的集聚区域，已经形成明确的产业集群并且不断升级培育前沿特色产业。从外资外贸水平来看，6家国家级经开区实到外资水平稳步提升，2021年超20亿美元，进出口总额也达到了近7000亿元，其中高新技术产品进出口额占全部进出口额的一半。园区产业规模不断提升，漕河泾开发区和金桥经开区地区生产总值均超过千亿规模。园区科技创新水平不断提升，共有省级以上研发机构近200家，高新技术企业超过1700家。

漕河泾开发区起源于仪表电子工业园，此后发展为微电子工业园，现在逐步形成电子信息、新材料、生物医药、环保新能源等产业集聚的新兴产业园区。为加快构筑高质量发展新优势，发挥人工智能、生物医药、集成电路等优势产业，提前布局元宇宙新赛道，漕河泾开发区大力发展现代服务业，

不仅拥有自己的物业管理公司，开发建设国际先进的“园中园”科技绿洲，并且在海宁、大丰等地区建设分区。为了在“十四五”时期做好城市形态更新，漕河泾开发区完成一批城市更新示范项目，进行全方位的功能配套，充分融入城市发展中并实现产城融合。

金桥经开区作为浦东新区重要的先进制造业基地，完成了金桥加工到金桥制造再到金桥智造的蝶变，产业能级不断提升，未来将助力未来车、智能造、数据港三大硬核产业。随着上海城市空间的不断拓展，金桥地区已经成为城市副中心区，延续碧云国际社区的发展经验，建设国际化的城市空间。

松江经开区由市级工业区在 2013 年升级为国家级经开区，作为长三角 G60 科创走廊创新策源地，形成了电子信息、现代装备、食品饮料、新材料四个优势主导产业，拥有 G60 生物医药产业基地、G60 电子信息国际创新产业园两家特色园区。松江综保区高质量发展，在全国综保区发展绩效评估中排名不断提升，2022 年进出口总额超过 350 亿美元。

上海化工区于 2012 年升级为国家级经开区，其横跨金山和奉贤两个区，以国际一流化工园区为目标，并建设了上海国际化工新材料创新中心，大力发展合成新材料、精细化工等石油深加工产品以及生物医药、氢能、尼龙等新兴产业，并建设了上海市电子化学品专区、创新绿洲 Innogreen 两个特色产业园。

闵行经开区是高端制造外资企业最集聚的园区，其发展先进装备制造、生物医药、新材料、人工智能等主导产业，建设智能制造特色产业园区。闵行经开区于 2006 年在临港新片区拓区，助力临港地区的开发建设，牢牢把握自贸区临港新片区发展机遇，加快重点项目建设，成为重要的外资招引平台。在“十四五”期间其将持续补齐集成电路产业链，聚焦半导体装备领域龙头企业和与汽车芯片有关的第三代半导体产业。

虹桥经开区作为最早的一批国家级经开区，发挥区位优势，借助中国国际进口博览会等平台优势，以 0.65 平方公里建设成为虹桥国际贸易中心，也成为全国经开区中单位土地产出最高的国家级经开区，带动了长宁区域的发展和繁荣。

表 2　上海市六家国家级经开区发展情况

园区名称	面积（平方公里）	主导产业	特色产业
漕河泾开发区	13.30	电子信息、新材料、生物医药、环保新能源	元宇宙、集成电路

续表

园区名称	面积（平方公里）	主导产业	特色产业
金桥经开区	27.38	未来车、智能造、数据港	5G超高清
松江经开区	64.56	电子信息、现代装备、食品饮料、新材料	电子信息、生物医药
上海化工区	29.40	化工新材料、高端专用化学品	电子化学品
闵行经开区	16.38	先进装备制造、生物医药、新材料、人工智能	高端装备
虹桥经开区	0.65	贸易、展览展示、国际仲裁	国际商贸

(二)上海市国家级经开区发展问题

一是对外资的吸引力逐渐减弱。上海市是我国的改革高地，仍然是外商投资的热土，但如今更多外资外企优惠政策集中到了自贸区，六家国家级经开区外商投资优惠政策逐渐减少，对外资的吸引力逐渐减弱。

二是增量发展较为困难。六家国家级经开区开发建设早，规划面积也较小，土地已经基本开发建设完毕。土地是上海最稀缺的资源，国家级经开区通过扩区方式来进行增量发展较为困难，更多的是以存量用地二次开发提升基础设施和城市配套的方式促进产业转型升级，推动经济高质量发展。

三是区域带动能力有待提升。六家国家级经开区分布于不同的行政区域，所在行政区域内均有其他高能级园区；同时漕河泾开发区、上海化工区、闵行经开区均跨两个行政区域，受体制机制限制，国家级经开区区域带动能力较弱。

四是与其他对外开放平台的联动有待加强。上海市共有十家海关特殊监管区，六家国家级经开区中仅漕河泾开发区、金桥经开区、松江经开区区域内有综合保税区建设，并且并未完全发挥国家级经开区与自贸区、综合保税区对外开放平台的叠加优势。

三、“十四五”期间发展目标分析

为进一步分析国家级经开区高质量发展路径，笔者梳理了上海六家国家级经开区“十四五”规划中的发展目标和定位。从“十四五”期间自身的战略定位来看，上海国家级经开区依然将科技创新作为提升产业优势的重要驱动力，其是上海科创中心的重要承载区，也是上海重要的先进制造基地，未来将继续嵌入到城市功能中，成为产城融合发展的示范区。漕河泾开发区在“十四五”中突出经济总量增速平稳增长，更加注重高质量产业集聚度，发展数字经济核心产业，侧重于加强产业自主能力建设，构建技术自主创新策源能力体系，建设为上海国际科创中心重要承载区，是科技创新带动园区发展的典范。金桥经开区，聚焦金桥城市副中心建设，重点完善基础设施，强化综合配套，加强智慧应用管理，同时作为自贸试验区片区将聚焦自贸试验区与综保区的制度创新，加快综保区建设，打造全国综保区转型升级的标杆，进出口总额将有新突破。松江经开区，依然以发展先进制造业提升产业规模为重点，同时与松江区、松江新城进行深度融合，以产促城、以城兴产。发挥松江综合保税区的功能和优势，扩大经济总量和外资外贸，发挥长三角 G60 科创走廊龙头地位，提升科技创新资源。上海化工区，其成立具有国家战略性意义，是打造化工行业国际国内双循环的重要链接，对标国际建设世界级石化产业基地和循环经济示范基地。闵行经开区继续夯实先进制造业，加快建设科技企业总部智造园、长三角智能制造共享服务基地等重点地块。虹桥经开区作为商贸服务园区，破解资源困境，提升对长宁区的带动能力，下一步主动融入“大虹桥”一体化发展，实现联动互补、错位发展。

表 3　上海市国家级经开区“十四五”定位和发展目标①

园区名称	定位	发展目标
漕河泾开发区	上海国际科创中心重要承载区	加强产业自主能力建设，构建技术自主创新策源能力体系，积极投身长三角一体化建设，做好上海科创中心承载区高品质建设，创建卓越科技园区，支撑临港集团全面发展新时期战略目标的实现与临港自贸区建设。
金桥经开区	金桥智造城和城市副中心	将聚焦城市副中心和“金色中环发展带”建设，提升城市服务功能，打造新时期产城融合发展标杆；将聚焦自贸试验区与综保区的制度创新，提升全球资源吸纳与配置能力，成为国内外双循环的智能制造开放合作窗口。
松江经开区	先进制造业高地和产业创新新枢纽	建设产城融合发展示范园区复制推广制度经验，以产促城、以城兴产，留足生态空间，促进生产、生活、生态融合发展，示范带动 G60 科创走廊全域形成生态友好型高质量融合发展新高地；以高质量发展为指向，以先进制造业和战略性新兴产业为引领，以高端现代服务业为支撑。

① 闵行经开区和虹桥经开区“十四五”规划未发布，根据闵行区和长宁区“十四五”规划等材料汇总。

续表

园区名称	定位	发展目标
上海化工区	世界级石化产业基地和循环经济示范基地	深度融入全球化工产业链，参与国际竞争，打造化工行业国际国内双循环的重要链接；充分发挥龙头带动作用，助力长三角打造世界级绿色化工产业集群。
闵行经开区	先进制造业承载区	加快科技企业总部智造园、长三角智能制造共享服务基地等重点地块建设，打造智能制造产业基地。
虹桥经开区	产城融合开发区	开发区与商务区应作为一个整体，联动互补、错位发展，特别是虹桥经开区要主动融入“大虹桥”一体化发展；以展览展示为龙头、以外贸中心为特征、以现代服务业为核心的现代商贸区。

四、“十四五”高质量发展路径

“十四五”期间上海市国家级经开区做强做大引领产业高质量发展的实现路径如下：

一是以技术创新提升产业规模，积极向外输出品牌，增强区域发展带动力。

二是破解资源和空间的束缚，金桥经开区、松江经开区和虹桥经开区应积极融入城市发展，通过城市和经开区功能互补实现共同发展，提高开发区的整体品质，激活内生动力，通过城市有机更新，促进开发区的高质量发展。

三是积极发挥综保区高能级平台作用，漕河泾开发区、金桥经开区和松江经开区积极投身建设自贸区和综保区，为稳外资外贸发挥重要作用；闵行经开区临港园区作为自贸区临港新片区的重要组成部分，可以享受政策优惠，是未来重要的增长极；上海化工区和虹桥经开区在引进外资外贸方面具有特色，上海化工区以参与全球化工产业链引进世界先进化工产业为主导来提升外资外贸水平，虹桥经开区则借进博会等国际会展和虹桥商务区国际开放枢纽来拓展外资外贸。

园区合作共建模式和案例分析

马彤晖

在国内国际“双循环”的新时代背景下，区域协调发展是我国重大战略之一，是贯彻新发展理念、建设现代化经济体系的重要组成部分。当前，园区作为产业集聚的载体，在合作共建中发挥了重要作用，充分发挥区域的比较优势，加快要素的合理流动，促进双方资源高水平集聚，着力推动产业转移，提升科技水平，增强区域创新发展动力。

一、园区合作共建的类型和典型经验

园区合作共建是推进国家区域协调发展战略的重要组成部分，西部大开发、中部崛起、振兴东北地区等战略均提出了与东部地区对口合作，进一步发挥各区域比较优势，实现互联互通。

(一)区域深度合作，探索“飞地”互利互惠模式

飞地经济[①]是指两个互相独立、经济发展存在落差的行政地区打破原有行政区划限制，通过跨空间的行政管理和经济开发，实现两地资源互补、经济协调发展的一种区域经济合作模式。“飞地”是产业园区发展的新模式，也是一种新的招商引资模式，很好地将两个区域的优势资源进行整合，根据园区与飞入地的关系，可分为直营式、兼并式、合作式三种形式。直营式是就近拓展区域面积，如漕河泾开发区在闵行区浦江镇扩建浦江高科技园，享受漕河泾开发区相同税收优惠和政策；兼并式是托管经营不善的园区，如余姚经开区异地整合滨海产业园等；合作式是指两地园区签署合作协议，通过管理经验输出和以土地价格入股等方式进行运作。

园区共建“飞地”经典做法

哈尔滨与深圳两市共建深圳(哈尔滨)产业园区(以下简称“深哈园区”)，以整体委托的“飞地”模式从发展理念、体制机制、科技创新、高端产业等方面融合发展。首先是设立合资公司，设立基金解决投资难题。深哈两市政府以深哈园区为共建主体，共同出资组建公司并且设立了10亿元的深哈产业投资基金和1亿元的天使基金，推动科技创新

① 《关于支持“飞地经济”发展的指导意见》(发改地区〔2017〕922号)。

企业与深圳资本市场对接。由一线团队开发建设园区，打造产业新城。深哈园区通过复制深圳招投标评定分离、新型产业用地（M0）等先进政策，聘请国际国内一流团队，完成园区综合规划的编制，规划构建高水平的综合暖廊和产业新城。优化营商环境，打造产业全生命周期发展平台。对标深圳负面清单做法，建立企业全生命周期运营服务体系，便利企业办事，提供全要素服务保障。构建从“创新创业—孵化加速—总部上市”＋“科技金融”产业全生命周期发展平台，孵化招引高质量企业。

（二）以产业协同发展为目的，引导产业高质量发展

在园区合作共建中，以培育产业为合作重点开展实质性的产业落地，以共建园区双方的产业资源和对某产业链的深度了解为基础，通过产业联动和产业链上下游各节点的资源流动，整合共建双方创新资源，完善共建园区产业链，促进产业进一步集聚，实现合作共建园区产业高质量发展。

园区共建“产业协同发展”经典做法

辽宁省与江苏省立足自身产业特色，推动辽宁省本溪市高新区与江苏省泰州市医药园区联合编制医药健康产业互补合作规划，探索共建医药健康产业，推动两地医药健康产业协同发展并取得初步成效。

依托产业互补，打造特色产业体系。泰州市医药园区和本溪市高新区联合制定实施医药健康产业互补合作规划，合作共建医药产业园，主动发展与生物医药关联度大的产业和融合型新兴产业，形成以健康医疗、绿色制造和现代服务业为主的“1＋3”产业体系，加强产业链上下游企业主体、创新力量、服务资源、应用市场的整合联动，打造高效协同、共治共促的新型产业生态。以评促发展，加强监管。建立沟通联络制度，定期交流合作工作情况，统筹各方资源和力量，解决医药产业发展中遇到的重大问题，总结先进经验和做法，将政策措施落到实处。研究切实可行、操作性强、覆盖面广的政策体系，对政策实施效果进行评估并且及时调整，推动政策升级，确保政策的稳定性和引导作用。强化监督考核，定期开展对口合作工作成效评估，表扬先进，激励后进。

（三）突出龙头企业为引领，加强企业交流

合作共建中突出龙头企业引领作用，通过跨区域以点带面的形式建立健全产业链，促进当地产业集聚发展。通过合作双方政府引导的政企合作形式，在合作共建载体中建设大规模的生产基地，围绕龙头企业将产业链各环节的企业进行关联，通过资源优势互补、政府引导和市场导向共同推动产业高质量发展。以企业为主导的合作共建，可以通过企业之间的合作交流搭建平台，共同谋划未来产业发展，营造良好的营商环境，并且可以引入更多合作伙伴，也可以推动产业进一步向海外转移。

园区共建“企业合作交流”经典做法

大连市与上海市积极搭建交流合作平台，推动两地国企加强经验交流、产业合作，取得积极成效。搭建国有企业交流平台，完善制度改革。为促进两地国有企业交流合作，大连市与上海市联合举办沪连国有企业对口合作系列沙龙活动，持续举办沪连合作高端论坛，同时上海市邀请大连市国有重点企业参加工业博览会，积极为两地企业交流合作搭建平台。通过一系列活动，双方在国有企业混合所有制改革、国有资本优化调整、国有资本监管等方面深入开展经验交流学习。

大连市积极借鉴上海市国资国企改革相关政策和经验做法，制定相关的政策文件。上海市国资委、国有企业及相关研究机构积极为大连市研究制定国有资本投资、运营公司组建方案。务实开展产业合作，大连市国有企业、科研院所与上海市国有企业建立了战略合作关系，在科技创新研发、产业链供应链延伸强化、港口运营等方面开展合作，协议金额近400亿元。两地企业合作开展深远海域漂浮式风电技术、浮式起重机、智能化连续卸船机等研发，联合开发新能源燃料电池，统筹规划建设化工新材料一体化基地，以上海港洋山港区为国际中转港与大连港开展外贸集装箱沿海捎带业务试点。

(四)创新优化干部挂职交流工作，共享发展新理念

合作共建中常见的一种软性合作就是干部挂职交流，合作双方互派干部进行挂职交流，促进观念互通、思路互动、作风互鉴、办法互学。通过干部挂职交流能够优化干部资源配置，可以让双方单位交流，更好地在工作中考察干部，找出岗位最适合的干部。通过交流激发创新意识，提高干部的格局，增长见识，利于日后工作的开展。

园区共建“干部挂职交流”经典做法

沈阳市与北京市深化干部交流，创新形成“沈阳提需求、北京选干部”与“业务部门提报需求、组织部门靶向选人”相结合的挂职干部选派新方式。京沈两市严把选人标准和选派程序，沈阳市相关业务部门提出新业态互派干部的领域及单位，形成京沈对口合作互派挂职干部需求清单，经过逐级推荐、层层把关，最终两市组织部门综合分析、统筹比选后择优确定挂职人员，并及时报中央组织部审批备案，严格保证选派干部质量。制定干部挂职锻炼工作制度，组建挂职干部工作队伍，成立临时党支部。挂职干部全流程跟踪考核，业务部门科学制定共性与个性相结合的考核指标，组织部门每季度开展考评调度，考评结果作为选拔任用、评先评优的重要依据。

(五)合资建立研发平台，促进科研成果转化

随着各地对科研实力的重视，以合作建设促进双方科技创新水平的需求日益增加，培育壮大研发平台，加快科技创新成果转化，促进科研成果落地。

园区共建“开发研发平台”经典做法

为加快实现京津科技成果在河北落地，通过合作共建研发平台的形式，实现产业发展存量绿色化、增量高端化，为创新型建设提供有力支撑，沧州临港经开区推动南开大学与沧州渤海新区合作成立绿色化工研究院，依托现有的绿色农药及精细化工研发等实验平台，实时为企业提供测试、研发与公斤级试验等服务；另一方面，针对企业新工艺、新产品开发方面的需求，匹配南开大学的优势创新团队，助力存量绿色化发展。截至目前，南开大学·沧州渤海新区绿色化工研究院申请或授权发明专利 22 项，累计服务企业 47 家，成为渤海新区高质量发展的新引擎、高端人才聚集的新高地、京津冀协同创新的新典范。

二、园区合作共建的建议

园区的合作共建不仅仅是区域上的扩张或者人、财、地的简单划入，而是包括产业规划、企业服务、招商引资、项目建设、基础设施建设、公共服务等多方面的合作交流。

园区合作共建要体现在区域带动发展上，合作共建的根本目的是促进区域协调发展，实现跨区域资源优势互补，需要先行规划双方的优势资源，推动优势互补，推进产业链的升级和转移，提升共建地的发展水平。

园区合作共建要实现产业进一步集聚升级。合作共建进行产业转移或者产业培育升级，将产业链的上下游企业转移至合作共建园区，促进产业集聚和产业要素的流动。共同出台支持促进承接产业转移集聚建设政策，发挥合作共建园区的区位优势、成本优势，扎实推进“双招双引”工作，培育新兴产业集群，构建现代产业体系。

园区合作共建需要进一步理顺政府与市场的关系。采取“政府引导＋市场主导”的方式，既要发挥政府的资源优势，为产业营造良好的外部发展环境，实施优惠政策和管理办法，也要遵循市场规律，充分激发市场活力，促进要素自由有序流动，建立以市场需求为导向的区域现代化产业体系。

加强沟通机制，完善利益共享机制。跨行政区域的合作共建要实现经济联动发展，需要进一步明确权责划分以及利益分配，避免内耗。建立规范操作文件加强合作指引，避免职责交叉、多头管理的情况发生，提升合作效率，推动合作更加顺利进行。

合作开发模式下的园区运营管理分析

——以上海临港集团为例

卢瑞轩

随着开发区产业能级和土地利用效率不断提高，开发区发展水平得到不断提升。与此同时，不同级别的开发区发展差异放大，资源配置不合理矛盾更加突出，营商环境建设、产业配套优化、资源要素集聚等诸多方面均受到限制，在此背景下合作开发模式应运而生，其可以促进合作园区的优势互补。

关于园区合作开发模式，各地在不同时期有非常多的创新做法，其中以下几种形式具有较强的典型示范作用：一是在上海市内较早推行的"区区合作、品牌联动"模式；二是跨地区合作发展，也就是"正向飞地"模式；三是浙江近些年通过创新推出的"反向飞地"模式——"科创飞地"，由欠发达地区飞入发达地区汇聚资源，此外还探索出"消薄飞地""生态补偿飞地"以及体现山海协作共同富裕的"产业飞地"模式。

本文将在合作开发模式框架下，通过上海临港集团开发建设取得的卓越发展成就，详细剖析临港集团合作开发的运营管理体系，为园区合作开发模式的创新提供新视野新思路。

一、上海临港集团概况

临港集团是以园区开发、企业服务和产业投资为主业的大型国有企业，集团以"卓越科创园区，卓越开发企业"为目标，重点聚焦临港新片区"4＋2＋2"前沿产业集群发展，形成了"统一品牌、跨区布局、多点联动、协同发展"的企业战略布局和"深耕临港、立足上海、融入长三角、服务全国、走向海外"的园区发展格局。

根据《临港新片区国土空间总体规划(2019—2035年)》，新片区将建设成为世界一流滨海城市、开放创新的全球枢纽、智慧生态的未来之城、国际公认竞争力最强的产城融合型自由贸易港城。集团作为临港新片区开发建设的主力军，有能力有需求通过合作开发模式进行国内外业务拓展，同时为经济建设寻求广阔的跨区域产业链上下游配套腹地支撑并借此进行品牌输出。

二、上海临港集团合作开发模式的卓越成就

通过合作开发，临港集团既是产业发展的推动者，又承担了城市更新建设的重大使命责任，这使临港新片区发展的空间大大延展，产业形态更加丰富，国内外美誉度不断提升。

(一)知名科创园

临港集团所开发的科创园位于上海市城市建设的重点产业区域，是上海打造“全球科技创新中心”和“自由贸易区”战略的亮丽名片，地理位置优越，大交通配套优势显著，各类商业及生活设施非常完备，通过发展高质量产业、打造高品质物业、汇聚高素质人才，形成高活力业态。在与上海市各区紧密合作的基础上，临港集团以在产业园区开发领域的强大专业优势，开创性地谋划出一条国资国企带领村镇集体经济合作开发产业园区的新路径，成为上海创新开发区与周边街镇、产业社区联动发展机制的典范。合作双方共同将园区打造成为“创新要素新平台、产业发展新高地、城市功能新亮点”，并形成了以园区为核心、多点联动的发展格局。

遍布上海市域范围的临港集团开发的区域性科创园，成为打造科创产业集群的载体、创新的策源地和产业孵化地，目前逐步形成了以生命健康、电子信息、工业互联网、3D打印、无人机、文创时尚等新的产业板块，并着力打造具有全球影响力的卓越科创园区，相继辟建了闵行、奉贤、金山等区的临港浦江国际科技城、临港南桥科技城、临港金山枫泾等园区，成为推动城乡融合、产城融合、科创中心建设的新空间。

表1　临港集团在市域内合作开发建设的知名科创园情况

序号	名称	主导产业介绍
1	临港松江科技城	电子信息、工业互联网、生命健康、3D打印、文创时尚
2	临港浦江国际科技城	先进制造、生命健康、文化创意、电子商务、检验检测
3	桃浦智创城	互联网科技、高端医疗设备、新能源与节能环保、人工智能、文化创意
4	临港南桥科技城	美丽健康与生物医药、智能网联新能源汽车
5	临港康桥商务绿洲	人工智能、集成电路、新材料
6	临港金山枫泾园区	智能装备、新一代信息技术和生命健康

(二)临港新业坊

临港新业坊是推进城市更新与科技创新的重要载体，意在以新产业、新业态、新模式的品牌内涵强调过去与未来的融合，已在上海、苏州、杭州、重庆、成都等地成功布局，其中上海目前共有12个临港新业坊。在中心城区的静安、宝山和虹口，临港集团开创性地探索建设“城市新业坊”的全新业态，利用城市旧貌导入创新创业元素，在城区原有老旧厂房等地块，发展产业形态各异的城市改造、产业升级的新载体。曾经的工业遗存变身为以科创、文创、智创为主题的产业园区，兼顾保留城市记忆、历史文脉的同时，让老建筑焕发新颜。

以合作共赢的理念，发挥市场合作伙伴的资源作用，新业坊通过“办公＋服务＋产业＋空间＋投融”全方位的创新创业一条龙服务，倾力打造现代科创平台。通过“企企合作、品牌联动”，以长租约为基础，以城市更新为手段，为暂不具备推倒重建条件、处于低效利用的物业，提供形态更新、功能更新和产业更新的解决方案，推动产业和城市更新有机融合，打造产业新特色、城市新样板、园区新示范。

表2　临港集团在市域内合作开发建设的知名新业坊情况

序号	名称	临港新业坊介绍
1	临港新业坊·静安尚影国际	以工业历史文脉的有效保护和再利用为载体，打造以“影视＋”为主题的新一代产城融合空间
2	临港新业坊·虹口智立方	[illegible]计小面积、高层高(6—8米)、大跨度的单层和双层独栋办公楼宇
3	临港新业坊·宝山源创	重点聚焦邮轮经济、物联网和文娱科技三大核心产业，打造一个综合性产业技术平台及北上海的生活、活力中心
4	临港新业坊·宝山青年创客社区	集产业孵化、花园办公、精品生活为一体的绿色生态创意园区
5	临港新业坊·城工科技绿洲	以“Tech＋”概念打造Work(工作)、Play(体验)、Service(服务)功能于一体的科技绿洲

(三)海外科创中心

临港集团通过启动海外发展战略，打造全新国际影响力品牌，在欧美等多个发达国家布局海外科创中心，致力于推动园区企业“走出去”“引进来”，充分发挥“两种资源”和“两个市场”的作用，实现“双向孵化”和国内外合作的同时，担当着上海市科创平台建设和作为对外交流桥梁的重要使命。

临港集团海外科创中心

临港芬兰赫尔辛基分中心：是建立临港海外创新中心网络体系的重要节点，海创中心布局欧洲的第一站，落子赫尔辛基。位于赫尔辛基市区诺基亚工厂旧址，建立了连接中芬两国创新企业合作的窗口，将芬兰及欧洲前沿的技术、信息引入中国、引入上海、引入临港，同时为中国企业开拓欧洲市场搭建了桥头堡。

临港瑞典斯德哥尔摩分中心：位于有着“欧洲硅谷”之称的瑞典 KISTA 科技城，与皇家理工学院(KTH)、瑞典物联网研究院(WSN)三方合作，致力于打造上海与全球领先的信息与通信技术、生命科学与技术以及智能制造与机器人等产业合作沟通的平台，并助力中瑞两国在创新体系、创新生态、创新集群的培育等领域搭建起交流的桥梁。

三、基于合作开发模式下的临港集团运营管理体系分析

临港集团通过完善的现代企业制度，构筑出合作伙伴、决策机构、监督机构和经营层之间各司其职、高效运转、相互督促的运营管理结构，为合作开发园区提供制度保障和强大支撑。

(一)构建强有力的自上而下决策执行机制

在科创园或科技城的打造过程中，以临港集团为核心发挥主心骨作用。集团下设规划发展、战略发展、投资、安全、人力、审计等共计 19 个职能部门。其中规划发展部负责统筹制定园区开发策略，研究园区开发相关规划政策并负责管理、协助下属园区开展规划工作，负责重大或跨园区自建等。此外，临港集团相继成立了各类功能型子公司，拥有众多全资或控股子公司，随着园区开发区域的不断扩大，开发区各类业务的深入开展以及开发运营机制的完善，相应成立功能型、专业型的投资、建设、管理类公司，不同功能类型的下属公司为临港集团的对外合作开发提供了有力的保障支撑。

(二)打造以产业链为核心的创新生态圈

临港新业坊作为临港集团整体战略的重要组成部分，是临港集团推进建设具有全球影响力科创中心的重要载体，为此成立专门的临港新业坊工作小组，由上海临港集团资产管理公司负责开发建设及运营管理，同时设有新业坊资产运营管理公司。临港新业坊的主题多样，部分依托厚重的历史底蕴，主要布局在中心城区，既和政府也和企业合作，或者联手打造。政企合作形式丰富，如与国内知名集中式连锁社区运营方微领地创客空间运营管理股份公司缔结全面战略合作伙伴关系，双方发挥各自优势打造青年创业、生活一站式服务平台。新业坊以“立足上海、面向全国、走向世界”为发展战略，致力于成为区域发展转型的标杆，推动城市更新和产业升级以及新兴产业的建设，打造以产业链为核心的创新生态圈。

(三)发挥海外创新中心的最大协同效应

自全面启动海外科技发展中心项目以来，由临港资管部门成立海外科技发展中心工作小组和海外创新中心，主要负责海外创新中心的拓展、运营、招商、管理等事宜，通过深度对接，融合国际人才、技术、资金、产业等资源。在海外创新中心，临港旗下的各园区平台、社会各类行业协会以及国内部分知名高校均设立海外办事处。为实现联动发展，多方进一步打通产业对接通道，其与海外创新协会、信息科技企业在产业资源对接、品牌市场推广、创业项目考察、创新创业服务以及海内外联动等方面展开全面合作。合作的多方共同把两地政府、科研院校、民间资本、创新力量融合在一起，发挥最大的协同效应。

特色产业园区与开发区共生发展模式初探

——以上海为例

管锡清

"十四五"时期，是上海产业高质量发展、深度参与全球合作竞争的关键五年。开发区与特色产业园区是"上海制造"和提升产业能级的最重要区域之一，是培育战略性新兴产业、增加城市产业竞争力的核心载体和创新平台。园区的发展都需要宝贵的土地、企业、资金、人才、科技、项目等资源，只有资源配备合理充足，园区才能发展。因此在产业资源有限的情况下，开发区与特色产业园区之间的协调发展就非常重要，本文认为两者协同共生发展才能真正起到核心载体和创新平台的作用，进而促进上海园区与产业的高质量发展。

一、两类园区的基本特点对比

（一）总体园区特征

开发区体广量大，特色园区体小量精。上海市开发区（本文"开发区"指以国家公告开发区为主体的产业园区，为与特色产业园区相区别，特用开发区代之，下同）共有102个，规划面积为884.11平方千米，由公告开发区、产业基地和区级产业园三者构成，其中公告开发区规划面积近600平方千米，2022年开发区规上工业总产值3.28万亿元，占全市规上工业总产值比重81%；营业收入超13万亿元、产业规模超千亿元的开发区有22个。张江高科技园区、漕河泾开发区、临港新片区、外高桥保税区等园区在产业规模与工业生产上对上海市开发区发展具有重要影响。先进制造业向开发区集中，开发区是上海市经济发展的压舱石，对提升全市产业竞争力具有举足轻重的作用。

为贯彻落实"谋划一批'特色产业园区'建设，培育生态，打造品牌，促进经济发展"的要求，上海市从2020年开始，聚焦集成电路、生物医药、人工智能等十大核心产业领域设立53个特色产业园区。园区规划总面积196.92平方千米，其中面积最大为东方美谷12.54平方千米，最小的北斗西虹桥基地只有0.066平方千米，小于4平方千米的园区有33个，占比62.26%。

2022年53个特色产业园区营业收入超2.8万亿元，产值超1.35万亿元。G60电子信息国际创业产业园和张江集成电路设计产业园营收与产值双双超千亿规模。总体上，上海市53个特色产业园区以小而美的园区为主。

(二)主导产业分布

开发区主导产业分布广泛，特色产业园区主导产业重心聚焦。101个开发区主导产业以电子信息、生物医药、高端装备为主，但基本上所有工业产业都有涉及，工业中除了采矿业外，其他34个行业大类都有分布。特色产业园区主要聚焦集成电路、生物医药、人工智能等十个核心产业领域，发展主要围绕特定产业方向，聚焦关键核心领域，集聚所需要素，进行靶点突破，提升产业创新发展力。

(三)园区科技创新

开发区是科技创新主战场，特色产业园区是科技创新引领区。到2022年末，开发区经认定的高新技术企业超过1万家，市级以上各类研发机构1065家，企业累计有效发明专利授权数超11万件，一批细分领域创新主体和"隐形冠军"加快涌现；特色产业园区经认定的高新技术企业超3760家，企业累计有效发明专利授权数近2.6万件，国家级功能平台智能石墨烯功能平台、国家智能传感器创新中心、依托商汤建设的智能视觉国家新一代人工智能开放创新平台、依托依图科技的视觉计算国家新一代人工智能开放创新平台等为特色产业园区的科技创新提供了坚实的基础。

二、共生发展的基础分析

共生(commensalism)是一个生物学名词，原指两种不同生物之间所形成的紧密互利关系。在共生关系中，一方为另一方提供有利于生存的帮助，同时也获得对方的帮助。

开发区与特色产业园区之间在大的产业环境下，特别是在产业用地天花板限制下发展共生关系就显得尤为重要。两类园区的开发运营管理机构要充分利用制度优势，有意识地促进互利共生关系的形成、稳定与发展，通过共生协调促进两类园区高质量发展。下面从两者空间关系、主导产业与管理运营机构三个决定园区开发建设与发展的主要因素分析开发区与特色产业园区共生的基础。

(一)空间重叠

上海市53个特色产业园区中与开发区在空间规划上有关联的有47个，只有6个特色产业园区是完全独立于开发区空间规划之外的。在47个特色产业园区中有24个完全包含在开发区之中，占比超过50%，而特色产业园区包含开发区的有 6 个，具体如下表所示。

表 1　特色产业园区与开发区空间重叠关系情况表

序号	关系	数量（个）	代表性园区
1	开发区包含特色产业园区	24	湾区生物医药港和上海湾区高新技术产业开发区
2	特色产业园区包含开发区	6	马桥 AI 创新区与马桥产业园
3	两者部分重叠	13	漕河泾元创未来和漕河泾新兴技术开发区
4	两者完全重叠	4	汽车新能港和新能源汽车及关键零部件产业基地
5	两者没有关系	6	西岸智慧谷

两类园区在土地物理空间重叠之外，根据特色产业园区是否为地块型以及与开发区管理运营机构的关系，可以界定特色产业园区是否是开发区的园中园。53 个特色产业园区可以界定为开发区园中园的有 29 个，占全部特色产业园区比重超过 54%，具体如下表所示。

表 2　特色产业园区与开发区空间从属情况表

序号	关系	数量（个）	代表性园区
1	开发区的园中园	29	金桥 5G 产业生态园和金桥经济技术开发区
2	特色产业园非开发区园中园	18	东方美谷一医药和上海市工业综合开发区
3	无关	6	西岸智慧谷

还有 18 个特色产业园区虽不是开发区的园中园，但也都利用了已经开发建设的开发区的产业空间、产业基础与营商环境，天然具有产业联系。因此上海市规划认定的特色产业园区以开发区为基础，充分利用开发区的开发建设、运营管理和产业发展基础，提升特色产业园区开发建设和产业发展水平。

(二)产业重合

1. 同为上海市“2＋3＋6＋4＋5”重点产业的主要承担者

上海市 101 个开发区是“2＋3＋6＋4＋5”产业发展的承载地，开发区全面落实集成电路、生物医药、人工智能三大“上海方案”，大力发展电子信息、生命健康、汽车、高端装备、先进材料、时尚消费品六大重点产业，电子信息产业以张江高科技园等开发区为重点园区；汽车产业以国际汽车城、临港新片区为核心园区；高端装备产业以闵行开发区为重点园区；先进材料产业以上海化工区、宝山钢铁基地为核心园区；生命健康产业以张江高科技园、漕河泾开发区为核心园区。特色产业园区主要聚焦集成电路、生物医药、人工智能、先进材料、电子信息、汽车、高端装备、时尚消费品、新兴领域和在线新经济十个核心产业领域，这十大特色产业都是上海市重点发展的“2＋3＋6＋4＋5”产业，特色产业园区是“2＋3＋6＋4＋5”重点产业的引领区，引领产业科技创新，高端发展。

2. 主导产业重合度高

上海市101个开发区都规划有园区发展的主导产业，例如，张江高科技园区发展电子信息、生物医药、光机电一体化等产业，上海湾区高新技术产业开发区重点发展新一代信息技术、智能制造和生命健康产业。特色产业园区重点发展集成电路等十大重点产业，特色产业与开发区主导产业一致的园区有43对，占比高达特色产业园区的80％以上，特色产业园区又好又快发展非常有利开发区主导产业发展。

表3　特色产业园区与开发区产业一致情况表

序号	关系	数量（个）	代表性园区
1	一致	43	集成电路设计产业园与张江高科技园
2	不一致	4	G60松江信创产业园与上海泗泾高新技术开发区
3	无关	6	西岸智慧谷

(三)管理契合

特色产业园区和开发区开发建设运营管理契合度高，大多拥有共同实际管理者。上海市特色产业园区与开发区由同一个管理运营机构或其下属单位管理运营的有40对，占比高达75.5％，土地空间重叠而运营管理相对独立的只有7个特色产业园区，具体如下表所示。

表4　特色产业园区与开发区管理机构情况表

序号	关系	数量（个）	代表性园区
1	实际管理	40	集成电路设计产业园与张江高科技园
2	相对独立	7	马桥AI创新区与马桥产业园
3	无关	6	西岸智慧谷

园区的开发建设运营管理离不开其管理机构，好的园区运营管理机构对开发区的发展水平起着重要的作用。上海市开发区从1986年开始，就建设有一支优秀的园区运营管理队伍，张江高科、漕河泾开发区、闵行开发区、金桥开发区等园区管理运营机构都是公认的优秀园区开发运营管理机构。这些优秀的园区管理者将充分协调特色产业园区与开发区之间的关系，为两者共同发展奠定基础。

三、上海市特色产业园区与开发区共生发展的模式设计

根据开发区发展水平、开发区与特色产业园区管理机构之间从属关系、特色产业发展水平与趋势、特色产业园区与开发区空间关系及两者产业融合度，为上海市开发区与特色产业园区之间共生发展设计三种模式：特色产业园区引领开发区的产业高端发展、特色产业园区引领开发区转型升级发展和特色产业园区与开发区融合共生发展，以期两类园区之间在园区发展资源上协调平衡，促进两类园区共同实现高质量发展。

(一)特色产业园区引领开发区的产业高端发展

模式内涵是开发区为主体，特色产业园区为开发区引领区，以特色产业引领开发区主导产业向价值链高端转型升级，对产业链进行补链强链，并优化完善产业生态。特色产业园区在该模式中的作用：一是引领作用，为开发区特色产业发展起引领作用；二是集聚作用，为开发区集聚各方面资源起到推动作用；三是品牌作用，为开发区招商引资起到品牌推广作用。

特色产业园区引领开发区的产业高端发展的典型代表园区为张江高科技园区。1992年7月，张江高科技园区开园，1999年，上海市启动“聚焦张江”战略，张江进入了快速发展阶段。2017年，上海市政府正式批复原则同意张江科学城建设规划。目前，张江科学城总面积约95平方千米，重点发展集成电路、生物医药、人工智能三大主导产业，着力打造张江创新药基地、“张江在线”等市级特色产业园区。其中，集成电路产业规模1045亿元，占全市集成电路产业的61%；生物医药产值402亿元，占全市30%。张江高科技园区人工智能产业已集聚IBM、微软AI Lab、阿里、英飞凌等一批国际国内知名企业，张江人工智能岛入选成为上海市首批人工智能应用场景，助力张江高科技园区电子信息、生物医药产业数字化转型；上海市2018年以来获批的一类新药主要来自张江高科技园区。张江高科技园区在四个特色产业园区助力下，将实现更好更快的发展。

表 5　张江高科技园区的特色产业园区情况表

<table>
<tr><th>名称</th><th>规划面积（平方千米）</th><th>特色产业</th><th>开发区名称</th><th>开发区规划面积（平方千米）</th><th>主导产业</th></tr>
<tr><td>集成电路设计产业园</td><td>4</td><td>集成电路</td><td rowspan="4">张江高科技园区</td><td rowspan="4">25</td><td rowspan="4">电子信息、生物医药、人工智能、光机电一体化</td></tr>
<tr><td>张江人工智能岛</td><td>0.18</td><td>人工智能</td></tr>
<tr><td>张江数链</td><td>3.77</td><td>新兴领域</td></tr>
<tr><td>张江在线</td><td>1.6</td><td>在线新经济</td></tr>
</table>

（二）特色产业园区引领开发区转型升级发展

该模式下特色产业园区是主体，开发区提供发展的空间，以特色产业园区开发建设引领开发区二次开发与转型升级，实现开发区的功能更新、产业再造、形态再塑。特色产业园区的作用为园区城市更新的动力源、产业更替的推进者、园区品质提升的实践者。

特色产业园区引领开发区转型升级发展的代表园区是马桥 AI 创新区。马桥 AI 创新区于 2018 年提出开发建设规划，2019 年 7 月市政府下发《推进上海马桥人工智能创新试验区建设工作方案》（沪府办〔2019〕19 号文），试验区正式获批。试验区建设与上海市人工智能产业总体发展相结合，纳入全市“3＋5＋X”总体转型区域范围，优先集聚人工智能企业，发展人工智能产业。试验区分为产业创新发展区和应用综合实践区两部分。产业创新发展区规划面积 10.8 平方千米，其中马桥产业园 2.74 平方千米，将通过高标准项目准入和存量资源转型，孵化人工智能创新技术、承载人工智能科技成果，重点发展智能运载系统、智能机器人、智能感知系统、智能新硬件系统等“四智”产业，赋能实体经济发展和制造业转型升级，孕育若干人工智能领域独角兽企业，并与紫竹创新创业走廊、吴泾地区转型实现东西联动，构建创新资源汇聚地和新兴产业增长极，形成新一代人工智能产业创新发展区。开发建设几年来，达闼机器人柔性执行器项目、韩国现代重工工业机器人项目、福洛德传动双态逻辑变速器项目、上海鲸鱼教育机器人项目等龙头标杆企业和细分领域优质企业相继落户，初步形成了试验区产业体系发展雏形，同时带动了马桥产业园转型升级，成为特色产业园区引领开发区转型升级发展试验田。

（三）特色产业园区与开发区融合共生发展

该模式下特色产业园区和开发区空间上基本完全重叠，开发区将围绕特色产业打造产业生态，提升特色产业的引领作用与高端化水平，并成为区域最重要的产业集群之一。特色产业园区的作用为：一是转型作用，为开发区产业转型提供重要推动作用，形成特色产业全产业链，增强特色产业价值两端的企业与产业实力；二是集聚作用，特色产业是开发区最重要的也是上海市发展最好的产业，具有强大的集聚作用，将特色产业链上的企业集聚，进而形成特强产业。

特色产业园区与开发区融合共生发展模式的代表性园区是闵行经济技术开发区，闵行开发区是 1986 年国务院批准的全国首批 14 个国家级经开区之一，初始园区总面积 3.5 平方千米，是国家级开发区中占地面积最小的工业开发区。经过 30 多年的开发建设，闵行开发区已经成为以先进设备制造业为主导产业的成熟开发区。2020 年成为第一批智能制造特色产业园区后，加大创新转型力度，一是以高端制造为主导，以优质企业为核心，促进企业创新转型发展，形成 10 多个企业集群及核心企业，走出以企业集群化发展为主要特征的高质量发展之路；二是在核心制造领域，发展以研发中心和总部经济为主导的生产性服务业，以企业为核心，不断提升产业能级和行业影响力。

这三大模式的核心是充分发挥特色产业的引领和集聚作用，助力开发区产业的转型升级高端化发展。在 47 对特色产业园区与开发区有空间重叠关系中，有 30 家特色产业园区可以采用特色产业园区引领开发区的产业高端发展模式，有 13 家特色产业园区可以采用特色产业园区引领开发区转型升级发展模式，有 4 家特色产业园区可以采用特色产业园区与开发区融合共生发展模式。

上海市特色产业园区建设情况及发展思路探讨

龙　涛

为贯彻落实上海"五个中心"发展战略，发挥产业园区在打响"上海制造"品牌、提升实体经济能级和产业创新中的重要作用，引导园区特色化、生态化和专业化发展，上海市自2020年3月开始，共设立了53家市级特色产业园区。

一、上海市特色产业园区发展历程

上海市特色产业园区发展经历了以下五个重要的时间节点：

第一批特色产业园区发布。2020年3月31日，上海市发布了首批26个特色产业园区。

市级扶持政策出台。2020年5月15日，上海市人民政府办公厅发布了《关于加快特色产业园区建设促进产业投资的若干政策措施》。

第二批特色产业园区发布。2021年4月7日，上海市发布了第二批14个特色产业园区。

特色园区专业委员会成立。2021年8月26日，为搭建特色产业园区之间的学习交流平台，为特色产业园区的产业集聚对接相关服务和资源，助力组建功能完备的特色产业集聚生态圈，在上海市经济和信息化委员会的指导下，上海市开发区协会成立了"上海市开发区协会特色园区专业委员会"。

第三批特色产业园区发布。2022年6月16日，在2022上海全球投资促进大会上，第三批13个特色产业园区正式对外发布。

二、上海市特色产业园区空间分布和产业门类

上海市53家特色产业园区总面积约200平方千米，可供产业用地面积约40平方千米，可供物业面积约2900万平方米，包含十大产业门类。

(一)上海市特色产业园区空间分布情况

上海市特色产业园区主要集中在上海市郊区，浦东新区的特色产业园区数量最多，共有10家；其次是临港新片区，共有7家；宝山区共有5家；金山区、奉贤区、松江区各有4家；嘉定区、闵行区、青浦区各有3家。

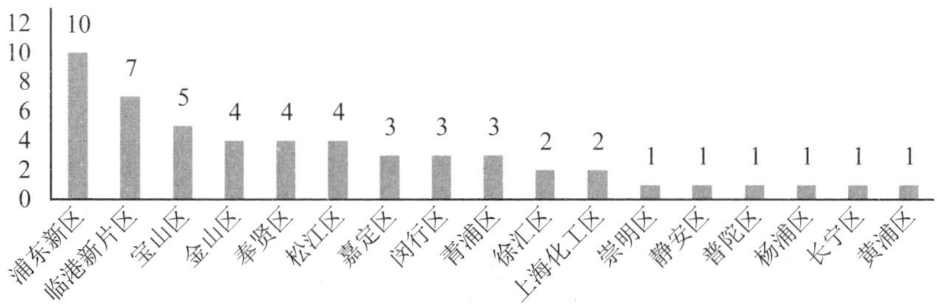

图 1　上海市各区特色产业园区数量统计(单位：家)

注：临港新片区和上海化工区单独计算。

(二)上海市特色产业园区产业门类

上海市首批公布的 26 个特色产业园区共有 6 个产业门类；第二批 14 个特色产业园区产业类别绝大多数与第一批次相同，但增加了一个新的产业门类，即在线新经济；第三批特色产业园区公布时，对包含前两批在内的特色产业园区的产业门类进行了总体调整，总共形成了 10 个产业门类，分别是集成电路、生物医药、人工智能、先进材料、电子信息、汽车、高端装备、在线新经济、时尚消费品、新兴领域。

从各产业门类的园区数量来看，高端装备产业类别园区数量最多，共 12 家；其次是生物医药和新兴领域，各 7 家；先进材料和电子信息，各有 5 家。

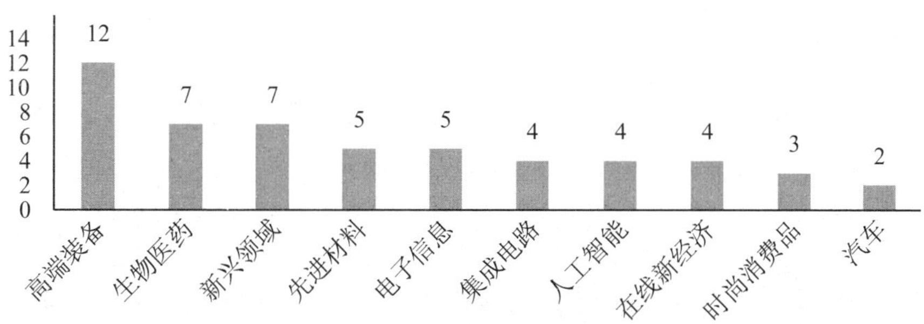

图 2　上海市特色产业园区各产业门类园区数量(单位：家)

从各产业门类与上海“2＋3＋6＋4＋5”产业体系的关系上看，上海市特色产业园区产业门类与上海市“2＋3＋6＋4＋5”产业体系基本吻合，特色产业园区的每个产业门类在上海市“2＋3＋6＋4＋5”产业体系中均有与之相对应的产业类别。各产业领域的特色产业园区依据其产业基础和资源禀赋优势设立，遍布于上海市各个区域，对于优化上海市重点产业布局，打造具有国际竞争力的高端产业集群具有重要的推动作用。

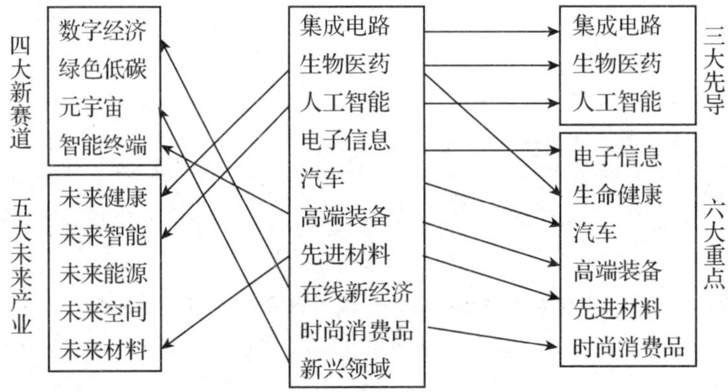

图3　特色产业园区产业门类与“2＋3＋6＋4＋5”新型产业体系对应关系

三、上海市特色产业园区发展思路探讨

从建设要求上看，特色产业园区强调要充分发挥龙头企业的示范带动作用；从产业发展上看，特色产业园区强调要建立完善的产业生态；从园区管理上看，特色产业园区强调园区的数字化管理，本文分别从以上三个方面，对特色产业园区发展思路进行探讨。

（一）突出产业特色，发挥龙头企业引擎带动作用

围绕特色产业，培育一批具有较强的创新能力、在行业内具有显著影响力的大型龙头企业，对于构建完善的产业配套协作体系、提升产业集群的竞争力、扩大产业集群规模具有极强的推动作用。

推动龙头企业开展产学研用合作，充分发挥龙头企业的技术攻关能力。鼓励龙头企业依据自身优势，搭建各类共性技术平台，联合各科研机构组建联合实验室、技术研发中心、中试基地等，实施关键核心技术攻关，突破“卡脖子”技术。

鼓励龙头企业发挥集聚效应，实现资源整合和有效利用。鼓励龙头企业通过增资扩股、兼并重组等多种形式引进战略投资者，加大资源整合力度，实现资源高效利用；按照“总部＋基地”模式，即在特色产业园区内建设企业总部和研发中心，在其他园区建立生产基地、原料供应基地等，实现区区合作、品牌联动；支持龙头企业利用自有厂房、土地等资源，通过产业链以商招商，政企联动招商模式，引进一批产业链环节的重点配套企业，促进集群龙头企业延伸拓展产业链，上下游深度融通配套发展。

推动龙头企业打造拳头产品，提升特色产业园区知名度。鼓励特色产业领域内的龙头企业围绕核心技术持续推进研发攻关，打造拥有核心专利权的拳头产品，提高核心产品的技术含量、品牌价值和市场占有率，提升特色产

业园区的知名度。

（二）瞄准产业链关键环节，强化产业生态吸引力

瞄准产业链关键环节，以重大项目的加快建设推进产业强链补链，打造特色产业生态，逐步形成强大的产业生态吸引力，是特色产业园区加速产业集聚的重要途径之一。

依据特色产业园区产业方向，形成产业链地图。充分发挥特色主导产业“链主”地位，靶向发力精准集聚，细分产业集群，进一步细分产业子集群，梳理产业链企业，筛选招商目标客户，形成产业链地图。

通过引入产业链关键项目，拉深拉长产业链条。围绕特色产业引入产业链关键项目，围绕产业链关键项目引进产业链上下游企业，打造产业链上下游各环节全链条生态，拉深拉长产业链条，形成产业集聚效应。

通过功能平台的打造，构建特色产业生态体系。紧紧围绕产业链部署创新链、围绕创新链布局产业链，构建全体系功能平台，并提供全方位服务，构建完善的特色产业生态系统。

通过产业链上的企业合作，增强产业生态吸引力。以上海临港生命蓝湾的企业为例，君实生物与白帆生物两家龙头药企的工厂仅一街之隔，虽然两家产业链同级企业集聚在一起会造成一些竞争，但同类型的企业在同一地区集聚，有利于企业之间原材料的相互协调，也更加便于供应商原材料的供给；产业链上下游之间有更多合作共赢的空间，上海亮黑科技有限公司是白帆生物的供应商之一，他们的产品有明显价格优势，同时在空间上与白帆生物仅一街之隔，几乎没有物流成本，白帆生物可以获得稳定的供应链，实现了“窗外就是上下游”。这样的集聚效应会进一步带动更多的产业链上的企业入驻，同时能够进一步完善产业链，形成良性循环。

（三）加快园区数字化建设，提升园区运营效率

相对于其他大型园区，特色产业园区从规模和管理要求上看，更加适合数字化建设，进行精细化管理。

以园区为载体，将技术与应用场景深度融合。例如张江人工智能岛充分发挥资源优势，应用人工智能企业核心技术和产品，以园区为载体，为技术与技术、产品与产品间的交流提供平台，围绕语音识别、计算机视觉、深度学习等人工智能新技术，在园区内与应用场景进行深度融合，在联合试验和交互体验中实现新技术的交流和创新，实现园区管理的智慧化和高效管理。

建立各类数字化平台，推动园区管理精细化。园区充分利用5G等新技术打造智慧生态，统筹建立完善智慧管理平台，实现园区管理系统化、精细化、信息化，推进5G数字孪生园区建设，把工业互联网及相关的5G、人工智能、物联网等技术应用于园区开发建设，全面提升园区的智慧化运营管理能力，实现园区精细化管理。

附件

上海市特色产业园区名单

序号	产业类别	特色产业园区名称
1	集成电路	集成电路设计产业园
2		临港新片区东方芯港
3		智能传感器产业园
4		浦江创芯之城
5	生物医药	张江创新药产业基地
6		临港新片区生命蓝湾
7		东方美谷·医药
8		湾区生物医药港
9		北上海生物医药产业园
10		青浦生命科学园
11		G60 生物医药产业基地
12	人工智能	张江人工智能岛
13		西岸智慧谷
14		马桥 AI 试验区
15		临港新片区信息飞鱼
16	先进材料	超能新材料科创园
17		碳谷绿湾产业园
18		奉贤化工新材料产业园
19		上海电子化学品专区
20		Innogreen 创新绿洲
21	电子信息	G60 电子信息国际创新产业园
22		新型显示产业园
23		临港松江科技城
24		金桥 5G 产业生态园
25		G60 松江信创产业园
26	汽车	临港南桥智行生态谷
27		汽车新能港
28	高端装备	临港新片区大飞机园
29		北斗西虹桥基地
30		华东无人机基地
31		机器人产业园
32		外高桥智能制造服务产业园
33		闵行开发区智能制造产业基地
34		张江机器人谷
35		长兴海洋装备产业园
36		临港新片区海洋创新园
37		中以(上海)创新园
38		动力之源
39		虹桥数字物流装备港
40	在线新经济	张江在线
41		长阳秀带
42		市北数智生态园
43		“虹桥之源”在线新经济生态园
44	时尚消费品	东方美谷·美妆
45		新食尚都市产业园
46		江南智造国际设计港
47	新兴领域	嘉定氢能港
48		国际氢能谷
49		宝武(上海)碳中和产业园
50		数智南大
51		漕河泾元创未来
52		张江数链
53		上海金谷智能终端制造基地

共生背景下，园区如何成为好邻居

——以张江高新区和金桥经开区为例

张腾飞

产业园区作为我国产业发展的集聚区，自1984年以来发展迅速，目前全国已有2700余家产业园区。产业园区建设初期，各园区产业结构同质化现象突出。随着产业园区建设的深入推进，相关开发运营主体有意识地调整园区产业结构，借助互联网的快速发展和物流便利，园区内企业间互相采购等生产合作频繁发生，不同产业园区之间也产生了多种方式的生产合作，开启了一种趋同存异的共生趋势。

上海是我国产业园区高质量发展的标杆省市之一。当前，上海产业用地及厂房资源日益紧缺，2021年以来，上海市政府先后发布《上海市产业地图》《上海市城市更新条例》《上海市产业园区转型升级"十四五"规划》《上海市先进制造业"十四五"发展规划》等一系列政策文件引导产业园区调整产业结构，以期在产业转型升级过程中，产业园区之间能够功能错位、协同发展。这其中，产业园区之间的网络化生产合作被视作产业园区实现转型升级的重要手段，本文初步探讨园区共生发展的驱动机制，并以张江高科技园区(简称"张江")和金桥经济技术开发区(简称"金桥")为例，详细阐明两个园区在日常运转中，通过合作、交流等形式正在达成一种共生的发展模式，以期为上海乃至全国园区的发展提供经验借鉴。

一、园区共生的驱动机制

"共生"概念始于生物学领域，具体指不同种属的生物根据某种物质关系鳞集麇至，形成共同生存、协同进化或相互抑制的关系。共生不仅是一种生物现象，更可以看作一种普遍的经济社会现象。对此，礼森智库以产业园区为研究对象，提出延伸产业链、拓宽产业链、嵌入本地知识网络、塑造园区品牌影响力、具有契合的营商环境这五个影响要素在促进产业园区共生发展过程中起重要作用，且五大要素相辅相成，互相作用，互为因果，并创新性地提出"五芒模型"。

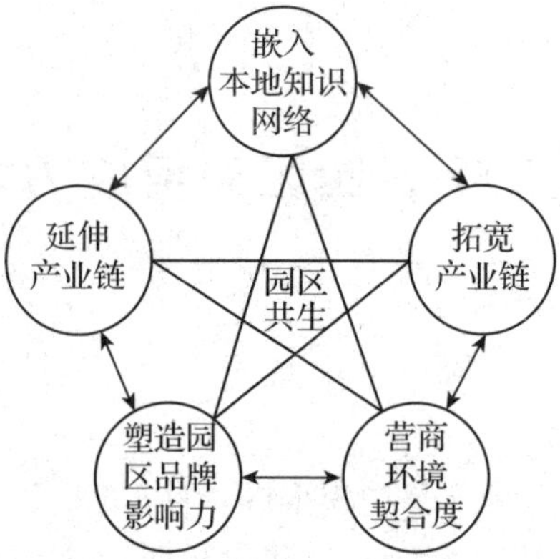

图1 园区共生“五芒模型”

(一)延伸产业链(纵向合作)

产业链是以劳动分工和协作为基础，在市场竞争过程中形成的连接上下游企业的一种技术经济关系。产业链内各个环节对于区位选址的要求各不相同，但其形成的最基本要素是效用，效用的构成则离不开价值和风险的平衡，同时受政策优惠、产业导向等因素影响。在最初的发展过程中，各个园区都会有针对性地招商，引入相关企业，长久地发展培育出自己在某条产业链或者某产业链环节的比较优势。

随着全球化进程、产业分工的不断深入，产业链的延伸和拓展成为一种趋势，但产业园区对企业的承载容量有限，能够做全一条产业链的园区寥寥无几，其往往会同外部企业形成分段互补产业链合作模式。在新发展格局下，全球产业链价值链重构和调整，生产中不确定因素增加，地方化也势必会受到影响。企业从在全球范围内寻找合作伙伴转为同本地企业达成合作，表现在园区层面，其更倾向于与相邻的园区进行合作，地理邻近优势可以减少信息搜索成本和投资风险。在借助相邻园区优势力量的同时，也保证了自身的资源获取，从而产生更大范围的溢出效应。在市级层面，园区间通过资源对接、要素共享和优势互补，保证了整个地区重点领域产业链完整和供应链稳定，不断增强产业链韧性。

(二)拓宽产业链(横向合作)

在研发、生产、采购、销售等一系列产业链的完整构成中，各阶段都有不同的参与者，同一阶段也会有相似的参与者。在园区层面，园区可能会互相成为竞争对手，而相邻位置的园区可以更好地了解竞争对手的产品及其使用的生产要素，如若园区彼此间存在行业竞争，这会迫使他们不断地创新来增强竞争力。另一方面，在用户需求多样化和个性化以及市场不确定性等因素作用下，产业链的横向合作变得很普遍，产业横向分工一定程度上有利于产业链的稳定，当园区产业链在某一环节出问题时，不会立刻停止运转，相邻园区对应的环节可以很好地进行补位，区域在应对风险时，整体的弹性和韧性得到了一定保证，变相提高了对外竞争力。同时这也加大了园区间协同创新的可能性，通过建立良好稳定的合作关系，园区之间可以实现共赢。

(三)嵌入本地知识网络(信息交流)

产业园区作为一种小尺度的空间单元，其内部成员会通过密集的面对面交流互动或者商业合作促进知识的转移，存在着本地化的、特定于行业的知识溢出效应，由此组成了产业园区内部知识网络。与此同时，伴随全球化进程，各个地方产业竞争越来越激烈，产业园区也需要通过不断进步来保持自身竞争优势，这也需要获取多元化知识。

当园区处于相邻位置时，得益于本地化协作生产网络和制度安排，园区之间的沟通成本大大降低，一些高度嵌入特定社会环境中的、无法通过语言手段充分表达的知识可以在园区间相互溢出；此外，有政府、行业协会等第三方促成的系列论坛或者交流会，可以促进园区间的经营合作和信息沟通。这些都是知识转移的手段，具备日后转化为创新力和生产力的潜力，且获取途径相对容易。

(四)塑造园区品牌影响力(整体感知)

产业园区之间存在着建立外部生产网络的相似需求，可以以整体规模优势吸引外来投资，参与外部市场竞争，增强区域竞争力。全球经济的特点是信息高度不对称，规模小的园区条件受限，相对缺乏对其他地区潜在交易伙伴的了解，且在自身实力不够强劲的情况下，也很难让外界注意到。当各园区抱团发展的时候，会给予外界一种整体上的“空间感知认同”，增添园区自身被注意到的可能性。特别是当已有某一园区品牌被外界认可时，其所带来的经济效益和社会效益会更容易地溢出辐射到与它位置邻近的其他园区。

(五)营商环境的契合度

园区的共生是一种伙伴关系，地理位置的相对集中，首先降低了产业园区发展的成本，从而增加了两者间共同发展的可能性。同一区域范围内的园区，具有共同的制度基础、社会和文化特征，在营商环境的打造上具备优势，可以减少运输成本、信息搜寻成本、合约谈判成本等，能够相对容易地建立信誉机制和稳定的合作关系。与此同时，在生态、公共服务(例如交通、基础设施)等方面，也需要园区之间合作，协同共生。

二、张江和金桥的概况

(一)两大产业园区共生背景

地理区位上，张江高新区和金桥经开区均位于上海浦东新区，两园区直线距离约为 6 千米。历史背景上，金桥出口加工区 1990 年成立，张江高科技园区 1992 年正式批准成立，两者成立年限相近，且一直以来都是浦东的重点产业发展区域。园区运营上，张江和金桥的开发公司实际控制人都是浦东国资委，政策和企业竞争力在很大程度上影响了两家公司的转型或业绩提升，更牵动着产业园区的发展历程。产业发展上，张江最初发展的重点产业是生物医药，这一时期金桥引进的多为芯片、电子、汽车、家电等产业。1999 年，上海市实施“聚焦张江”战略，张江成为国内集成电路产业的高地；而金桥自 2000 年起逐步培育形成电子信息、汽车及零部件、家用电器、生物医药与食品加工四大产业集群。2012 年金桥开始产业转型，培育新能源汽车、工业互联网和机器人、移动互联网视讯、新兴金融四大智能新兴产业。2015 年，上海要建设具有全球影响力的科技创新中心，张江以发展建设张江科学城为抓手，向科技投行转型；金桥则提出发展与制造业紧密相连的生产性服务业。目前，张江正在全面推进建设综合性国家科学中心；金桥则定位在国际高端智造、生产性服务业创新中心。

(二)两大产业园区现有产业结构

根据《上海市开发区统计手册》(2021)数据显示：2020 年，张江工业总产值为 12368 亿元，其中，计算机、通信和其他电子设备制造业总产值为 4356.2 亿元，占比 35.23%，排名第一；排名第二和第三的分别是医药制造业和汽车制造业，产值分别为 3440.3 亿元、3125.4 亿元，占比分别为 27.82%和 25.27%。金桥工业总产值为 24227 亿元，其中，汽车制造业总产值为 14267.33 亿元，占比 59.22%，排名第一；计算机、通信和其他电子设备制造业，化学原料和化学制品制造业紧随其后，产值分别为 2556.84 亿元、2229.62 亿元，占比分别为 10.55%、9.20%。

整体上，张江目前的产业结构呈现出计算机通信、医药制造、汽车制造三足鼎立的态势，在集成电路、生物医药等方面搭建了较为完备的产业链体系；而金桥则呈现出以汽车制造业为主导的金字塔型产业结构，这与其多年来在汽车制造方面“深耕细作”息息相关。

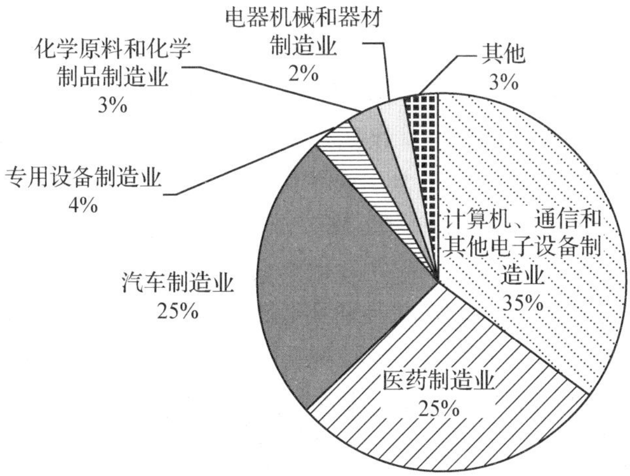

图 2　张江产业结构示意图

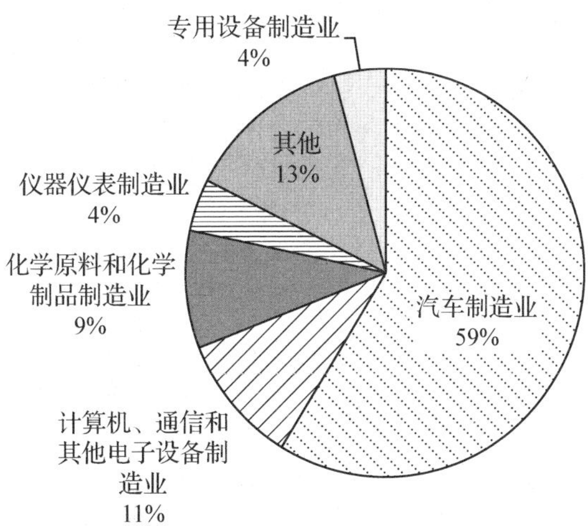

图 3　金桥产业结构示意图

三、张江和金桥的共生发展模式

(一)产业链跨园区合作

几乎没有园区能够完全独立地做全一条甚至多条产业链，依旧会在某些环节需要园区间合作进行补充，发挥各自比较优势，节约生产经营成本。近年来，张江谋划推动“3＋3＋X”产业总体框架，聚焦集成电路、人工智能、生物医药三大核心产业。同时，金桥传统的支柱产业与互联网、大数据、人工智能等不断融合发展，形成了以“未来车”“智能造”“大视讯”“新通信”为四大主导产业的新格局[①]。可以看到，在整个浦东新区总体规划中，金桥的功能定位与陆家嘴、张江等周边地区协同错位。

在汽车制造领域，2022 年，“浦东张江·金桥未来车产业集聚区”正式启动，达成这一合作的产业基础是张江在汽车芯片和软件算法技术领域具有领先优势，其在智能驾驶领域覆盖了感知、决策、执行三个环节；金桥在汽车电子产业制造端具有深厚基础，拥有一大批汽车零部件龙头企业如联创电子、博世等，以及拥有自动驾驶开放测试道路这一场地优势，同时还具备上海首个 5G 生态产业园，集聚华为 5G 等研发结构，研发端增长实力强劲。本次合作结合了张江先进的芯片、人工智能技术和金桥的整车及配套资源，旨在进一步夯实和扩大浦东“未来车”产业优势。

人工智能合作方面，《浦东新区产业发展“十四五”规划》中提出要依托张江机器人谷、金桥机器人产业园等打造具有国际竞争力的国产品牌，做大做强一批整机生产、零部件制造、系统集成企业，培育国产机器人知名品牌。这些行为都是在放大整体优势，通过张江和金桥两大园区品牌的双向溢出效应，进一步扩大品牌影响力，从而获取到更多发展机会。

(二)借助行业组织促进园区合作

张江和金桥都是上海市开发区协会的会员单位。上海市开发区协会是一

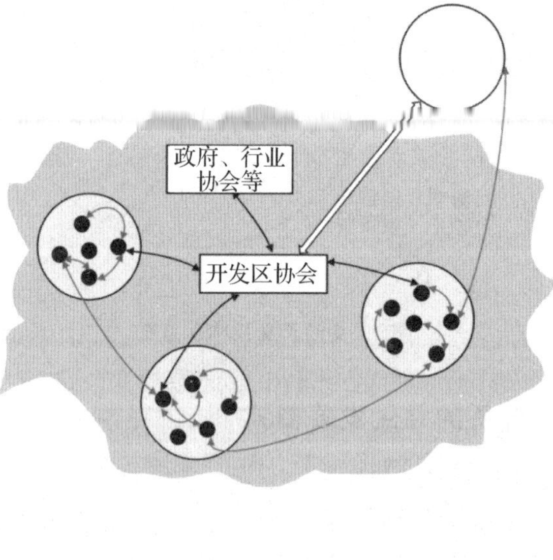

图 4　借助行业组织促进园区合作示意图

① 来源于上海市人民政府官网。

家以产业园区为服务对象的非营利性社会组织，致力于发挥信息互联互通的桥梁作用，为会员单位开拓多元信息获取渠道。张江和金桥可以借助协会的平台功能，借鉴其他地区的优秀经验，获取最新最热的产业园区相关政策资讯。以协会当前的“产业用地使用权到期相关问题”主题研讨会为例，张江和金桥可以通过参加活动了解各个产业园区代表以及政府人员针对产业用地使用权到期相关法律背景、政策导向、工作思路和操作方法的不同观点与想法，借助于外部获取的信息，进一步联通内部，有效交流双方园区在园区更新、产业转型升级方面相关信息，使得园区未来发展能进一步协同。

(三)配套设施一体化打造

在《浦东新区中环发展“十四五”规划》的规划蓝图中，约 29 公里的浦东中环段，串联了浦东中环沿线的三大重点地区(前滩中央活动区、张江副中心、金桥副中心)、五大潜力地区以及三片楔形绿地，这些地区在产业、生态、空间上具备优势，但也要补齐活力、设施、交通三大短板。在上位规划的指导下，要达成这一目标需要通力合作，例如目前处于在建状态的地铁 21 号线，站点设立包含张江站和金桥站，横穿张江和金桥，同时又带动了周边生活设施，如住房及相关配套的建设。

四、关于园区共生发展的建议

本文通过搭建影响园区共生因素的理论框架，并结合张江和金桥两个园区的案例进行考证，得出依托产业链的相关合作、信息交流、共建营商环境、品牌效应等因素会影响园区间的发展。针对上述结论，现对其他谋求共生发展的园区提出以下几点建议。

(一)突出关键聚焦，注重园区产业协同

产业园区要做到错位发展、特色发展、共享发展，任重而道远。首先，产业园区应格外注重精准招商。围绕重点领域，发挥比较优势，组建专业招商分队，联动产业部门，密切关注产业园区及省内制造业领军企业、拟上市公司核心制造业项目、有外迁意向企业。特别是聚焦产业园区产业提档，优化资源配置，掌握区内企业发展阶段、发展需求，挖掘一批引领辐射带动作用强的高新技术产业项目。其次，产业园区应该具备大局意识，注重区域整体的优势互补和资源协同配置。发挥产业园区区内“链主”企业的引领作用，培育和壮大产业链上下游，促进市域范围内“链主企业＋上下游企业”协同发展，形成相对完整的产业生态，增强产业链安全水平，降低产业跨区域配置成本。

（二）鼓励平台举办研讨类活动，促成园区间信息交流溢出

在产业园区功能错位、协同共生的进程中，园区间知识、信息和技术的交流至关重要。建议以当地政府部门、行业协会等为纽带，定期组织系列论坛或研讨交流会。相关活动要以产业园区参会企业为主角，一方面，可就产业园区的经营合作问题、环境需求等展开信息沟通，互相提供意见或汲取经验，着重促进产业链上下游企业与其他非参会企业的经营合作与技术交流，并鼓励科研院所等外部智库积极参与。另一方面，参会企业也会将交流所得传递给区内其他非参会企业，产业园区内企业间的知识交流、转化和应用同样重要。

（三）借助产业集聚优势，打造园区特色品牌

园区内的产业集聚存在一定的规模优势，而园区特色化发展可以放大这一优势。在遵循产业园区发展规律的基础上，理应要对特定产业链进行详细的解构分析，选准具有竞争优势的产业链环节，围绕这一特定产业领域做精做深并形成特色。从园区发展来看，特色产业园更容易打响园区品牌，增强对市场的影响力和吸引力，有利于园区向上获取各类政策支持。对地方政府来说，建设特色产业园实现主导产业的聚焦，更有利于形成产业政策、招商、服务等资源合力，有利于建设根植性的产业链条，培育出一批“专精特新”企业，在区域产业竞争中更有竞争力。

同一体系框架下，园区发展趋同存异

——初探张江“一区22园”

张腾飞

《上海市建设具有全球影响力的科技创新中心“十四五”规划》明确指出上海要抢占全球科技制高点，在育新机、开新局中牢牢把握未来发展主动权。作为上海科创中心建设的核心载体，张江国家自主创新示范区(以下简称“张江示范区”)目前形成“一区22园”的发展格局，汇聚了大量高端创新资源，培育了一批创新型企业。

张江示范区的发展最早可追溯至1991年，漕河泾新兴技术产业开发区成为全国首批国家高新区之一，次年张江高科技园区加入，形成了最初的“一区两园”格局；之后逐渐纳入其他园区，到2014年正式形成了现在的“一区22园”发展格局，并在上海市所有行政区均建有分园。

近年来张江示范区不断加强顶层设计，出台《张江综合性国家科学中心“十四五”规划》《上海张江高新技术产业开发区“十四五”规划》《上海张江高新技术产业开发区高质量发展行动方案(2021—2023年)》等系列政策文件。张江示范区各分园虽然在相同的指导框架下发展，但受不同行政区管理，受区位优势、资源禀赋等条件影响，各分园产业发展各有侧重，产业类型多种多样。基于此，当前各分园发展处于一个什么样的状态，园区间产业发展协同错位还是相互竞争，都是值得探讨的问题。本文拟通过对比研究张江示范区“一区22园”当前发展状况，总结各分园比较优势，提出相应建议。

一、张江示范区整体概况[①]

(一)经济增长

2021年，张江示范区经济规模继续增长，规上企业营业收入77983.5亿元、工业总产值18900.2亿元、利润总额5233.8亿元、税收收入4353.8亿元，较上年均有提升。集成电路设计和设备制造的优势持续增强，产业销售规模达2424.2亿元，占全市94.0%，同比增长34.5%；生物医药研发延续

---

① 本文数据均来源于《2021张江国家自主创新示范区年度发展报告》。

高增长态势，医药工业实现营业收入 1150.8 亿元，占全市 78.6%，同比增长 13.1%；人工智能产业能级不断提升，重点企业营业收入 2840.2 亿元，占全市 92.1%，同比增长 13.7%。

(二)创新主体

截至 2021 年底，张江示范区集聚高新技术企业 11590 家，拥有 A 股上市企业 240 家、港股上市企业 88 家、美股上市企业 32 家，独角兽企业 58 家。中央级科研院所 70 家，占全市 99%；国家博士后科研工作站 171 家，占全市 72.5%；国家产业技术创新战略联盟 5 家，占全市 83.3%。整体上，张江示范区持续推进国家重大科技基础设施建设运行，已建大科学设施运行效能不断提升。

(三)科创产出

2021 年，张江示范区全年专利授权量 82861 件，同比增长 43.5%，其中，发明专利授权量 22169 件，PCT 国际专利申请量 3507 件。区内企业、高校、科研院所等单位获 2020 年度国家科学技术奖(通用项目)33 项，占全市 78.6%，其中牵头完成 19 项，占获奖项目总数的 57.6%。技术合同成交金额 1882.4 亿元，成交金额持续快速增长，技术交易含金量不断提升。

二、各分园发展现状对比

(一)科创实力

本文分别从科创转化能力和科创发展潜力两大方面来看待各分园的科创实力，以新增专利授权量(权重 15%)、技术合同成交金额(权重 15%)来衡量园区科创转化能力，以高新技术企业数量(权重 20%)、国家级科技企业孵化器数量(权重 8%)、国家重点实验室数量(权重 8%)、国家企业技术中心数量(权重 8%)、国家工程研究中心数量(权重 8%)、国家工程技术研究中心数量(权重 8%)、国家技术转移示范机构数量(权重 8%)、胡润全球独角兽企业数量(权重 2%)衡量园区科创发展潜力。共计选取 10 个指标来衡量园区科创实力，数据标准化后信息如下。

表 1　22 园科创实力评分体系表

园区名称	新增专利授权	技术合同成交金额	高新技术企业	国家级科技企业孵化器	国家重点实验室	国家企业技术中心	国家工程研究中心	国家工程技术研究中心	国家技术转移示范机构	胡润全球独角兽企业
张江科学城	100.00	80.83	100.00	100.00	40.00	100.00	100.00	100.00	80.00	100.00

续表

园区名称	新增专利授权	技术合同成交金额	高新技术企业	国家级科技企业孵化器	国家重点实验室	国家企业技术中心	国家工程研究中心	国家工程技术研究中心	国家技术转移示范机构	胡润全球独角兽企业
漕河泾园	27.69	20.47	44.37	53.85	0.00	18.75	0.00	33.33	0.00	13.33
金桥园	16.32	100.00	23.65	7.69	0.00	31.25	0.00	0.00	0.00	13.33
静安园	7.80	3.19	24.45	30.77	0.00	25.00	0.00	16.67	80.00	20.00
青浦园	3.37	0.51	13.51	7.69	0.00	12.50	0.00	0.00	0.00	13.33
嘉定园	21.96	8.53	60.54	30.77	10.00	25.00	0.00	0.00	0.00	53.33
杨浦园	58.95	20.47	54.67	38.46	90.00	31.25	50.00	66.67	100.00	20.00
长宁园	17.91	4.20	17.30	0.00	40.00	0.00	0.00	33.33	20.00	13.33
徐汇园	16.39	38.74	11.64	7.69	100.00	25.00	25.00	16.67	60.00	33.33
虹口园	5.43	1.46	20.40	7.69	10.00	18.75	0.00	0.00	0.00	6.67
闵行园	28.60	8.34	54.40	23.08	10.00	31.25	0.00	0.00	0.00	13.33
松江园	22.34	7.64	35.72	15.38	0.00	0.00	0.00	0.00	0.00	6.67
普陀园	10.36	3.43	24.29	7.69	30.00	25.00	0.00	33.33	40.00	6.67
陆家嘴园	9.61	70.59	9.45	0.00	10.00	6.25	0.00	0.00	0.00	13.33
临港园	10.50	2.45	15.54	0.00	0.00	6.25	0.00	16.67	0.00	0.00
奉贤园	3.45	2.98	23.87	7.69	0.00	6.25	0.00	16.67	0.00	0.00
金山园	5.41	0.89	17.25	30.77	10.00	0.00	0.00	0.00	0.00	6.67
崇明园	1.70	1.34	8.60	0.00	0.00	6.25	0.00	0.00	0.00	6.67
宝山园	15.50	2.71	40.79	0.00	10.00	12.50	0.00	0.00	0.00	13.33
世博园	2.25	0.07	2.83	0.00	0.00	6.25	0.00	16.67	0.00	0.00
黄浦园	6.53	2.51	7.90	7.69	10.00	6.25	25.00	0.00	20.00	6.67
自贸保税园	3.75	22.53	7.63	0.00	10.00	6.25	0.00	0.00	0.00	13.33

表 2　22 园科创实力一览

园区名称	科创转化能力评分	科创发展潜力评分	科创实力
张江科学城	90.42	92.00	90.72
杨浦园	39.71	56.04	53.36

续表

园区名称	科创转化能力评分	科创发展潜力评分	科创实力
徐汇园	27.56	30.26	30.01
金桥园	58.16	12.32	25.56
漕河泾园	24.08	25.24	24.84
嘉定园	15.24	30.07	23.01
闵行园	18.47	24.09	21.84
静安园	5.50	24.58	19.13
普陀园	6.89	21.56	17.94
陆家嘴园	40.10	5.79	15.49
长宁园	11.06	15.86	14.51
松江园	14.99	12.92	13.00
宝山园	9.11	15.82	12.96
黄浦园	4.52	9.93	8.59
奉贤园	3.21	10.22	8.19
虹口园	3.44	10.43	8.16
金山园	3.15	9.92	7.79
自贸保税园	13.14	5.25	7.04
临港园	6.47	6.95	6.88
青浦园	1.94	7.40	5.17
崇明园	1.52	3.87	2.81
世博园	1.16	3.14	2.75

结果表明：各分园整体科创实力相差悬殊，但个体上具有自身比较优势，各有所长。张江科学城、杨浦园、徐汇园、金桥园、漕河泾园的科创实力排名靠前。就科创转化能力而言，张江科学城、金桥园、陆家嘴园和杨浦园的转化能力较强；对于科创发展潜力，张江科学城、杨浦园、徐汇园、嘉定园占优。

张江科学城的科创实力极具领先优势，总评分为90.72，且科创发展潜力和科创转化能力较为均衡，再进一步而言，在技术合同成交金额、国家重点实验室数量和国家技术转移示范机构数量上差强人意。杨浦园和徐汇园的总评分别为 53.36、30.01，他们的特点是在国家重点实验室数量和国家技术转移示范机构数量上占优，剩余其他方面表现平平。漕河泾园拥有 7 家国家级科技企业孵化器，是除张江科学城外最多的园区。相较其他指标来说，静安园在国家技术转移示范机构拥有量上表现突出。

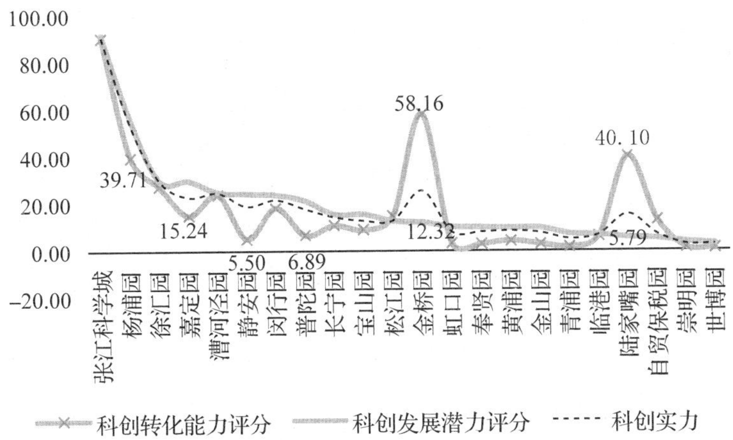

图 1　园区科创实力评分对比图

对比园区总体科创实力，科技创新潜力和科创转化能力作为两大二级衡量指标，在园区内部的差异性更为明显。金桥园和陆家嘴园的技术合同成交额最高，科创转化能力评分分别为 58.16 和 40.10。尽管他们的总体科创实力不算很高，但是科创转化能力具备比较优势，未来还应多注重培养自身科创发展潜力。与之相反，嘉定园、静安园、普陀园的科创转化能力则拉低了其整体实力，但其科创发展潜力靠前，未来可期，科创转化能力依然有提升空间。

(二)产业发展

张江示范区内科技企业众多，基础设施完善，科技人才活力迸发，是上海科技创新发展的前沿阵地。集成电路、生物医药、人工智能作为其三大主导产业，企业在各大分园分布广泛，在其他六大重点产业和产业新赛道上，一些园区也已抢先布局。

众多分园将生物医药作为其重点发展方向，但在细分领域上又各有侧重。生物医药产业聚焦“张江研发＋上海制造”，而承担“上海制造”职责的各分园在细分领域明显存异。例如青浦园主要以生物制剂、中药制剂、医疗器械为主，而金山园主要侧重成品药、高端原料药等细分领域。考虑到上海生物医药产业链体系容量大，产业链组成复杂，各分园间这种具有差异性的发展模

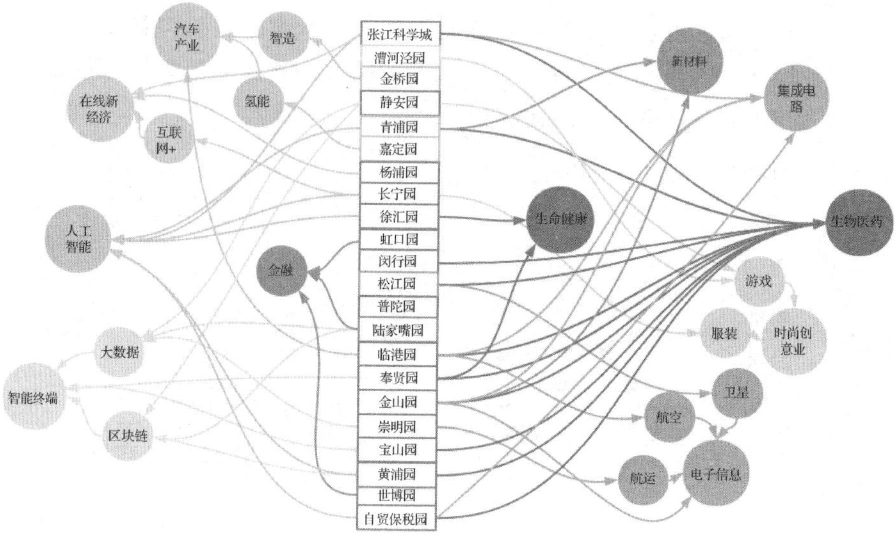

图 2　22 园主要发展产业示意图

式更有利于产业发展。

汽车产业是金桥园、嘉定园、临港园的主要发展方向之一，但其在细分领域各展所长、各有千秋；相互合作，协同发展。金桥园多年来在汽车制造领域深耕细作，产业基础雄厚，现结合互联网 5G 技术，旨在打造智能网联汽车，嘉定园依托氢能源，发展氢能及燃料电池，在汽车制造产业链核心环节重点发力；临港园打响“数联智造”名园品牌，在集成电路、生物医药、新能源车等方面重点发力。2021 年，临港嘉定科技城项目开工，区区合作，品牌联动，在智能制造、生命健康、数字经济领域深度合作，协同创新。

一些园区围绕自身产业基础优势，另辟蹊径，精准定位产业发展方向。漕河泾园围绕元宇宙特色，依托游戏企业场景优势，深耕主业；加快各类科技专利转化应用，提升产业能级。杨浦园加快推进“长阳秀带”在线新经济生态园建设，注重自身创新创业优势培育。静安园构筑上海数智产业高地，文创科创双驱动，未来产业发展指向了大数据、区块链、影视和游戏产业。崇明园紧抓自身船舶与海洋装备制造业优势，将发展重心聚焦在海洋装备及其与大数据、5G 技术的互联互通方向。

在产业新赛道上（如生命健康、数智终端、在线新经济、时尚创意等），园区之间发展定位模糊甚至可能重叠。例如智能终端产业，静安园、陆家嘴园等园区大都提出要以大数据、区块链或者其他方式发展，产业发展定位冲突且具体实现路径还在摸索。张江科学城、长宁园、杨浦园均提出要聚焦在线新经济行业，除却长宁园明确重点发展方向为“互联网＋生活性服务业”外，其余两园细分领域暂不明晰。

表3　22园主导产业发展定位情况

园区	产业发展方向	特色产业园区
张江科学城	数字及文化创意、软件及信息服务、机器人及智能装备	张江在线新经济生态园 张江机器人谷 集成电路设计产业园 张江创新药产业基地 张江人工智能岛 张江数链
漕河泾园	专利导航服务基地	漕河泾元创未来
金桥园	智造城、汽车/未来车	金桥5G产业生态园 金谷智能终端制造基地
静安园	数智产业、文化创意产业(影视、游戏战队)	
青浦园	生物医药、新材料、数字经济(北斗导航)	青浦生命科学园 北斗新虹桥基地
嘉定园	汽车制造、1＋3＋X产业体系	嘉定氢能港
杨浦区	成果转化、在线新经济	“长阳秀带”在线新经济生态园
长宁园	航空、互联网＋生活性服务业、时尚创意	虹桥临空数字经济产业园
徐汇园	数字经济、生命健康、人工智能、艺术传媒、金融科技	
虹口园	金融、航运	
闵行园	生物医药、人工智能	马桥AI智慧园 闵行开发区智能制造产业基地
松江园	多媒体卫星工业互联网、脑科学	G60电子信息国际创新产业园 G60生物医药产业基地 G60松江信创产业园 临港松江科技园
普陀园	机器人、创新	
陆家嘴园	金融科技	

续表

园区	产业发展方向	特色产业园区
临港园	汽车产业(新能源)、医药科技、芯片产业	临港大飞机园 南桥智行生态谷 浦江创芯之城 生命蓝湾 临港新片区信息飞鱼 动力之源
奉贤园	生物医药、智能网联为主导,智能制造、新材料等重点新兴产业	东方美谷
金山园	新材料、高端智能装备、新一代信息技术、生命健康	湾区生物医药港 碳谷绿湾产业园 华东无人机基地
崇明园	海洋装备、先进制造、5G、大数据、大健康等重点行业	长兴海洋装备产业园
宝山园	生物医药、高技术服务、智能制造	北上海生物医药产业园 超能新材料科创园 机器人产业园 数智南大
世博园	国家化专业服务业、科技金融业、科技展演业	
青浦园	金融科技、人工智能、生物医药、科创服务	
自贸保税区	生物医药、集成电路、智能制造、汽车及零配件、游轮产业	外高桥智能制造产业园 临港新片区海洋创新园

(三)园区运营

在园区营商环境打造方面,进一步完善人才服务、加强制度保障、打造创新创业空间、举办创新创业活动等形式基本是园区共性措施,但也不乏有些园区采取个性方案。

为拓展企业影响力,强化全球资源配置和开放枢纽功能,金桥园建立GOP名单库,根据每一家GOP培育企业的营运模式和主要诉求,建立“一企一专班”服务机制。青浦园推出微贷通、履约保、信用贷三大产品,拓宽中微企业融资渠道。嘉定园制定“一子园一特色”发展策略,推动子园区错位发展、特色发展。陆家嘴举办各类沙龙活动,提升园区企业获得感,增强园区与企业间服务黏性。

三、政策建议

张江示范区“一区22园”是政府主导的发展模式，基于政府制定的发展战略，通过优惠政策和良好的软硬件环境，以开放的姿态吸引各类企业和人才加入，形成集聚效应和规模效应。目前，张江示范区整体上经济持续大幅增长，创新平台加速集聚，创新成果产出量高，创新主体不断壮大；同时，也不可否认内部各分园异质性的存在。为张江示范区各分园未来更好地发展，本文在对比22园的科创实力、产业发展方向及其园区运营特色后，提出如下建议。

(一)鼓励创新资源多样化集聚，发挥规模效应

加强和完善张江示范区内部各类主体共生共赢的产业集聚，引导各类多样化创新资源向园区集聚，加强张江示范区内部多样化集聚。以龙头企业带动发挥产业集聚的知识溢出效应，进一步发挥龙头企业的示范效应，加强企业之间相互合作，强化企业在高新技术产业化推广中的主体作用。可通过一定政策手段，加大对张江示范区的投入力度，发挥高新区创新资源的集中化优势，突出规模经济和范围经济效应。

对明显受到集聚创新效应影响的高技术行业，还应进一步采取相关的产业激励政策，引导张江示范区内高技术产业集聚发展，把张江示范区建成战略性新兴产业和高新技术产业的集聚区。同时，还要妥善处理产业集聚发展与区域比较优势的关系。结合各园区科技创新已有基础，以张江示范区为整体进行高科技产业的统一布局和管理，科学设定一套评估考核体系，推动张江内部高新技术产业的协调、有序、高效发展。

(二)园区内专业化发展，园区间多样化合作发展

张江示范区管委会需要结合张江示范区各分园的产业发展特征，明确各分园发展的重点产业，以产业为主打造发展路线，吸引有高关联度的企业聚集在一起，以产业分工和经济合作为纽带，实现产业的多样化集聚。示范区内部可以实行筛选机制，对于刚起步、资金技术实力弱的企业，通过孵化器、公共创新平台等渠道进行扶持。对于园区内企业，可以降低进出门槛，实行“能进能出、进出容易”制度。张江要建立密切的区域合作协调新机制，不仅要实现各分园间的协调沟通，而且要实现区内外的协调，努力与全国其他园区进行沟通协作。此外，各分园应该根据产业集聚的生命周期规律以及资源禀赋优势，加强园区内和园区间产业链各环节深度合作，促进产业间分工协作，同时优化产业布局并调整各园区产业集聚政策。

(三)提升园区运营服务质量，促进企业更好发展

重视服务能力建设是园区进入成熟阶段的重要标志。园区运营模式应该根据区域产业发展情况、政府需求、园区发展阶段进行调整和创新。当前上海产业园区众多，除税收优惠、资源集聚外，服务质量越来越成为企业选址的一大考量指标。针对张江示范区高新技术产业发展过程中的公共服务需求，可以通过设立产业培育优化机制、加大投入力度建设专业的技术孵化器、鼓励产学研联盟、中介服务组织发展、个性化定制等方式，形成助力高新技术产业发展的创新服务体系，助力企业更好地转型升级。

文创热潮趋势下的网红园区热度分析

卢瑞轩

关于文创的定义，不同网络平台、不同博主有不一样的角度和理解。文创意味着文化的传承与创新，是当前网络的热点话题之一，而以文化为源头的文创产品，也成为近年来不断热议的词汇，欧美日韩等国家市场也大力推进文创产业的发展。文创园区作为文创产业的重要空间载体，承载着产业经济和文化创意双重功能，使产业链的核心以创意为力量向外展开，部分极具特色的园区成为网红打卡地，人流量的飙升，为这些网红园区所在地带来意想不到的经济附加值。

本文按照“网红园区”“文化产业园”“文化示范基地”“创意产业园区”“文创产业园”等词条，通过大数据检索了当下头部短视频平台(抖音、快手、B站等)和最火的多家旅行相关App(小红书、携程等)以及各新闻媒体平台，综合各项数据得出目前各大城市网络热度排名靠前的网红园区打卡地，抖音话题超500万播放量的文创园区榜单，同时分析当前文创网红园区网络热度产生的原因，提出相关建议，以期为文创园区的网络热度值提升提供参考价值。

一、研究背景

在城市更新和工业遗存改造的背景下，各地有意识、有规划地结合本土历史、人文、生态等要素，提升存量资源的利用价值，丰富产业发展类型，增强特色文化的传播和影响力，文创园区数量增长较快。随着文创产业的蓬勃发展，以及文创园区自带的年轻化、个性化和浓郁的艺术气息环境，使其逐渐成为大众群体短途出行和周末休闲的选择。笔者通过观察还发现，在中西部的一些偏远小城镇，也逐渐兴起以休闲为主题且带有文化符号特征的小园区，消费者大多为年轻人，反映出网红园区的发展趋势和消费特点。在大城市，文化、思想和艺术的交流碰撞更加激烈，由此而衍生的文创IP更是火热，人的集聚带来更多的流量加持，网红文化也逐渐被渗透到文创园区中。

二、网红园区究竟有多“火”

近年来，短视频平台和旅行App引领潮流使部分文创园区获得巨大流量，文创园区的传播范围和公众知名度迅速扩大，人们将这些热门打卡地称为“网红园区”，吸引着大批年轻群体的目光，更多的“网红品牌”也热衷入驻经营。例如网络热度爆棚的上海田子坊，小红书上有超过2万篇笔记，B站的单条视频最高播放量在40万以上，北京首钢园也有超过30万人次观看。在抖音平台上，超100万粉丝的网红打卡，成为园区迅速打开知名度的流量密码，最高人气的佛山创意产业园话题播放量超3000万次，BIG海珠湾艺术园单条视频的最高点赞数为5.3万，昆明秘境M60创意园为3.5万，最火的视频超过150万浏览量，成功进入到单条抖音视频大热门行列。

以下网红园区打卡地，主要结合抖音点赞、评论、收藏、转发量，B站播放量和弹幕数，小红书内容点赞、收藏数，以及知乎评论最多赞同数等众多平台浏览数据，统计筛选出国内10大城市热度最高的部分创意园区名单。

表1　国内10大城市热度最高的部分创意园区名单

序号	城市	名称
1	上海	田子坊、M50创意园、8号桥、800秀
2	北京	首钢园、星光影视园、798艺术区、77文创园
3	广州	BIG海珠湾艺术园、1978文化创意园、TIT创意园
4	深圳	华侨城创意园、南海意库、观澜版画原创产业基地
5	佛山	佛山创意产业园
6	成都	梵木flying国际文创园、蓝顶艺术区
7	武汉	DE未来港、长江文创产业园
8	重庆	鹅岭二厂、金山意库
9	昆明	秘境M60创意园
10	南京	国创园、1865创意产业园

注：据不完全统计，排名不分先后。

表2　抖音平台#话题超500万播放量的文创园区榜单

序号	园区名称	视频播放量(万次)
1	佛山创意产业园	3204.8
2	北京首钢园	3191.9
3	上海田子坊	2378.0
4	重庆鹅岭二厂	1511.6

续表

序号	园区名称	视频播放量(万次)
5	烟台亚东柒号文创园	1147.2
6	昆明秘境 M60 创意园	843.8
7	南昌东湖意库文创园	777.6
8	广州 1978 文化创意园	663.6
9	淄博唐库文创园	610.5
10	商丘 868 创意园	599.4

注：据不完全统计，时间截至 2023 年 2 月。

综合不同平台关于网红园区打卡地的热度和评论分析，礼森智库总结得出以下几点结论。

部分大城市的文创园区网络热度和名气尚未打响，以佛山创意产业园、北京首钢园、上海田子坊为代表的文创园区占据网络主流。国内不同地区文创园区网络热度的分化现象显著，线下部分文创园区的火热并不意味着线上市场的繁荣，相对于文创热门话题，有关头部网红文创园区的网络探讨，市场占比依然很小，网络热度值相对来说并不高，靠知名网络达人打卡将热度打开和持续吸引流量的作用不够明显，存在较大提升空间，而以园区命名注册的各网络平台账号，实际的网络关注度、内容浏览量或者视频播放量、点赞数等都不理想。

网红园区的产生，是园区在网络平台兴起后持续捕获大量流量的结果，是一种网络现象，最终仍要靠自身特色亮点维持。网红园区在抖音上的曝光度最好，其次是小红书、B 站。抖音和 B 站视频更能直观体现出网红园区的整体建筑布局和空间设计感，小红书上的文案和图片展示功能，则更能表现出网红园区在创意产品方面的特色。在网络达人入园探店利导下，抖音和小红书平台能直接为园区带来销售收益和口碑溢价，网络热度呈持续上升趋势。

国内网红园区大部分是在产业转型过程中，由工业遗存改造而成，一般极具个性化风格，有一定人文历史积淀。网红园区多为休闲娱乐型和文化艺术型两大类，即依靠休闲旅游火爆出圈，部分是无挂牌和无官方认证的，尽管打着文创园区的旗号，借用概念以吸引眼球，但确确实实在创意方面做了有益尝试，迎合大众审美，得到市场青睐，这也在一定程度上符合当下短视频和旅行平台内容文案的特征和发展规律。

三、网红园区热度产生的原因分析

是什么造就了网红园区的热度？能发展成为公认的网红园区，必定是有特别亮眼的地方吸引大众的目光，以下本文从五大方面分析文创园区网络热度产生的原因。

（一）网络热度成为获利工具

持续盈利是网红园区生存的根本，体现在“商业文创”，变得有利可图，网络热度恰恰能为持续盈利创造更多的可能性，使社会群体热衷于追捧流量。持续的流量、持续的销售、持续的线上交付带来持续稳定的现金流，成为网红园区在各大平台风生水起、在线下有源源不断客源的制胜法宝，因此造热度、蹭热度也成为一种普遍市场现象。作为话题热门的佛山创意产业园，共有 1000 多家企业，是一处由旧工厂改造成保留复古文艺气息的打卡圣地，白天车水马龙，晚上人潮汹涌，成为夜市经济的一张名片，网红直播、名人打卡、普通游客线上分享，为其持续增加曝光度，促使各类店铺线上线下爆火，产城高度融合的园区街区化发展模式为其获取巨大流量。

（二）深厚文化底蕴奠定热度基础

一般而言，网红园区拥有先天文化优势，如历史文化、工业文化、人文底蕴，等等。在规划选址时考虑的首要因素是文化积淀，其自身有一定知名度，初创期时随着园区设计改造的逐渐推进，在当地得到宣传和关注，为热度打下基础。以昆明秘境 M60 创意园为例，前身是云南纺织集团的昆明蓄电池厂，曾见证昆明工业辉煌的发展历程，经过整体开发、规划，已发展成为集美术馆、创客空间、概念 loft 餐厅、工业博物馆等特色汇聚的文化创意园区，同时园区积极宣传云南本土文化，如剪纸、刺绣、民族服饰、皮雕、扎染、竹编等，受到消费者的推崇。

（三）政策驱动引起媒体高度关注

在国家和地方密集出台存量资源盘活和低效用地转型升级政策的导向下，各地掀起了工业遗存再利用热潮，盘活老旧厂区进行城市更新成为热门话题，引起各大媒体的广泛报道。在政策驱动作用下的烟台亚东柒号文创园，于 2021 年 7 月开园，是在烟台开发区引进的第一家外资企业基础上改造而成，保留老工业厂房设计元素，斩获各大知名设计奖项刷屏全网，同时在微信公众号、抖音、小红书、百家号、今日头条以及其他新闻/App/数字报等媒体平台上得到各类用户的宣传，引起市场的密切关注。

（四）标志性的大众记忆点增加转发量

网红园区能够产生网络热度，往往是有过硬的网红体质特征支撑，也就是需要有标志性的大众记忆点，如自带话题性的建筑地标、充满艺术氛围的创意街区、极具吸引力的文创 IP 等，能够引起网络热议，增加搜索量、浏览量、转发量，为热度迅速打开起到强大的推动作用。首先形象美是毋庸置疑的，也需要有一定的内容感染力，创造故事人设，提高园区象征、标识的市场接纳度，重点使参观体验者找到归属感和提高认同感。在 BIG 海珠湾艺术园，以炫彩玻璃“包装”的彩虹电梯，梦幻般的设计使红砖和素色底色为主的园区跳脱展现，成为大众心甘情愿追捧的标杆艺术园区。

(五)高水准的热门活动策划冲击热搜榜

在短视频平台上，大型活动更容易引起分享传播，官号通告、提前预热，角色造势存在看点，联合大 V 营造话题、冲击热搜，是线上视频播放量的保证，这些“网红”的运营方式能够为园区带来巨大热度值。活动所具备的大众传播性，带来线上线下互动，促进园区树立品牌形象和提高群众知名度。综观各大网红园区，基本上经常策划高水准的热门活动。例如北京首钢园，除见证过多位冬奥冠军的诞生之外，还录制过 BTV 跨年冰雪盛典，举办过北京科幻电影周、奥林匹克博览会(北京)启动仪式等，得到各种官方大型活动的关注，成为园区营造网络热度的利器。

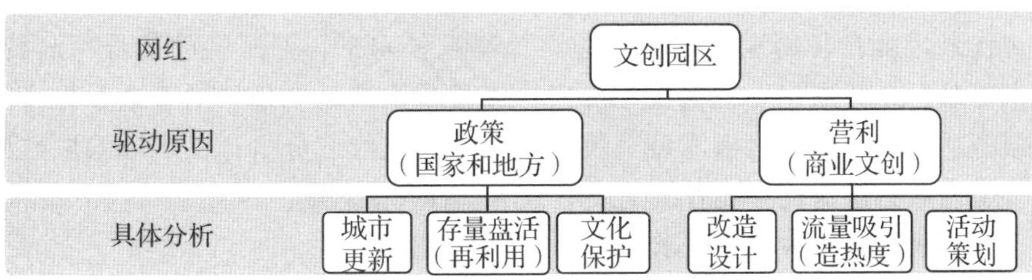

图 1　网红文创园区热度产生层次结构分析图

四、关于打造网红园区提升热度的几点建议

对于游览和消费体验型的文创园区而言，维持网络活跃度并持续吸引流量贵在坚持，在坚持文化价值和经济效益相统一的前提下，以下本文从五大方面为打造网红园区、提升网络热度出谋划策。

(一)塑造园区热门打卡地

随着人们审美的提高，热门打卡地必定是与众不同、别出心裁的。一是设计安排应在园区醒目的位置，以满足精神诉求为首要目标，追求艺术作品的美感度，丰富打卡视觉效果；二是要有清晰且特色的定位，园区主要打卡地的特点设定，关系着吸引目标人群的方向；三是充分挖掘本地脍炙人口的作品，主题文化、历史文化等，一定要创新，增强文化认同并坚定文化自信；四是精准高效的渠道分发，园区运营主体在不同社交平台上要有营销策略，实现内容为流量服务、流量为变现服务；五是要有稳定持续的打卡内容曝光，维护流量，增长时效性，避免一时热。

(二)发挥名人的积极效应

网络达人的打卡是吸引流量的重要方式，名人品牌入驻也是一种方式，名人效应能为园区人气打造和招商宣传扩大影响。一是建立符合园区风格特色的文艺作家、体育名人、演艺明星目录库，分门别类按照举办活动的预算、性质进行排期邀约；二是在当地具备一定影响力的业内人士、网红大咖，都是园区重点关注和吸纳的对象，尤其是在网络上具有一定名气和粉丝量的探店达人、旅行博主等，是最能引发本地关注度的；三是巧妙利用名人效应，跨界合作、品牌联动，扩大影响力，从前期借名人造势，到后期引发从众现象，可以适当因势利导。

(三)引导参观者乐于分享

目前国内涌现出一批发展质量较好、文化氛围浓厚、创新特色突出的文创园区，但是部分网络热度不高，与线上新媒介渠道宣传不到位有较大关系。因此要改变网络冷清局面，一是园区要主动适应新媒体发展时代，培养出宣传工作者，可自行聘用或服务外包，提高宣传水平，把园区的优势、品牌、亮点等进行充分展示，把握舆论导向；二是重视园区文创氛围打造，提高园区服务质量，获得游客满意度，使其乐于自发式线上分享；三是可采取鼓励式、引导式方法促进参观者线上线下分享，打开知名度。

(四)满足年轻人社交需求

青年群体是社交平台最活跃的用户，也因此成为提升网络热度最重要的力量。一是建设发展成为青少年喜爱的网红园区，具备开放、包容、创新、潮流等特性；二是举办各类艺术展、美术展等，为年轻人创造接近艺术的机会，举办各种音乐节、文艺演出等激发年轻人的活力，使不同个性、爱好的年轻人能在园区找到属于自己的一席之地，同时满足个性化的需求，增加园区付费内容；三是创新经营模式，沉浸式的游玩体验能提高年轻人在园时长和认可度，新一代的消费娱乐方式、兴趣喜好、文化创意追求等给市场与产业带来新契机，因此园区要不断优化提升，推陈出新。

(五)减少社会负面舆情的发生

网络热度是把双刃剑，逐利性过于明显，负面信息的传导效应呈几何倍数增长，将会给文创园区带来重创，加速其衰败进程。随着园区热度和流量上升，难免会导致过度商业化而丢失文化价值，部分文创产品不伦不类。因此，在保留文化艺术氛围的同时实现经济效益，是每一个文创园区行稳致远的路径。一是引进网红文化要适宜，过度迎合网红市场的决策要三思；二是要重视网络负面评论的收集和增强洞察反思意识，有危机公关处理机制，规避较大负面舆论事件的发生；三是加强口碑建设带来持续溢价，为园区可持续发展创造条件，为文创提升价值空间。

运营管理新篇章

园区公共服务标准化体系构建研究

卢瑞轩

当前，学界内对于公共服务标准化体系的研究不少，研究主要围绕政府部门展开，但以产业园区为对象构建公共服务标准化体系领域鲜有研究。产业园区作为资源集聚的载体，当以更优质的服务优化营商环境吸引企业和人才，致力于成为区域内各类资源集聚的高地，例如完成聚集创新资源、培育新兴产业、推动城市化建设等。随着标准化管理理念逐渐渗透到公共服务领域，其作为一种科学的、有参考依据的管理工具逐渐成为评价政府服务水平的度量尺，公共服务标准化试点建设受到各地的大力推动和引导，而产业园区具备作为试点建设的条件。

一、园区公共服务标准化体系的总体构思

关于园区公共服务标准化体系的研究，主要有两大思路：一是遵循以人为本的理念，二是以服务产业发展为核心。

(一)遵循以人为本的理念

关注点先是基本民生，而后是产业服务，最后园区融入城市化建设，实现产城融合，即三级关系是“人—产—城”。首先要把解决人民最关心、最直接、最现实的利益问题作为出发点和落脚点，提高公共服务的可及性和便捷性，满足人民日益增长的高品质公共服务需求，推动园区内公共服务整体水平和均等化程度提高，推动在园居民和在企职工的工作环境质量和生活水平提升，最终打造形成符合园区发展需求的优质高效均衡的现代化公共服务体系，特别是对于承担着社会事务管理以及四至范围较大的园区而言，更是要重点解决园区各区域内公共服务供给不平衡问题，通过贯彻以人民为中心的发展思路能够更好地履行公共服务职责，增强人民群众的获得感、幸福感和安全感，有效维护社会的公平正义，实现社会长治久安。

(二)以服务产业发展为核心

强调以服务产业为导向，在公共资源配置方面尽力而为，在资金投入方面量力而行，在产业设施建设方面适当前瞻，在公共服务领域的指标标准化设置中侧重于产业服务配套，推动政策资源、公共用地、公共财政投入等要

素向公共服务能力建设倾斜，把园区建设成为宜产宜业的特色化服务型园区，即“产一城一人”的三级关系。以产促城、以城聚人，旨在通过打造优质的产业配套和极佳的营商环境，吸引人才汇聚和扎根，实现以产业引人、以服务留人。随着产业园区社区化趋势愈发明显，宜居的产业社区内功能配套、商业配套，生活、生态功能等要更加完善。与园外区域相比，园区内的公共服务能级和水平档次要实现显著提高，最终打造成为彰显人民幸福生活和拥有现代化公共服务治理模式的示范区域。

二、以“三位一体”格局构建园区公共服务标准化体系

无论是遵循以人为本的理念还是以服务产业发展为主的思路，园区内会涉及产业综合配套、创新创业、安全应急、现代化管理、公共教育、医疗卫生、文化体育、基本保障、养老服务等，礼森智库将其主要归纳为三大领域体系，侧重点略有不同。

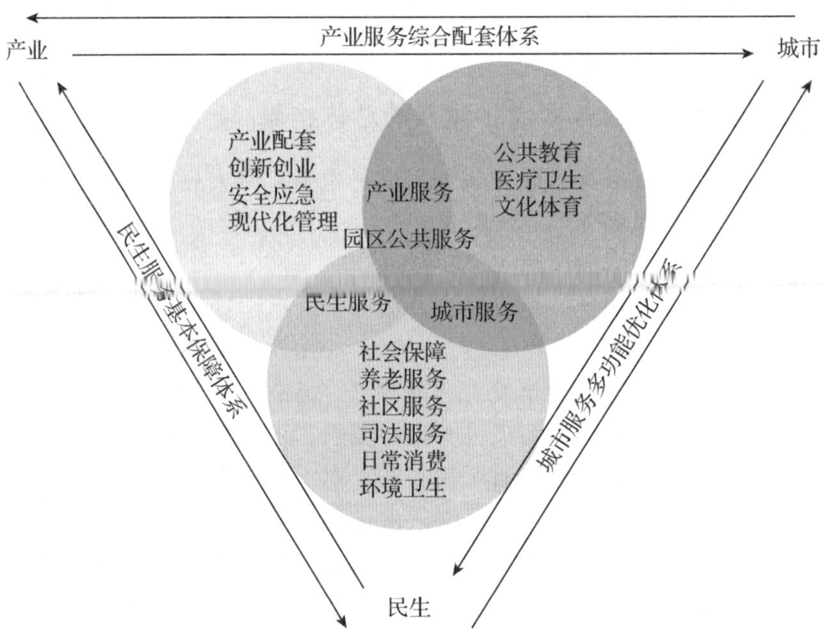

图 1　园区公共服务“三位一体”标准化体系

(一)产业服务综合配套体系

该体系主要包括产业配套、创新创业、安全应急和现代化管理四个部分，是园区产业发展最重要的保障支撑。

产业配套服务：一是保障性住房，园区要建设多层次、广覆盖的住房保

障服务体系，持续改善人居环境，全面提升居住品质，高水平实现住有所居，扩大保障性住房供给；二是促进商业服务发展，聚焦商业服务能力打造，推进商业配套设施建设，满足职工和周边居民的生活需求；三是公共交通，推广各类共享出行模式等，满足职工上下班通勤需求；四是环卫设施建设，包括园区内企业垃圾处置，道路绿化管理，等等；五是产业服务体系，包括营商环境、园区物流服务、产业品牌打造等多个维度。

创新创业环境：一是科技创新服务，比如建设创新创业孵化环境，形成科创氛围，建立开放式生产应用场景等；二是加强企业服务能力，通过企业成长一站式服务中心，提高行政效能，解决企业各类诉求；三是人才引育服务，包括因才施策保障园区人才招引和结构，加强创业和就业技能培训、促进在地居民就业、保障职工权益等。

安全应急管理：近年来随着园区内各类安全事件的发生，各级政府和园区愈发重视产业园区安全风险的管控，在国家级经开区和省级开发区的年度考核中，对于发生重大以上生产安全事故会进行扣分或取消评优资格，国务院安全生产委员会要求“已建成投用的园区每五年至少组织开展一次园区整体性安全风险评估”，安全应急也成为园区公共服务的重要组成部分。

现代化管理：包括公共服务领域的标准制定、数字化建设以及供给市场化等。其中标准制定主要是公共服务项目清单，以及落实国家和省市的基本公共服务标准等；数字化建设则是为了提高公共服务供给的效率和体验；供给市场化主要是推进公共服务的多方参与形成合力，加强地区合作。

(二)城市服务多功能优化体系

该体系主要包括公共教育、医疗卫生、文化体育等和城市服务功能建设更加息息相关的内容，是园区集中资源和提升品质，推动和顺应城市发展不可或缺的部分，以苏州工业园区为典型代表。

公共教育方面：涉及学前教育、基础教育和高等教育等，例如苏州工业园区有专门设立的园区各教育阶段板块功能以及教师发展中心，以促进区域教育质量稳步提高、办学内涵特色日益彰显、教师队伍建设不断加强，并开设名师空中课堂近3万节，累计观看人数5亿多次，将园区打造成为教育和人才汇聚高地。

医疗卫生方面：包括全方位、全周期满足各类人群多样化、多层次的健康服务需求，推进部分省市级优质医疗资源向园区集中，全面提升基本医疗和公共卫生服务水平，特别是要加强园区疾病预防和职业病防治，建设完善的园区重大疫情防护和救治体系，提升医疗救援的快速响应能力等。

文化体育方面：结合园区人口结构特点和实际文体需求，发展公共文化体育事业，增加如文体活动中心、主题公园等公共文体设施和场所布局，建设完善生活娱乐配套设施，扩大文化活动、休闲娱乐空间，打造升级园区业态环境，形成园区特色文化品牌。

(三)民生服务基本保障体系

该体系主要涉及基本社会保障以及养老服务，通过兜底保障以实现弱有所扶和老有所养，特别是对于存在产业开发遗留型“城中村”的开发区而言，重点关注动拆迁的安置居民的民生保障工作。其中社会保障服务：要扩大社保覆盖面，包括基本医疗和基本养老等，保障最低收入、特困人员的救助供养，保障残疾人等弱势群体的权益，促进社区精细化治理；养老服务：从“老有所养”到“老有所为”，倡导养老服务理念，布局养老服务设施，推进养老事业全面协调可持续发展，形成特色养老服务体系等。此外，该体系还包括与民生福祉密不可分的社区服务、优质的司法服务、便利的日常消费体验和良好的环境卫生等。

三、高水平推进园区公共服务设施标准化配置

公共服务具有公共产品的性质，具备公共性、公益性，与标准化建设存在着性质上的契合，通过标准化设施配置可实现园区公共服务能级提升，以更直观的方式改变园区公共服务形象，改善在园企业、职工、居民的公共服务体验，使园区公共服务标准化体系的推广和最终落地成为可能。

(一)标准化依据

由于各省市经济发展水平存在较大差距，园区公共服务标准化配置的依据有所不同。有地方标准的以地方标准(省、市)为主要依据，地方标准一般不低于国家标准，如《江苏省基本公共服务实施标准》《上海市基本公共服务实施标准》等，大部分省市都结合实际发布了《基本公共服务实施标准(2021版)》,《国家基本公共服务标准》为次要依据。若无地方标准参照，则以国家标准为主要依据，仍不能明确的话以行业标准为参照，但目前权威性的行业标准缺乏。在公共服务等硬件设施建设方面，有国家层面的《城市居住区规划设计标准》等为基本框架，地方也会出台公共服务设施设置标准和规划管理技术规定等文本作为依据。

(二)标准化建设

在实践中，园区构建公共服务标准化体系时，要把推动公共服务资源密度与现有人口集聚状况、未来产业和人口发展潜力相结合，即以服务产业、服务人口为主要出发点，满足“生产＋生活”的实际需求，综合考量园区发展阶段和人口结构，丰富指标种类和现有场所服务内涵，通过“服务半径＋人均

指标"综合确定设施分级，科学确定并动态调整公共服务范围和保障标准，推进园内公共服务领域更多项目标准化建设，前瞻性布局部分公共服务设施，达到增强公共服务的可及性和便利度的目的。

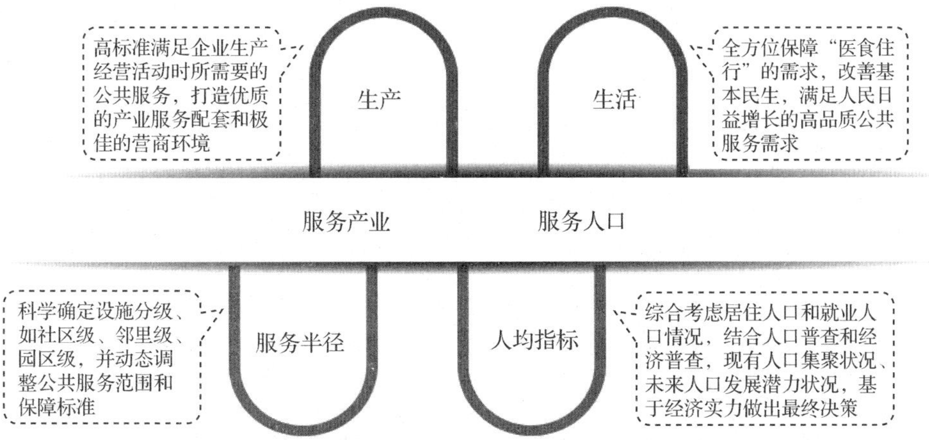

图 2 园区公共服务标准化建设的方向

当前，园区的公共服务建设与配套设施、公共设施规模布局息息相关，以下是基于前述的公共服务三大领域体系，并借鉴先进地区和园区进行的公共服务领域建设运营经验，结合高品质产业社区生活圈提出的园区公共服务设施标准化配置建议，给园区在公共服务配套建设上提供一定参考价值；由于不同园区发展阶段和水平不尽相同，可结合园区实际情况进行调整或根据发展需求考虑指标的个性化设置。

1. 产业服务综合配套层面

该层面涵盖商务平台、技术平台、物流研发、商业设施以及公交场站等五大类型公共设施配置，主要分推荐设置和可设置两种情况，一是体现现代化管理方式的设施设备建设，包括综合管理服务中心、数据中心等，可结合园区数字化建设进行整体统筹；二是创新创业平台建设，包括共享办公、共享实验室、孵化器等，可在产业片区着重布局生产性服务设施；三是物流研发，包括物流中心、科研机构和研发中心等；四是商业服务设施建设，重点区分商办楼宇和工业区并开展需求调研分析，可按照人员密度、年龄结构、人群特点等进行商业设施布局和配置标准选择，如商业社区中心；五是公共交通建设，既要有方便上下班通勤和日常出行的公共交通工具，又要有满足及时性出行需求的出租车营运平台布点，另外还可适当配置共享出行交通方式。

表 1　园区产业服务设施标准化配置

类型	名称	推荐规模	配置建议
商务平台	综合管理服务中心	建筑面积：200—1000m^2	推荐设置，宜园区集中布局
	共享办公	建筑面积：1000—10000m^2	推荐设置，宜园区集中布局和街坊、地块集中设施布局结合
	会议中心	建筑面积：200—4000m^2	推荐设置，宜园区集中布局
	展示中心	建筑面积：500—5000m^2	推荐设置，宜园区集中布局
	商务酒店	建筑面积：1000—3000m^2	可设置，宜园区集中布局
	银行	建筑面积：100—500m^2	推荐设置，宜园区集中布局
技术平台	孵化器	建筑面积：1000—15000m^2	可设置，宜园区集中布局
	共享实验室	建筑面积：1000—5000m^2	可设置，宜园区集中布局
	数据中心	建筑面积：500m^2 以上	可设置，宜园区集中布局
物流研发	物流中心	建筑面积：5000—10000m^2 用地面积：1 万—3 万 m^2	推荐设置，宜园区集中布局，服务半径不宜大于 3km，满足企业需求
	科研机构	建筑面积：3000—5000m^2 用地面积：5000—15000m^2	可设置，宜园区集中布局，服务半径不宜大于 3km，贴近企业园区
	产品研发中心	建筑面积：3000—5000m^2 用地面积：5000—15000m^2	可设置，宜园区集中布局，服务半径不宜大于 3km，贴近企业园区
商业设施（办公区）	食堂	建筑面积：200—500m^2	推荐设置，按就业人口约 5000 人设置一处，宜园区集中布局和周边街坊、地块集中设施布局结合（服务半径 500m）
	咖啡馆	建筑面积：100—300m^2	可设置，宜园区集中布局和周边街坊、地块集中设施布局结合（服务半径 500m）
	便利店	建筑面积：50m^2	可设置，宜园区集中布局和周边街坊、地块集中设施布局结合（服务半径 500m），1000—3000 人设置一处
	小超市	建筑面积：100m^2	可设置，宜园区集中布局和周边街坊、地块集中设施布局结合，服务半径不宜大于 500m

续表

类型	名称	推荐规模	配置建议
商业设施（办公区）	餐饮	建筑面积：单个约 $100m^2$	可设置，宜园区集中布局和周边街坊、地块集中设施布局结合（服务半径 500m）
	书店	建筑面积：$200m^2$	可设置，宜园区集中布局
	药店	建筑面积：$50m^2$	可设置，宜园区集中布局
	停车位	1 机动车位、4 非机动车位/$100m^2$ 建筑面积	推荐设置，宜园区集中布局和周边街坊、地块集中设施布局结合
交通场站	公交站	用地面积：约 $5m^2$	服务半径不宜大于 800m，公交站台高度宜采用 0.15—0.20m，站台宽度不宜小于 2m；当条件受限时，站台宽度不得小于 1.5m，每个产业社区设置公交站亭
	公交首末站	建筑面积：50—$100m^2$/线	具体根据专业规划设置，多条线路，服务设施宜共享，服务用房宜集中设置。一条公交线路的首末站用地面积约在 600—$800m^2$，两条公交线路的约 $1200m^2$，三条及以上的按每增加一条线路增加约 $500m^2$，当需求较大时，公交首末站可分散多点布置。用地条件充裕情况下，可在周边设置非机动车停车场，有条件的产业社区至少设置一处公交首末站
	非机动车停车场（站）	用地面积：$\geqslant 30m^2$	宜就近设置在非机动车（含共享单车）与公共交通换乘接驳地区，宜设置在轨道交通站点周边非机动车车程 15min 范围内的居住街坊出入口，停车面积应不低于 $30m^2$
	机动车停车场	—	根据园区所在地的相关规划规定配置
	出租车营业场站	用地面积：候客站 $\leqslant 30m^2$/泊位，营业站 $\leqslant 32m^2$/泊位	宜在轨道交通站点、居住社区出口下游等需求集中处，可在道路红线内设置出租车候客站，若交通条件不允许，可设置出租车扬招点

注：以上公共设施配套，应在满足国家相关规划标准有关规定下进行建设，下同。
资料来源：礼森智库整理，下同。

2. 城市服务功能优化层面

文教体育和医疗卫生关乎城市的整体面貌，园区高标准进行硬件设施配置对于提升所在城市形象至关重要。一是园区文体设施建设，产业社区宜配置文化活动中心、活动站、多功能运动场地等，充分利用文体设施打造多元复合空间，形成热闹街区；二是教育设施建设，主要是中小学及幼儿园，当服务人口达到一定规模时，可设置高中；三是医疗设施建设，一般包括社区卫生中心、门诊部、卫生服务站或卫生室等，服务人口达到一定数量可设立综合医院。此外，科教文卫领域专业人才的培育不容忽视，关系着园区的教学质量、医疗服务能力和文化活跃度，是园区软实力的体现。

表 2　园区城市服务设施标准化配置

类型	名称	推荐规模	配置建议
文化体育	文化活动中心	建筑面积：1000—4500m²	推荐设置，每个产业片区至少一处，宜园区集中布局，服务半径不宜大于1000m
	文化活动站	建筑面积：250—1200m²	满足5分钟生活圈，服务半径不宜大于500m
	体育场(馆)/全民健身中心	建筑面积：2000—5000m² 用地面积：1200—15000m²	服务半径不宜大于1000m，体育场应设60—100米直跑道和环形跑道，全民健身中心应具备大空间球类活动等
	综合健身馆	建筑面积：500—1000m²	推荐设置，每个区块至少一处，宜园区集中布局
	室外健身器械	—	宜结合绿地设置，并设置休憩设施，宜在居住街坊范围内设置
	大型多功能运动场地	用地面积：3000—6000m²	宜结合公共绿地等公共活动空间统筹布局，服务半径不宜大于1000m，宜集中设置排球、篮球场地等
	中型多功能运动场地	用地面积：1000—3000m²	宜结合公共绿地等公共活动空间统筹布局，服务半径不宜大于500m，宜集中设置排球、篮球场地等
	小型多功能运动场地	用地面积：500—1000m²	服务半径不宜超过300m，宜设置半场篮球场1个、门球场地1个等，并提供休憩场地
	运动场地	用地面积：约300m²	推荐设置，按就业人口约100m²/千人测算，宜园区集中布局和街坊、地块集中设施布局结合(服务半径500m)

续表

类型	名称	推荐规模	配置建议
公共教育	普通高中	建筑面积：1.2 万—2 万 m^2 用地面积：3 万—5 万 m^2 ≥25m^2/人	服务人口达 5 万—10 万人可设置，宜设 24 班、30 班或 36 班，每班 50 座，应设 200—400m 标准环形跑道等
	初中	用地面积：≥24m^2/人	服务半径不宜大于 2000m，不宜超过 36 班，应设不低于 200m 环形跑道和 60m 的直跑道运动场，教学区和运动场地独立设置，选址避开城市干道等交通繁忙路段
	小学	用地面积：≥22m^2/人	服务半径不宜大于 1000m，不宜超过 36 班，应设不低于 200m 环形跑道和 60m 的直跑道运动场，选址避开城市干道等交通繁忙路段
	幼儿园	建筑面积：2000—5000m^2	在园区居住集中区内，服务半径不宜大于 1000m，保证光照充足，办园规模不宜超过 12 班，每班座位数宜为 20—35 座
	养育托管点	建筑面积：360m^2	推荐设置，每个区块至少一处，宜园区集中布局，服务半径不宜大于 1000m，托儿所规模根据实际需要确定
	职业培训学校	建筑面积：1 万—2 万 m^2 用地面积：1 万—2.5 万 m^2	为园区级别公共设施，宜园区统筹布局
医疗卫生	综合医院	建筑面积：2 万—3.5 万 m^2 用地面积：2.5 万—6 万 m^2	服务人口达 5 万—10 万人可设置，300—500 床位，约 4 床/千人配置
	卫生服务中心（社区医院）	建筑面积：1700—2000m^2 用地面积：1420—2860m^2	服务半径不宜大于 1000m，一般结合街道办事处所辖区域进行设置，不宜与菜场、学校、公共娱乐场所等毗邻
	门诊部	建筑面积：≥200m^2	宜设置于辖区内位置适中、交通方便的地段，服务半径不宜大于 1000m
	卫生服务站	建筑面积：150—200m^2	推荐设置，按就业人口约 1.5 万人设置一处，宜园区集中布局

3. 民生服务基本保障层面

最后，在民生服务方面，园区应以持续缩小公共服务半径为方向，以持续改善生活水平和服务体验为目标，包括养老服务、日常消费、社区街道服务和司法援助、垃圾处置、环境卫生等，要使园区公共资源供给有效扩大，服务方便可及、居民更加满意。在兜底保障上，民生服务设施如社区服务中心等大部分是常规性标配，要夯实保障基础，增强服务能力，推动社会治理方式方法创新，改善公共环境、优化服务流程、提高服务效率。

表3　园区民生服务设施标准化配置

类型	名称	推荐规模	配置建议
养老服务	养老院	建筑面积：7000—17500m² 用地面积：3500—22000m²	宜邻近社区卫生服务中心、公共服务中心等，一般规模宜200—500床
	老年养护院	建筑面积：3500—17500m² 用地面积：1750—22000m²	宜邻近社区卫生服务中心、公共服务中心等，一般中型规模宜100—500床
	老年人日间照料中心（托老所）	建筑面积：350—750m²	服务半径不宜大于500m，宜结合居住社区布局
	老年活动室	建筑面积：500—2000m² 用地面积：200—1000m²	服务半径不宜大于1000m，宜结合居住社区布局
社区服务	社区服务中心（街道级）	建筑面积：700—1500m² 用地面积：600—1200m²	一般结合街道办事处所辖区域设置，服务半径不宜大于1000m
	街道办事处	建筑面积：1000—2000m² 用地面积：800—1500m²	一般结合所辖区域设置，服务半径不宜大于1000m
	社区服务站	建筑面积：600—1000m²	宜设置在小区内，与居委会、小区活动室、阅览室等联建，服务半径不宜大于300m
司法服务	司法所	建筑面积：80—240m²	一般结合街道所辖区域设置，宜与街道办事处或其他行政管理单位结合建设，应设置单独出入口
	派出所	建筑面积：1000—1600m² 用地面积：1000—2000m²	服务人口达2.5万—5万人可设置一处，宜设置于辖区内位置适中、交通方便的地段，服务半径不宜大于5000m
日常消费	综合性农贸市场	建筑面积：2000—6000m² 用地面积：1500—4000m²	宜结合居住社区布局，服务半径不宜大于1000m
	特色餐馆、酒吧、棋牌室、零售商店等	建筑面积：500—1000m² 用地面积：200—500m²	宜结合商业街区布局，服务半径不宜大于2000m

续表

类型	名称	推荐规模	配置建议
环境卫生	生活垃圾收集站	用地面积：120—200m²	采用人力收集的，服务半径宜为500m，最大不宜超过1000m，采用小型机动车收集的，服务半径不超过2000m
	生活垃圾收集点	建筑面积：10m²	宜居住小区内单独设置，分类收集，服务半径宜为150m
	公共厕所	建筑面积：30—80m² 用地面积：60—120m²	宜设置于人流集中处，宜结合配套设施及室外综合健身场地设置

科技园区标准化运营服务和案例借鉴

卢瑞轩

标准化在科技园区的应用相当广泛，从园区规划到基础设施、从土地利用到投入产出、从园区配套到管理服务、从安全生产到标准执行，等等，可以更加高效有组织地进行园区开发建设。作为一种方式方法，标准化用于科技园区的运营服务中，有利于获取最佳秩序和社会效益，达到标准统一、组织高效、运营顺畅的目标，为园区科学管理奠定一定的基础。

一、科技园区标准化运营服务的发展阶段

我国科技园区运营管理和服务企业的方式在不断创新，形成了一套较为完善的标准化运营管理服务支撑体系，展现形式更为多样化，管理服务更加强调专业性，突出以服务品牌和客户满意为宗旨，在国际上的影响力与日俱增。发展主要分为三个阶段，一是建标阶段，打好基础；二是自主创新，模式探索；三是瞄准国际，品牌引领。

(一)建标阶段，打好基础

以国家高新技术产业标准化示范区建设为契机，园区发挥标准化在促进科技成果产业化领域的作用，各国家级高新区早在15年前便开始纷纷加入标准制定行列，部分园区提出标准化促进计划、标准化主体(重点企业)培育计划，并建设一流的技术标准信息服务平台，打造成为国际标准组织的合作基地和试验基地，为园区规范运营打下牢固基石。科技园区一直是国家标准委的关注重点，通过不断参与制定、修订完善和巩固部分国际标准、国家标准、行业标准，科技园区抢占成为标准化建设高地，推动在园高新技术企业率先建立标准体系，提高企业管理水平，满足企业国内生产和国际贸易的各类标准化需求。在积极采用国际标准或国外先进标准组织生产的同时，部分园区大企业制定的标准也逐渐引起国内外产业界的广泛关注，国内产品在国际市场上的竞争能力增强，逐渐形成政府高度重视、企业积极参与、社会各界关注的良好标准化建设局面。

(二)自主创新，模式探索

在打造标准化园区建设亮点的同时，科技园区坚持自主创新道路矢志不

渝，不断加大技术标准支持力度，提供标准化建设专项扶持资金，逐渐形成标准化探索工作机制和模式。比如一是通过课题论坛、研讨会等形式推进标准化政策理论探索；二是探索园区政府职能机构在标准化管理工作中的有效管理模式；三是探索研究企业和产业联盟标准的形成机制；四是研究专利技术融入标准后的产业化跟进等；五是探索形成"支持一项标准、带动一批企业、推动一个行业、提升整个产业"的新型标准化与产业链联动发展模式。最近以福建为代表的园区标准化建设也引起各地的注意，其提出建立科研成果向标准同步转化机制、创新技术与标准推广运用机制、标准实施与效果评价长效机制。

(三)瞄准国际，品牌引领

新时期开发区大有可为的最佳代表作之一是品牌服务输出。科技园区在国际话语权扩大和标准化模式探索同时取得进展的情况下，在由东部地区向中西部地区输出经验外，更有园区标准化运营服务模式向世界输出，或与海外国家双向合作，共同打造国际品牌示范效应和影响力。随着构建人类命运共同体和"一带一路"的倡议，目前具有一定规模和影响力的中国海外园区约为100家，向海外"走出去"成为推动开发区价值模式传递的新特征。在借鉴国际经验不断探索而形成的全套国内园区标准化运营服务模式基础上，海外园区已成为"中国经验"向外传播的重要载体平台。受疫情等多重因素影响，加速了第五次全球产业转移浪潮，国内园区的部分产业也向欠发达地区进行梯度转移，与硬投资相比，软输出尤其是标准化运营经验可降低局势动荡带来的投资风险。中国和新加坡等国签订合作协议，将共同到第三国开发新的产业园区，届时也会把园区先进的标准化运营经验和开发理念带到其他国家。

二、科技园区标准化运营服务的优劣势分析

标准化运营服务能有效促进服务质量提升，通过强化科学管理手段、优化服务流程，更加体现出专业性和规范化，达到服务效率和水平双提升目标。同时标准化也会带来一些弊端，需要园区在运营服务过程中进行规避。

(一)园区标准化运营服务的优势

有利于提升服务质量。对标最高标准、最好水平，开展标准化建设是促进提升园区服务质量的重要方式。标准会随着经济发展和社会进步不断更新，作为高新技术产业集聚区，标准化能够推动科技园的高质量建设，发挥标准对质量的约束作用，有利于提高园区运营服务主体的质量标准意识。

有利于提高管理水平。标准具有科学、民主和权威等属性，是园区精细

化管理的“标尺”和依据[①]。标准化建设能够为园区内科技型企业提供一个很好的平台，通过不同类型企业的汇聚，形成系列技术标准、团体标准、行业标准等，增强企业发展的核心竞争力，同时能使园区运营单位优化服务模式，更好地针对企业痛点提供解决方案。

有利于复制推广模式。有章可循才会井然有序，标准化就是其中最好的例子。在园区运营主体的推动下，长期积累形成的运营理念和管理方式等先进成果一旦形成一整套标准体系，也将更容易被政府部门认定为可复制推广的经验，从而形成示范效应。

(二)园区标准化运营服务的短板

易产生盲目性。标准化应用到运营服务中，一味地追求高标准或者降低标准达到服务要求都是不可取的，标准应是又好又多，先好再多，不可先多再好，切忌盲目制定标准，阻碍日常工作执行。标准化运营服务要贴近本园区企业的呼声需求，应作为一种方式手段，让客户能够更加清晰地看到服务内容，使复杂问题简单化、流程化，有实际指导作用，使服务人员工作操作规范，高效便捷。

易阻碍创新思维形成。严格按照标准执行，形成思维定式后容易妨碍新的服务方式产生，在一些特事特办面前，有时还会产生死板僵化的行为方式。在科技园中，企业的服务需求日益个性化、多样化，服务人群中科技工作者占比较大，标准更是要定期检查更新以适应发展需求。

二、科技园区标准化运营服务典型案例借鉴

对于打造高标准运营服务模式的园区来讲，强大的园区管理团队和运营网络，能够增强园区企业对于未来发展的信心，营商环境的优化也必然从“拼政策”阶段进入“拼服务”阶段。在强化园区与企业合作的基础上，通过为入驻企业提供全方位的标准化服务，以及更佳的生存发展环境，为园区增加创收渠道和提供新的发展增长极。

(一)以迭代思维打破服务局限的上海漕河泾模式

不同时期的漕河泾都在与时俱进，以更高标准推进更优园区品质服务升级，用迭代思维打破服务局限，并不断进行纵深业务的拓展将服务推向一流，通过标准化建设带动提升园区的服务管理品质，打造形成品牌服务标准化的高地。

① 康文，肖鹏．浅析科技创新园区的标准化工作思路[J]．标准科学，2019，(08)：34－37.

案例借鉴

漕河泾开发区是公司制运营管理模式的代表，从 2008 年开始，漕河泾开发区重在打造“第三代”高端物业管理品牌，实现园区“规范化、信息化、标准化”管理。2009 年，开发区物业公司搭建服务大平台，引进战略投资者和品牌服务商，编制完成《工业园区物业服务企业标准》，该标准是漕河泾对工业园区物业管理运作实务经验的范本，是上海市首部工业园区物业服务企业标准。2010 年，以打造“园区综合服务运营商”为目标，园区坚持物业管理做品牌、酒店管理做精品、商业服务做名品战略定位，推进区域化管理模式，塑造高端品牌引领效应，全面建立起以“智能营运、管作分离、精致服务、品牌引领”为核心的第三代标准化体系。10 年之后，园区砥砺前行再出发，完成《漕河泾高科技园区品牌服务输出标准 1.0 版》，以轻资产品牌输出的“第四代”标准化运营理念重磅推出，通过品牌运营服务协议，推动漕河泾颛桥光华园、广西柳州、山西大同等 3 个品牌输出项目建设，漕河泾创业中心也通过国家级“上海高新区科技创新创业服务标准化试点”项目验收。

(二)以打造园区全价值链标准化服务的深圳科技园模式①

在深圳科技园物业公司的引领下，园区以“企业全生命周期”“全价值链”服务模式进行资源深度整合、跨界融合创新，以项目服务为基础、以城市发展带动项目、以创新改革推动产业、以标准带动转型升级，积极引入和借鉴先进标准进行参考，通过标准的改进、推广和应用降低成本，提升人员素质，提高产品质量，推动技术创新，提升经济、社会和生态效益，推动行业发展。

案例借鉴

在深圳科技园物业公司近 30 年的丰富经验积累下，园区在运营管理和服务企业等方面更加得心应手，已形成全方位、多元化、开放兼容的业务服务标准体系。科技园物业在国内率先提出“做国际一流的高新科技产业园区全价值链服务供应商”的发展愿景，探索与国际接轨更高水平的服务标准。作为科技园物业“标准化制定单位”，曾负责制定《深圳市高新区及工业园区物业管理标准》，从参与全国首部深圳团体标准《智慧城市系列标准》到发起成立深圳市产业园区发展促进会，再到和中国开发区协会达成战略合作，推动践行智慧园区开发运营与物业管理相关标准，不断探索园区管理的创新理念和发展模式，搭建园区标准服务体系，助力产业园区及企业发展。在转型升级过程中，科技园物业十分重视标准化建设，以国家标准、行业标准为主导，以国际标准、团体标准、企业标准为引领，不断提升服务质量，形成良好的品牌影响力和核心竞争力。园区在转型升级过程中，结合科技发展，跨界、融合、创新，不断发展和突破，将公司运营、物业服务、地产策划、招商引资、投融资服务、创新创业服务等服务内容完美融合到三网平台(PC 网络、手机 App、微网络)，打造“创梦云”创新服务平台和“梦生活”社区生活服务平台，基于服务平台和资源，形成了企业全生命周期、高新科技产业园区全价值链的标准化服务高效模式。

---

① 王莉．标准引领产业园区服务转型升级[J]．城市开发，2019(11)：56—57.

（三）以标准化协会为科技服务赋能的北京中关村模式

按照标准专利、标准创制、标准发布、产品检测、产品认证、产品贴标和客户采信“七部曲”模式，其打造了一条由技术转化为市场现实价值的有效通道，帮助企业实现技术专利化、专利标准化、标准市场化。

> **案例借鉴**
>
> 在抢占全球科技制高点的激烈竞争局面下，中关村标准化协会成立，通过瞄准中国在国际事实标准领域的空白和产业痛点，致力于率先建设成具有国际影响力的“国际事实标准组织”。战略委员会中有多位国家工程院士，成员主要由业内科技领域领先的产业联盟和园区科技企业组成，按照战略新兴和高精尖产业搭建了16个顶级分技术委员会，涵盖区块链、智能运输、细胞治疗、中医药畜牧业、智能终端与系统架构、汽车芯片、卫生与防护、先进制造、人工智能、智能物联、汽车新技术、企业云网融合12个产业方向[①]，对建设国际科技创新中心、世界领先科技园区具有重要的支撑作用，团队具有丰富的市场化和运营管理经验。“中关村标准”要建设成为国际知名的标准品牌，指标高于国标、行标、地标和其他一般性团标，通过搭建平台提供专业化服务，包括标准化培训、标准化信息服务、标准测试认证、标准化合作对接服务，等等，赋能科技型企业，培育一流标准，打造一流产品、服务一流客户。

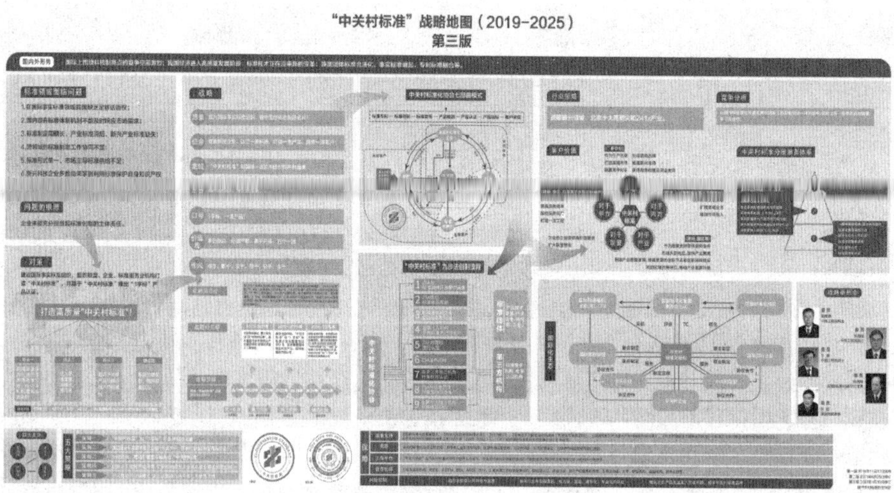

图1 “中关村标准”战略地图（2019—2025）

资料来源：中关村标准化协会

① 第二届中关村国际标准化主题周精设“标准盛宴”[J]. 中国标准化，2022(03)：33－35.

四、结语

总体而言，科技园区可通过对标找差距、定标立规范、提标促提质、创标出品牌等方式，横向瞄准国内外先进园区的标准化建设经验，纵向分析园区在运营服务领域一直存在和难以解决的问题，探索一套行之有效的符合园区实际发展、满足企业需求的标准化运营服务模式，从而为园区未来增添吸引力。

用好四张报表 做好园区工作

——引导园区开发建设主体做好相关工作

周思勰

企业的“四表一注”①体现了其最重要的财务状况，同时也为企业发展提供了最为基础的体检，从财务角度为企业的宏观战略和日常运营提供指导，是企业管理层做出决策的重要工具。在园区领域，也需要有定量化的报表来帮助园区开发主体更好地找准工作短板，对标报表要求，为园区各类工作提供更为落地的参考。

礼森智库认为，开发区综合发展水平评价表、地方政府任务分解表、地方国资委考核评分表和开发主体上市公司报表这四张报表能够帮助园区管理者全方位了解园区相关工作，通过量化方法推进园区发展。

一、开发区综合发展水平评价表

开发区综合发展水平评价表“管总体”，是对园区综合发展的全面评价，应当对园区战略制定和工作落地起到全局性的指导作用。

从国家到地方都会对开发区的综合发展水平有相应的量化考核方式，如国家级经济技术开发区综合发展水平考核评价、国家高新技术产业开发区综合评价、国家新型工业化产业示范基地发展质量评价，各省份对区域内的开发区也有相应的综合发展水平考核体系。这一系列的考核体系为各个园区提供了综合发展水平的评价表。

这一类的报表主要为园区提供综合发展水平的总体参照，以国家级经开区综合发展水平考核评价体系为例，其包含了对外开放、科技创新、绿色发展、发展质量和统筹协调五个领域，可谓是对园区整体发展的一张大体检表。这一类的报表在为园区提供全面的综合发展水平体检的同时，也会引导园区补全综合发展中的短板，利于园区不断提升自我。园区可以从以下几方面用好这一类报表。

一是对标最优和平均水平，找准自身发展位置。开发区综合发展水平评

① “四表”指资产负债表、利润表、所有者权益变动表、现金流量表；“一注”指财务报表附注。

价体系实质上是给了各个园区在全国(或全省)同类园区发展综合水平中一个坐标，让园区对自身发展水平有所参考。尤其是在某些体系中针对各项指标标明了最优值和平均值，这就给了园区在具体工作中提升的目标参照，通过瞄准相应指标目标，可以较好地制订各项工作计划。

二是明确发展方向，根据园区定位聚焦重点工作。在实际工作中，每个园区根据自身所在的不同园区类型序列参与相应的园区综合发展水平考核评价，如经济技术开发区参加全国的国家级经开区的考评，高新区参加全国的高新区考评。不同类型的园区综合发展水平考核评价，通过不同的指标体系设置和分数权重设置指明了园区发展的重点，如经开区的考评体系更注重外资外贸数据，高新区的考评体系更注重科技发展数据。分析好各类园区评价体系的权重比例，可以为园区明确发展定位，做好宏观战略工作以切实指导。

三是抓好统计工作，全面掌握园区内经济发展情况。园区可以在填报这一类报表的过程中，充分改进统计工作方式，更进一步掌握园区内重点企业、重点产业、重点平台的产出情况，更全面了解总产值、总营收、总税收等指标。尤其是针对市场化运营程度较高，以公司化运营为方式的园区，用好综合发展水平评价这张报表能够补全自身掌握园区经济生产情况的盲区，为进一步推进园区发展打好数据基础。

二、地方政府任务分解表

地方政府任务分解表“管发展”，开发区作为各地最重要的产业发展板块，各地政府会对园区工作提出各种强引领性的任务和要求。

地方政府任务分解表往往包含了经济发展和社会民生事务两个部分，构成了对开发区主要领导和管理团队的重要考核依据，也是地方政府基于全区域经济发展的宏观要求对各开发区改革创新、突破前进的重要要求。

从经济发展方面上看，相关指标往往和开发区综合发展水平评价的指标高度趋同，只不过在权重方面，可能会更加注重固定资产投资、外资外贸、国民生产总值、税收等指标。园区可以参照开发区综合发展水平评价的口径和要求，做好相关工作，满足地方政府对开发区经济发展的任务分解目标。除了这些“必选题”之外，地方政府往往还会对园区经济发展提出“附加题”，地方政府在经济发展方面可能加入诸如世界500强总部招引数量、高水平人才引入数量、重大技术平台建设数量等指标，这些特色化的经济发展指标也为园区的日常工作指明了重点，尤其需要各开发区根据要求仔细对照目标拟定翔实的工作落地方案和“施工图”。同时通过这些引领性指标的设置，园区可以充分理解地方政府对园区发展的愿景规划和期望期许，参照这些引领性指标落实具体工作，将能更好地服务当地。

从社会民生事务上看，地方政府会单列各类工作要求，如完善开发区内公共服务、保障基本社会民生、推动区域内精神文明建设等。有的地方还会将开发区内党建、社会服务等工作纳入相应表格中。

针对这一类的报表，各园区应当更加注重社会民生事务和经济发展指标的协同。随着产城融合脚步加快，做好园区的社会民生事务往往就是服务好园区的经济发展，同样，推进园区经济发展实质上就是在促进地方民生发展。重点需要关注诸如人才公寓、就业保障、园区生活服务等方面的指标，同时从这些与社会和经济发展紧密联系的工作入手，更有利于促进园区经济发展和社会民生安康。

三、地方国资委考核评分表

地方国资委考核评分表"管底线"，是地方国资委为了防止园区开发主体发生重大融资风险和经营风险而设置的重要底线型要求。

在全国绝大多数地方，园区开发主体都属于当地的城投，而往往开发主体又是当地的第一大国资。可以说开发主体的负债和盈利水平决定了地方国资能否稳定运营，决定了地方财政能否行稳致远。从财务管理角度来看，各地国资委对园区开发主体的主要考核在保值增值和负债率两个方面，对绝大部分地区的开发区而言，一定要守住园区开发主体的负债率这一底线，坚决防止发生系统性区域性债务风险。这就需要园区开发主体做好如下的工作。从廉政运行角度来看，园区的工程建设、招商引资、土地供应等工作属于腐败高发和多发领域，国资委对园区开发公司在经营过程上的合规性管理能够有效避免领导干部犯错，起到"不能腐"的作用。

一是对照资产负债情况，厘清开发公司经营产生的负债和因承担政府职能而产生的负债。通过对照国资委考核评分的要求，及时完成债务合规性的处理，注重防范各类风险。

二是对照资产运营情况，打造国有资产保值增值的各类制度性"基础设施"。各个园区开发主体掌握的资产大致可以分为能够提供持续性收入的厂房、楼宇以及不能够为园区提供长久现金流入的道路、桥梁等基础设施。开发主体应当基于不同类型资产情况，对照国资委的有关要求，设计好资产运营的基本制度。通过比对国资委对资产运营和盈利条件的要求，各开发公司能够准确把握适当的开发节奏，避免过度超前开发。

三是对照国资管理流程，筑牢开发区合法合规运营的底线。园区开发主体要同时对照纪委的纪律性要求和国资委的规范性要求，坚决筑牢反腐败的底线，注重用好现有制度，防止腐败发生。

四、开发主体上市公司报表

开发主体上市公司报表“管长远”，推动开发主体（开发公司）长远发展、多元化盈利，实现园区的健康发展。

尽管众多的园区开发主体仍然不是上市公司，但是随着我国园区管理体制的推开，尤其是“管委会＋公司制”模式的推进，各园区的开发公司正逐步脱离“平台公司”这一融资性概念，而转变为园区的运营公司这一独立的市场化概念。与此同时，随着园区开发主体融资的多元化需求，对外公开募集债券、IPO、发行REITs产品等方式日趋主流，园区开发主体需要直接面对社会大众，向社会大众展示相应的运营体系。开发主体上市公司报表实质上不仅仅是已经上市和准备上市的开发主体需要编制的，同时也是所有需要直面公众，促进自身长远发展的开发主体需要积极编制的。

一是对照“四表一注”为主的财务报表，做好开发主体业务经营工作。通过“四表一注”翔实的财务数据，做好财务分析与管理工作，充分了解开发主体的运营情况。尤其要注重开发主体融资成本、建设成本、投资回报率、现金回报率等指标，比照行业标准，推进开发主体资金高效利用，促进业务长远发展。

二是对照公司战略，做好开发主体各业务板块梳理工作。开发主体要从上市公司的层面出发，做好自身的公司战略（而不仅仅是园区的发展战略），理顺各业务板块关系，综合平衡各业务盈利模式和风险水平，完成自身公司业务的可持续发展。

三是对照管理方式，面向社会大众做好园区开发工作。园区开发不仅仅关系到园区开发主体和地方政府，同时关系到一个地方的众多企业和人才。园区开发主体的管理绝对不能是闭门造车式的自娱自乐，应当将重大的业务调整、治理结构模式、园区盈利模式等向园区内的所有利益攸关方公开，以求与园区企业和人才达成共同体式的发展模式，促进园区发展获得源源不断的动力。

五、全面用好四张报表扬长补短

开发区综合发展水平评价表“管总体”，地方政府任务分解表“管发展”，地方国资委考核评分表“管底线”，开发主体上市公司报表“管长远”。这四张报表构成了衡量园区发展的重要量化参考，也是指导园区做好相关工作的重要工具。

对于定位不明、方向不明的园区，重点关注开发区综合发展水平评价表，通过各类综合发展水平评价表和相关指标项，找准自身长处，精准把握园区发展前进方向。同样地，对于定位比较明确的园区，应当找准自身所要对照的报表，不要“跨行”参与不同类型的园区综合发展水平评价，更不要被不适宜自身的量表所束缚。

对于发展水平较高的先进地区园区，主要关注地方政府任务分解表和开发主体上市公司报表这两张表。先进园区是引领一个区域发展的，在全国范围内看这些园区可能已经到了“登峰造极”的地步。这时候就需要将更多的注意力放在地方政府任务分解表和开发主体上市公司报表上。一方面是瞄准省市两级政府的宏观战略，突出自身改革开放主阵地作用，承担地方发展的重要使命；另一方面是聚焦入园企业和人才，做精开发主体业务板块，以公众公司的方式更加平等地与企业和人才沟通，推动形成园区管理的共同体。

对处于转型升级期的园区，在关心地方政府任务分解表的同时，应更加关注地方国资委考核评分表。转型升级期的园区往往处于阵痛期，需要面临大量的土地二次开发和园区产业重整工作，这时候就更需要地方国资委考核评分表的指导。一方面是帮助园区管理好负债问题，促进园区有效降低融资成本，另一方面是防止园区在转型期出现大的融资性风险，保障园区转型过程顺利推进。

四张报表一起构成了透视园区发展的重要报表体系，是园区制定战略规划、运营策略的重要量化依据，也是政府和园区决策者的重要工作工具，建议园区工作者从用好四张报表起做好园区工作。

做强园区类资产是夯实中国特色估值体系的重要组成部分

周思勰

2022年8月，《求是》杂志发表了题为《努力建设中国特色现代资本市场》的文章，自此构建中国特色估值体系成为我国资本市场建设发展的重量级命题。与此同时，注册制改革、REITs扩容等一系列重要资本市场改革举措也被提上了日程。2022年下半年至今，中国特色估值体系已经得到了股票市场的充分关注，尤其是我国重点央企的市值实现了跨越。在构建中国特色估值体系中，园区类资产应当是必不可少的重要组成部分，需要进一步做强园区上市公司，支撑起我国国有资产的总量价值，做强国民经济的总"资产负债表"，夯实我国高质量发展基础。

一、园区类国有资产的特征

园区类国有资产是各地地方国资的基本盘，总量大、占比重。在我国近30年的快速城市化进程中，不少地区都通过开发区的形式推进成片土地开发，这使得各类园区成为我国城市化进程的最大受益者，同时这些园区的平台公司也成为地方国资最重要的组成部分。以上海市静安区为例，市北高新技术服务业园区的园区开发主体——市北高新集团在2021年底的总资产超过370亿元，约占静安区国有资产总额四分之一。

园区类国有资产正处于转型的关键时期。当前大多数园区类资产仍然体现在园区平台公司的资产负债表中，而园区平台公司往往被赋予更多的融资职能，而非资产管理职能。同时在清理地方隐形债的大背景下，现有园区平台公司急需重新厘清自身资产关系，转变原本粗放的园区资产运营和管理制度。

园区类国有资产流动性仍然不强。对于园区类资产来说，目前的流动性仍然偏低，没有能够充分发挥优质资产的作用。一方面，园区中存在大量的道路、桥梁等基础设施类的资产；另一方面，目前园区类资产中的主要类型——标准厂房和其他产业空间——从资产管理和估值角度上看，仍然处于没有被充分开发的状态，大量的厂房仍然处于较为低效的运营状态。

园区类国有资产的估值与当地经济发展联系不紧密。园区作为经济发展的主战场，园区类资产理应随着经济发展而实现增值，且估值的增幅应当与经济发展的速度保持同步。但是在目前绝大多数情况下，园区类资产没有能够实现较大规模的增值。这一方面是由国有资产特殊的成本法计量方式造成的，另一方面也是源于市场对园区类资产缺乏了解，使得园区类资产仍然没有能够成为主流的金融投资产品，没有得到资本市场的充分重视。

二、做好园区开发公司市场化运作关键

推动做好园区类资产估值体系，关键在于做强园区开发公司，推进开发公司市场化运作。

从宏观战略层面看，做强园区开发公司是走出“土地财政”迈向“股权财政”的重要通道。由于房地产目前面临的特殊问题，各地仰赖的“土地财政”日渐维系困难，有不少专家学者指出，要积极推动地方财政发展模式转型，形成“股权财政”模式，以与地方企业共成长的方式获取经济发展红利。园区作为企业重要生产资料——产业空间的提供方，天然地具有一手链接“土地财政”，一手链接“股权财政”的优势。做强园区开发公司可以借助资本市场打通“土地资产”和“股权资产”之间的壁垒，促进两者发挥自身优势，推进资产估值体系提升。

案例：张江高科对外投资情况

“截至 2022 年 12 月末，张江高科累计产业投资规模 [illegible]，其中，直投项目 52 个，投资金额 20.70 亿元；参加投资的子基金 24 个，认缴出资 60.45 亿元，撬动了 549.14 亿元的资金规模。已投项目市场表现突出，唯捷创芯、英集芯、赛微微电子、云从科技、益方生物和联影医疗等均在科创板上市。”——《张江高科 2022 年年报》

从财务报表上看，张江高科的“基金投资”项目由 2022 年年初的 4383598771.90 元增长为 2022 年年末的 5714774967.06 元，共增长约 13.31 亿元。这一增值毫不逊色于张江高科当年度 18.87 亿元的主营业务收入(即园区开发与房地产销售及服务业务)。根据会计原则不计入当期利润，但这一增长值很好地支撑了张江高科的市值。在 2023 年 4 月 14 日(年报发布日)，其市值为 257 亿元。

从中观执行层面看，做强园区开发公司成为推进开发公司市场化运作、提升园区资产估值的根本手段。一是市场化运作的开发公司能够成为公众公司，进一步强化公司在社会公众的知名度，为资产的流动性赋能；二是通过市场化运作能够不断修正自身的运营策略和财务监管制度，将自身打造成真正符合市场经济运行规律、符合现代资产管理体系要求的园区开发公司，从制度层面保障自身资产的持续升值。三是通过开发公司整合不同业务，提升

园区类资产的流动速度和变现能力，从业务组合上赋能园区类资产。

案例：外高桥集团股份非园区开发类业务占比

根据《外高桥集团股份有限公司2022年年报》，2022年度集团经营的物流贸易、制造业和服务业（含金融服务）这三大非园区开发类业务占到集团总营业收入的52.53%，超过了传统的工业房产租赁、商业房产租赁、转让出售等园区类产业地产项目。根据2023年年中的市场行情，其市盈率在A股房地产开发板块中排名第八。正是由于多样的经营方式和业务模式，使得外高桥集团股份这一上市公司摆脱了传统的房地产估值模式，实现了整体估值的提升。

从微观报表层面看，推进园区开发公司市场化运作可以进一步突破现有财务报表编制条件的约束，进而提升资产价值。当前绝大多数园区类公司资产管理和财务报表的编制方式都不是以提升资产估值价值为导向的，而是以保值和获取贷款为导向的，这就会造成园区类资产在财务报表端被严重低估。而由于园区类资产往往根据房地产行业相关规则编制财务报表，在现行的金融风险管控体系下，负债又往往被高估。另一方面，园区类开发公司在很多情况下会被理解为地方政府的“钱袋子”公司，丧失自身的独立性，进而与地方隐形债等问题挂钩起来，这样就又进一步损害了园区类资产的估值。故此要通过市场化的手段，进一步拥抱资本市场，引入资本市场的先进资产管理理念和估值体系，提升园区开发公司的总体估值。

案例：市北高新投资性房地产情况

根据《市北高新2022年年报》中合并资产负债表显示，市北高新集团在2022年度投资性房地产（即出租的各类产业楼宇和办公类楼宇）价值总计7865885987.25元，占其非流动资产的比例为73.47%，占总资产的比例为35.65%，是资产的绝对大头。而2022年，其总的出租的房地产建筑面积为390814.85平方米。粗略估算，每平方米的楼宇在资产负债表中的价值约为2.01万元。由于市北高新所持的绝大多数出租类办公楼宇等均位于地段良好的静安区，这一资产负债表中的价值严重偏离了市场估值。与之对比的是，同在上海中环附近的张江光大园公募REITs在2022年扩募进行资产评估时，其每平方米的估值为3.67万元，比市北高新在资产负债表中的价值高出约82.59%。充分说明当前园区类资产在现行的财务报表编制下被严重低估，急需进一步加快与资本市场对接，充分提升估值。

三、充分利用多种市场工具提升园区类资产估值

做强园区开发公司是提升园区类资产估值最重要的一步。建立在这一基础上，可以运用多种资本市场工具，进一步提升园区类资产的估值。

一是要把推动园区开发公司上市作为提升园区类资产估值最重要的工作。

一方面，上市公司可以通过公开渠道融资，降低园区开发公司的融资成本；另一方面，通过上市，可以让更多社会公众参与进来，充分发掘园区开发公司的运营亮点，进一步提升园区类开发公司的商誉。

二是要积极用好 REITs 等手段，盘活高出租率园区类资产。当前有大量的园区类资产沉淀在资产负债表里，而没有进一步盘活。通过 REITs 金融工具，可以充分发挥市场定价、专业评估的作用，推动原有的沉淀资产参与到当前市场交易中来，让市场充分发现价值。同时要用好 REITs 改革的东风，推进园区内的保障性租赁住房进入 REITs 市场，充分发挥 REITs 作用，推动保障性租赁住房建设资金回收。

三是要用好各类基金份额交易工具。在当前园区广泛持有风险投资基金份额的情况下，要积极盘活存量基金份额，充分利用北京和上海两大股权交易中心推出的私募基金份额交易托管等各项服务和工具，推进基金份额的市场化交易，进一步盘活园区持有的风投基金。

四是要用好各类组合式金融工具，研究监管政策，推出打包的资产包。充分与金融机构对接，用好当前各类的监管政策，打通从园区类资产到特定投资者和普通投资者的通路，以打包的方式，形成各种“荤素搭配”“肥瘦搭配”的金融资产包，对冲风险，提升投资者对园区类资产的购买意愿，推动园区类资产估值提升。

产业园区 REITs 估值影响因素分析

——以临港工业厂房公募 REITs 为例

叶　彬

一、公募 REITs 概况

(一)发行情况

公募 REITs 产品面世一年多备受资本市场追捧，截至 2022 年 11 月 3 日，市场上的公募 REITs 数量达到 23 只，发行总规模已超 600 亿元，资产类型涵盖保障性租赁住房、物流仓储、交通基础设施、能源基础设施、生态环保等，其中，产业园区类产品有 7 只，高速公路类产品有 7 只。

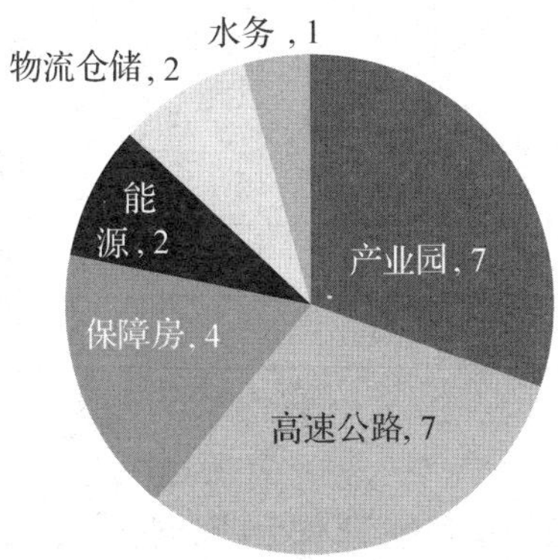

图 1　截至 2022 年 11 月市场上公募 REITs 产业分布情况(单位：只)

数据来源：同花顺

从二级市场表现来看，截至 2022 年 11 月 3 日，在可统计的公募 REITs 中，有 14 只公募 REITs 今年以来实现了正收益，剔除新上市的，今年涨幅最大的为华安张江光大 REIT，涨幅为 21.1%；上市至今，20 只产品平均涨幅达 26.12%，总收益超过 40%的公募 REITs 有 2 只，分别为回报 42.37%的华安张江光大 REIT，以及 42.17%的红土盐田港 REIT。

(二)产业园区类 REITs 发行情况

截至 2022 年 11 月 3 日，已上市的产业园区类 REITs 项目有博时蛇口产业园 REIT、华安张江光大 REIT、东吴苏园产业 REIT、建信中关村 REIT、国泰君安临港创新产业、国泰君安东久新经济、华夏合肥高新 REIT。

从基础资产总估值来看，各产业园 REIT 项目总估值基本满足监管的 10 亿元最低标准(国泰君安临港和东久分拆)，分布在 13—33 亿元之间；从实际募集金额来看，各产业园项目募集规模适中，集中在 15—35 亿元之间；从发行期限来看，产品期限均超过 20 年(含)。上市首日各资产均有一定涨幅，其中建信中关村 REIT、国泰君安临港创新产业、华夏合肥高新 REIT 均是 30% 涨幅开盘。

表 1 各产业园 REITs 概况

名称	城市	基础资产总估值（亿元）	实际募集金额（亿元）	基金存续期（年）	上市日期	首日涨跌幅
博时蛇口	广东深圳	25.28	20.79	50	2021 年 6 月 21 日	14.72%
华安张江	上海	14.70	14.95	20	2021 年 6 月 21 日	5.89%
东吴苏园	江苏苏州	33.50	34.92	40	2021 年 6 月 21 日	0.7%
建信中关村	北京	30.73	28.8	45	2021 年 12 月 17 日	30%
国泰君安临港	上海	7.3	8.24	43	2022 年 10 月 13 日	30%
国泰君安东久	上海	13.76	15.18	45	2022 年 10 月 14 日	27.15%
华夏合肥高新	安徽合肥	13.51	15.33	38	2022 年 10 月 10 日	30%

数据来源：同花顺。

二、对产业园项目估值的延伸和思考

目前，市场上主流的评估方法有成本法和收益法。评估机构往往根据项目的资产特点和实际状况，综合考虑项目所处区域、物业性质、特点及影响其市场价值的各类因素，采用收益法来评估项目的市场价值。

收益法评估下，项目的估值是未来净现金流的折现，未来净现金流的大小及稳定是影响项目估值的决定因素。

(一)未来现金流的大小角度

第一是出租率，出租率越高，租金收入、物业费等其他收入也越高；但当项目出租率进入到 95%以上，基本饱和，95%—100%存在一定的摩擦换租空间，所以我们认为，当一个项目出租率达到 95%以上，可视为满租状态，达到 90%以上可视为优秀。

第二是租金水平，从当前产业园公募 REITs 募集公告来看，比较多的是假设每年租金上涨 3%—5%；就和达高科目前实际运营情况，较大比例租户的租金水平每三年上浮 5%，部分租期三年以内租户，以签订固定租金水平为主。在出租率稳定的情况下，租金水平的上涨，有利于未来现金流的提高。

(二)未来现金流的稳定角度

一般来讲，租金水平是刚性的，引起现金流波动的主要因素是出租率；租户所属行业越分散，整个项目受到某个行业周期性影响就越小(系统性风险除外)；租户所租赁面积越小，客户数越多，整个项目对单个客户依赖性就越小，项目整体稳定性就越好；租户所签租赁期限越长，整个项目稳定性就越高。

上述是影响未来现金流的因素，除此之外，经营净现金流还受到项目运营成本及税费等费用的影响。

(三)运营成本的角度

一般情况下项目体量、运营团队能力及运营效率是影响项目运营成本大小的关键因素。

项目体量越大，运营成本越高；团队运营能力越强、运营效率越高，运营成本相对越小；但在所披露募集书的公募 REITs 案例中，普遍的做法是计提总收入(物业收入和租金收入)一定比例为运营管理费用。其他费用包括维修费、保险费及其他资本性支出等。

(四)税费的角度

税费是现金流出的主要扣减项，税费相对明确，比例和税种由税法规定；相关税项有增值税及附加、房产税、城镇土地使用税及印花税。

(五)折现率的角度

项目的价值是未来经营净现金流量的折现，上述探讨了影响经营净现金流的因素，是决定现金流折现公式中分子的大小；而现金流折现模型还要求对分子进行假设，参考市场机构的做法，折现率一般根据安全利率加风险调整值法进行确定，即：折现率＝安全利率＋风险调整值，其中安全利率一般选取评估基准日时点的十年期国债收益率水平，风险调整值根据项目所处地区的经济水平、资本活跃度以及项目本身状况等因素综合考量，一般情况下折现率在 5%—8%之间，理论反映了资本的机会成本或所期望的项目回报率。

三、案例：国泰君安临港创新产业园 REIT 估值分析

(一)概况

国泰君安临港创新产业园 REIT 是上海市地方国企、临港新片区第一单获批的公募 REITs，也是全国首单以标准厂房为基础资产的产业园公募 REITs。

数据显示，参照该基金 4.12 元/份的认购价格，临港 REIT 战略投资者、网下投资者和公众投资者比例配售前认购总金额达到 727 亿元，网下投资者创出 148.03 倍的认购倍数；公众投资者有效认购基金份额数量为 82.13 亿份，按照基金发售价格计算，公众投资者认购总规模为 338.39 亿元，对比本次公众投资者发售的初始基金份额数量 0.27 亿份，公众投资者的有效认购比例仅为 0.33%。意味着公众投资者 1 万块钱认购该产品，获配的金额将只有不到 33 块钱。

由于该只基金设置了 2 亿份的募集规模上限，预计发行规模最终为 8.24 亿元(不含认购费用和认购资金在募集期利息)。

(二)临港工业厂房项目概况

国泰君安临港创新产业园 REIT 的基础资产包含两个项目，临港奉贤智造园一期和临港奉贤智造园三期。

其中一期占地面积 68780 平方米，建筑面积 40799 平方米，包括 6 幢单层厂房、1 幢设备间及 1 幢门卫，项目定位为以工程机械为代表的现代装备制造业、新能源、新材料、节能环保等战略性新兴产业。

临港奉贤智造园三期占地面积 93805 平方米，建筑面积 72900 平方米，包括 11 幢单层厂房、1 幢多层厂房、2 幢配套用房及 2 幢门卫，项目定位为能源、交通行业的整车及零部件、大型船舶关键件、发电及输变电设备、海洋工程设备等装备产业基地。

表 2　基础资产概况

基础设施资产	地址	开始运营时间	占地面积(m^2)	总建面积(m^2)	资产范围	租户数量	出租率	评估值(万元)
临港奉贤智造园一期	上海临港	2013 年 11 月	68780	40799	6 幢单层厂房、1 幢设备间及 1 幢门卫	7 个	100%	26000

续表

基础设施资产	地址	开始运营时间	占地面积（m^2）	总建面积（m^2）	资产范围	租户数量	出租率	评估值（万元）
临港奉贤智造园三期	上海临港	2017 年 6 月	93805	72900	11 幢单层厂房、1 幢多层厂房、2 幢配套用房及 2 幢门卫	15 个	99%	47000

数据来源：基金招募说明书，下同。

从租客来看，两个项目租户分别为 7 个和 15 个，单个租户平均租住面积为 5828 平方米和 4860 平方米，目前出租率基本 100%，出租率较高。

从项目历史运营来看，临港一期在开园即达到了 69%的出租率，在第三年达到了 95%；临港三期在开园 6 个月达到了 53%的出租率，第三年达到了 69%，出租率爬坡较快，储备客户充足，招商运营方面值得借鉴。

表 3　项目出租率情况

时间	临港奉贤智造园一期（2013 年 11 月开始运营）	临港奉贤智造园三期（2017 年 6 月开始运营）
2013 年末	69%	—
2014 年末	44%	—
2015 年末	95%	—
2016 年末	95%	—
2017 年末	100%	53%
2018 年末	100%	58%
2019 年末	98%	69%
2020 年末	100%	89%
2021 年末	100%	99%

从现金流的角度来看，随着出租率的提高，营业收入快速攀升，而主营业务成本相对稳定在 1000 万元左右，毛利率从 2019 年的 72%到 2021 年 79%。经营净收入持续增长，但 NOI/主营业收入在逐渐走低，侧面说明经营质量逐渐在走低。

表 4　项目经营指标情况　　　　（单位：万元）

	2019 年	2020 年	2021 年
主营业务收入	3526.74	3383.5	5106.06
主营业务收入(不含税)	3235.54	3104.13	4684.46
主营业务成本	937.68	1065.26	1024.81
EBITDA	3002.58	2950.82	4530.43
经营净收入(NOI)	2902.52	2593.13	3244.07
NOI/主营业务收入	82.3%	76.6%	63.5%

从租期来看，项目签约三年以上的占比高达 95%，其中五年以上的占比 70.56%，客户的稳定有利于项目收入的稳定，进而有利于项目估值的提高。

表 5　租户租赁年限分布

租赁合同签约期限	租赁面积(m^2)	占比(%)
3 年以内(含)	5178.78	4.65
3—5 年(含)	27634.93	24.8
5 年以上	78630.83	70.56
合计	111444.54	100

临港奉贤智造园一期共出租了 7 个企业租户，租户产业分布相对多元化，占比最高的细分行业为汽车装备，高达 64%，对汽车行业依赖度略微偏高，其他为生物医药 12%、高新材料 12%及精密机械 11%。

表 6　按行业分类租户租赁面积占比明细如下

租户行业	租赁面积(m^2)	面积占比(%)
汽车装备	25393	63.77
生物医药	4968.43	12.48
高新材料	4968.43	12.48
精密机械	4487	11.27
合计	39816.86	100

在客户分布方面，最大客户租赁面积 20464 平方米，占比项目总量的 50%，单一客户占比较高，但其租赁期相对稳定且时限较长。

表 7　入驻租户面积及租赁期限情况

承租方	租赁面积(m^2)	租赁期限(年份)
租户 A	20464	2016—2027
租户 B	4968.43	2021—2025
租户 C	4929	2017—2027
租户 D	4548.43	2021—2031
租户 E	3489	2018—2023
租户 F	998	2020—2030
租户 G	420	2020—2025

临港奉贤智造园三期共 15 名企业租户，客户群体相对多元化，整体租赁期限分布合理，租金收入相对平稳。客户产业分布相对分散，单行业占比最大为 40%，为精密机械，其次为高新材料 35%，项目整体不存在对单一行业的依赖，受到行业波动性相对较小。

表 8　按行业分类租户租赁面积占比明细如下

租户行业	租赁面积(m^2)	面积占比(%)
精密机械	28651.78	40
生物医药	8838.4	12.34
高新材料	24812	34.64
环保设备	5031	7.02
其他	4294.5	6
合计	71627.68	100

租户面积分布来看，该项目前十大租户，最大租赁面积为 21891 平方米，占项目体量的 30%，其他客户租赁面积相对均匀，在 5%—10%左右，整体比较分散，是一个比较好的客户分布，租金收入波动性相对较小，稳定性较高。

表 9　入驻租户面积及租赁期限情况

承租方	租赁面积(m^2)	租赁期限(年)
租户 A	21891	2017—2027，2019—2029，2020—2029，2021—2030
租户 B	7638.4	2020—2030，2021—2030

续表

承租方	租赁面积(m^2)	租赁期限(年)
租户 C	6918	2022—2027
租户 D	4833	2017—2022
租户 E	3703.5	2021—2024
租户 F	3667	2017—2022
租户 G	3517	2017—2026
租户 H	3517	2018—2027
租户 I	3495	2017—2027
租户 J	3450.78	2022—2023

在客户租金收缴方面，项目收缴率较高，基本完全收缴。拖欠率及坏账率较低。2021 年收缴率下降主要因为部分租户欠租。

表 10　租金收缴率情况

序号	物业名称	2019 年	2020 年	2021 年
1	临港奉贤智造园一期	100%	100%	100%
2	临港奉贤智造园三期	100%	100%	96.27%

在三费方面，该项目有管理费用和财务费用两项，其中财务费用占比较高，但总费用合计占营业收入比例逐年下滑，从 2019 年 28.6%下降到 2022 年一季度的 5.9%，主要得益于项目现金流入提前偿还贷款。

表 11　近三年项目期间费用情况

项目	2021 年		2020 年		2019 年	
	金额（万元）	占比（%）	金额（万元）	占比（%）	金额（万元）	占比（%）
管理费用	68.49	18.54	125.07	16.04	120.86	13.04
财务费用	300.98	81.46	654.65	83.96	806.22	86.96
期间费用合计	369.47	100	779.73	100	927.08	100
期间费用占营业收入比例(%)	7.89		24.54		28.65	

从利润表来看，该项目营业毛利率近三年稳定在 65%以上，净利润率 2021 年达 56%，净利率水平较高。由于项目属于重资产投资，该项目资产收

益率一般。

表 12　项目最近三年经营指标情况

项目	2021 年	2020 年	2019 年
营业总收入(万元)	4684.46	3177.22	3235.54
营业总成本(万元)	1444.86	1885.69	1901.95
其中：营业成本(万元)	1024.81	1065.25	937.68
营业利润(万元)	3231.57	1291.53	1306.83
净利润(万元)	2635.13	970.68	1071.25
净利润率(%)	56.25	30.55	33.11
营业毛利率(%)	78.12	66.47	71.02
总资产收益率(%)	7.12	2.27	2.04
净资产收益率(%)	20.73	4.19	3.12

注：营业毛利率=(营业总收入－营业成本)/营业总收入×100%
　　净利润率=净利润/营业总收入×100%
　　总资产收益率=净利润/平均总资产×100%

(三)项目的估值情况

在项目底层资产方面，项目成本为 36805 万元，扣除折旧摊销后账面价值为 32157 万元，基准日评估价值 73000 万元，增值率 127%。

表 13　各个物业资产的总投、账面价值、估值情况

基础资产项目	项目总投	账面价值(2022 年 6 月末)	评估价值(2022 年 6 月)	评估增值率
临港奉贤智造园一期	12119 万元	9634 万元	26000 万元	170%
临港奉贤智造园三期	24686 万元	22523 万元	47000 万元	109%
总计	36805 万元	32157 万元	73000 万元	127%

项目资产账面价值按照成本法计量，为初始投入价值；而评估价值则依照收益法的方式进行估值，更接近市场价值。账面价值与评估价值差异的原因主要是由于基础设施资产在会计报表中未做公允价值调整。

1. 项目资产评估的参数假设

在项目评估价值方面，该募集说明书中介机构假设项目租金年增长率 3%—5%，跑赢通胀水平，假设的折现率为 8%(稍微偏高)，未来长期稳定出租率约 96%。

表 14　基础设施资产所采用的评估参数情况

物业名称	市场平均租金(元/m^2·月)	增长率	折现率	长期稳定出租率
临港奉贤智造园一期	33.10	3%—5%	8%	97%
临港奉贤智造园三期	33.10	3%—5%	8%	95%

2. 项目资产的资本化率

资本化率(Cap Rate)是将纯收益资本化(或转化)为价格的比率，用于衡量不动产投资的收益率，计算公式：资本化率(Cap Rate)=经营净收入(NOI)/不动产价值(或成本)×100%。资本化率作为不动产投资领域的重要参数被广泛使用，其中不动产的类型、所属区位、租户类型、租约结构等因素均会影响资产的价值。

表 15　项目的资本化率情况

资本化率	2021 年(实际值)	2022 年(预测值)
临港奉贤智造园一期	5.36%	5.37%
临港奉贤智造园三期	3.94%	5%
资产包合计	4.44%	5.13%

在衡量该项目投资收益率方面，该项目 Cap Rate 2021 年实际值为 4.44%，2022 年预测值为 5.13%，从经验来看该数据偏低，但符合一线城市地区水平。

园区精准安全管理(PSM)

——新方法开启产业园区安全风险管控新篇章

蒲雅丽

安全是园区发展不容忽视的底线。二十大报告中“安全”一词贯穿全篇，出现91次，凸显安全之重。砥砺前行几十年，园区在开发建设过程中面临着各类安全风险，同时衍生出各种不断丰富安全管理内涵的有益实践。随着数字智能技术和安全管理理论的不断迭代更新，使安全风险的治理更趋精准化，亦使管理人员可以在精准的信息中追求更加精准的安全管理和风险控制。安全风险管理的终极目标在于精度。开发安全风险精准防控新方法，是安全管理的必然趋势。新形势下，一种新兴的安全管理方法——精准安全管理(Precision Safety Management，以下简称“PSM”)①应运而生，将为园区夯实安全底色带来新的思路。

一、PSM是什么?

PSM是精度和安全管理的结合。精准的本质是在推进管理的过程中把握精准、准确、有效。其关键是要找到并确定解决问题的关键点，并根据这些关键点采取措施，有组织、科学、高效地推进管理工作。当前，园区发展中面临的自然灾害、公共卫生、社会安全、施工建设、安全生产等领域安全风险的精准防控程度直接影响到化解安全风险的有效性和安全风险抵御能力。在现有基础上，将精准化概念引入安全管理便产生了新的管理方法——PSM，即安全管理主体借助数字技术、智能技术、通信技术和多媒体技术的运用，通过数据、事实、分析和演示方法获得安全信息、安全智能和安全智能产品，控制区域内人、物、环境、管理人员面临的安全风险的过程。精准安全是精准时代安全管理的核心，精准防控安全风险是PSM研究的切入点，信息技术的进步则是有效实现PSM的主要驱动力。

① Wang Bing. 2023. Precision safety management (PSM): A novel and promising approach to safety management in the precision era.

二、PSM 为园区安全管理带来新的思路

(一)PSM 理论框架

PSM 贯穿园区安全管理全过程。实现园区精准安全管理的目的在于利用最佳的技术工具和最精准的信息，把握园区内风险管理对象(如人员流动、建筑施工、企业生产、公共设施、信息网络等)的性质和发展趋势，实现安全风险的早期识别和危险点的搜索，使管委会、平台公司等安全管理主体可以在较短时间内有效控制风险，预防和减少事故的发生。只有将园区涉及的安全问题与解决方案、安全需求与服务供给、安全目标与实施手段之间精准匹配，基于安全智能技术进行精准安全识别、精准安全预测、精准安全决策、精准安全执行，才能实现安全资源的最佳利用，将风险降低到可接受程度。

PSM 理论框架中强调了“四个精准”——管理主体的精准定位、安全风险的精准研究与判断、科学手段的精准识别、精准过程的动态保障，实现安全风险的早期识别、及时防控，以及对安全风险全过程的反馈跟踪和动态监测。

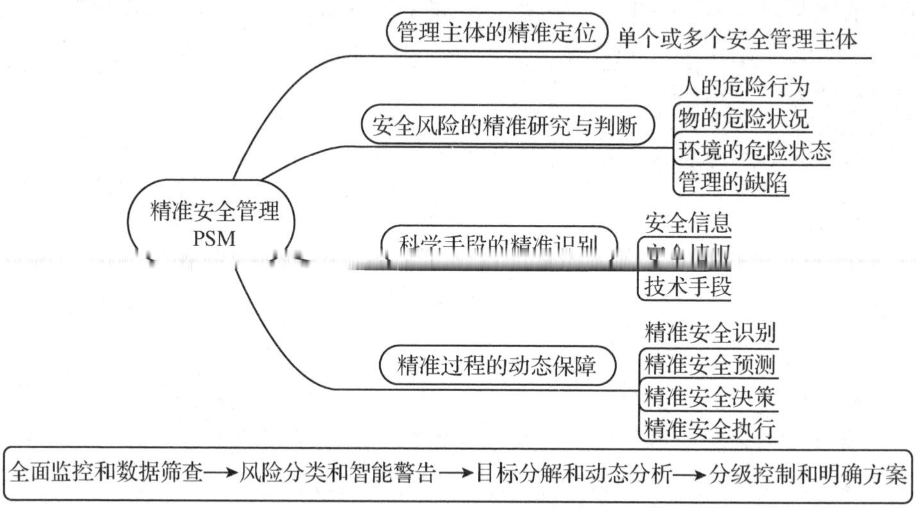

图 1　PSM 理论框架图

管理主体的精准定位：从园区层面来说，安全管理的主体一般情况下不唯一，面对复杂的安全问题，多是园区管理层(管委会/平台公司)、企业、各相关领域专家群策群力，共同治理。在这种情况下，就需要对各管理主体的职能进行精准定位，协同管理。

安全风险的精准研究与判断：对于园区来说，安全风险多集中在建设施工、企业生产、公共设施以及个人的各种不安全行为。一般管理过程和风险

防控早期阶段是通过安全风险信号强度进行追溯和预警，但碎片化、模糊性的信息易导致管理主体的忽视和误判。因此，安全风险的精准研究和判断，是指借助安全智能和数字智能技术对安全管理过程进行全面、精准的描述。将安全管理重点放在预防和源头管理上，强化本质安全。

科学手段的精准识别：智能化技术的日新月异给安全管理人员带来了诸多便利，不仅可以将安全相关的信息数字化和可视化，还可以全面、精确地描述安全管理环境和过程。但数字算法和大数据对人类的模拟分析无法精准预测人们的思想活动。在 PSM 过程中，管理者在安全管理过程中，需要依托自己的思维、认知和动机，利用好智能化手段，拓宽信息采集渠道，提高安全信息的质量，深化安全信息的分析，而不是完全依赖科学技术手段。

精准过程的动态保障：园区的安全风险错综复杂，追求园区精准安全，既要全面把握园区安全的总体任务，又要精准识别出重大问题。PSM 强调通过精准安全识别、精准安全预测、精准安全决策、精准安全执行四大过程，从识别—预测—决策—执行，分级管控，全过程保障安全管理流程的有序进行。

(二)园区 PSM 模型

PSM 的本质是收集、分析和处理安全信息以获取安全情报的过程，并应用安全情报来识别和控制安全风险。园区安全管理主体积极主动地处理安全风险演变产生的信号，收集各种早期迹象、数据和信息。园区安全管理主体可以通过信号分析发现诸如安全生产、火灾等预警信息，并迅速转化为有价值的安全情报，然后借助数字智能技术和安全智能化手段，防止安全风险发展为事故。基于园区安全信息传输链＋信息分析的概念，园区安全管理主体可以构建形成园区 PSM 模型。

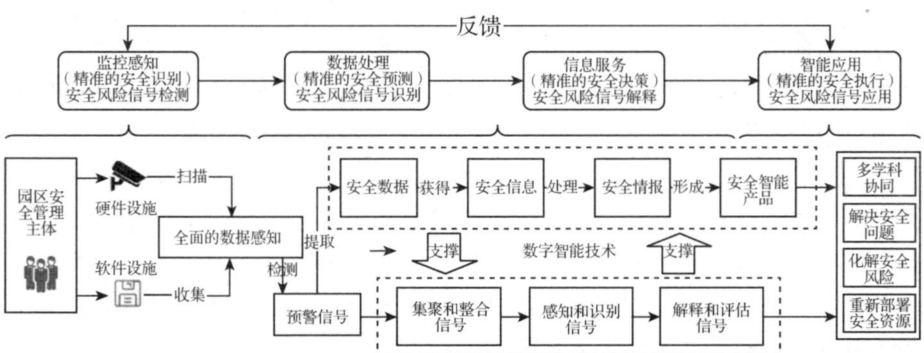

图 2　PSM 模型

该模型主要以精确安全识别、精确安全预测、精确安全决策、精确安全执行为主线，由监测感知、数据处理、信息服务和智能应用四大板块组成。首先，基于与数字智能技术相关的专用设备，如远程监控、环境感知、自动报警设备等，园区安全管理主体实时管理和连接管理对象，主动收集和整理安全风险信号点；然后通过数字智能技术确定微弱信号的真实性，并使用大数据技术处理多源异构数据，选择合适的分析方法(例如模型计算)将数据整合，以可视化形式输出安全信息(例如，图形和报告等)，便于安全风险信号的有序处理和消除虚假安全风险信号；再者，园区安全管理主体借助数字技术对安全信息进行处理和分析，获取安全情报，预测安全风险的存在、影响水平、爆发和主要特征，并对安全风险进行分级和科学决策；最后，园区安全管理主体根据安全风险信号识别风险因素，综合分析内外部环境的变化(如人、物、环境、管理等)，及时感知安全风险的变化，形成不同的安全智能产品，并传递给下属部门。园区内不同的风险管理主体根据可能存在的共同或不同的安全问题，精准定位，制定安全管理方案和对策，实现高效、差异化的安全管理。在此基础上，将安全风险信号分析和智能应用效果的结果存档，以进一步优化安全风险预防和系统化控制。

三、PSM 在园区安全风险管理中的有益尝试

某化工园区基于 PSM 理论，应用数字化智能技术建立了一个智能精准的安全风险防控模型，整体架构按照感知层、操作层、管理层、控制层多层布局设计，与企业、园区、政府安全管理相关主体协同。平台覆盖危险化学品生产、储存、利用、运营、运输全产业链，实现全面精准的信息获取。

感知层是在智能技术的支持下，实现对多源设备、异构系统、操作环境、人员、库存数据的全面感知，并展示设备的实时状态和运行模式，增强对危险过程的监控；操作层是结合智能技术，扫描采集系统中的体征、症状和线索，检测预警信号；管理层人员基于思维和认知，借助先进的算法技术等智能手段分析拼凑在一起的安全信息(例如采集关键设备的水、电、火、安等数据)，识别微弱信号的真实性，实现安全风险信号的解读，预测安全风险的演变趋势，提炼出有效的安全情报；控制层根据后果的可能性和严重程度对风险清单进行分类分级，细化各层级安全管理人员和操作人员的安全风险责任清单，并与操作人员检查系统相结合。通过智能巡检，构建安全风险分类管控的差异化管理体系，危害调查管理，实现智能预警。

通过分析可以发现，智能技术应用于化工园区能显著提升精准安全管理各个环节的能力，增强化工园区运营效率。通过增强园区内安全风险管理的

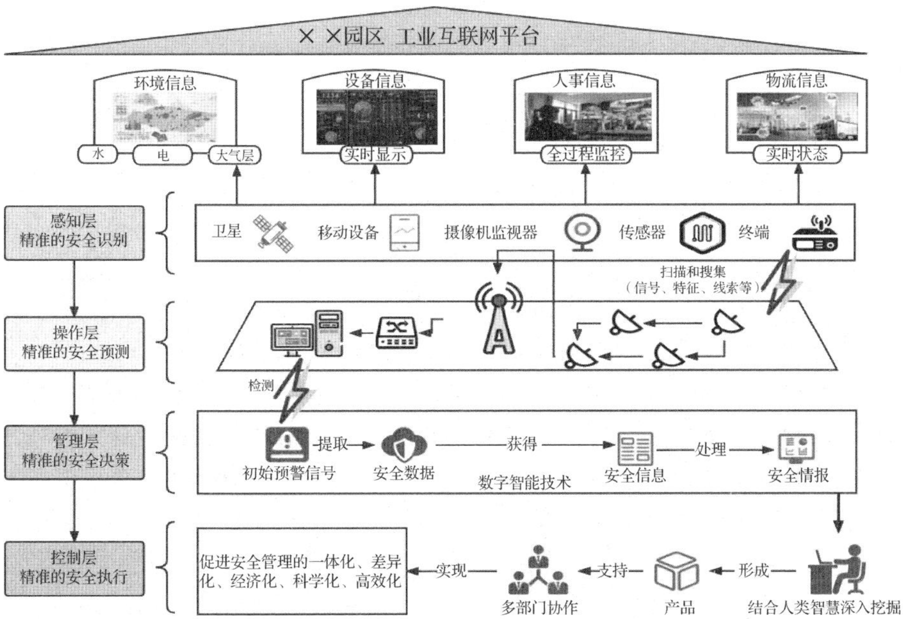

图 3　某化工园区精准安全风险防控体系架构图

多元协同，逐渐减少园区碎片化安全管理模式，提升安全管理的系统化改造，从源头上防范化解安全风险。

数字智能时代带来了与安全管理相关的思维和技术的变化。PSM 突破传统安全管理范式，拓宽了安全管理的视野和深度，极大促进了智能化、精准化安全风险防控模式的形成，是对传统安全管理体系的有益补充和完善。产业园区作为城市发展重要一环，安全之重无须言说。当代产业园区种类繁多，产业特色、入驻企业、生产技术的差异导致面临的安全风险各有不同，唯有将安全风险管理的理念深入，用好用活科技手段，不断优化安全管理体系化建设，才能真正做到防患于未然。

如何打造一座加氢站

——加氢站产业研究

刘尚博

氢燃料汽车作为一大重要应用场景，其推广对于临港新片区氢能产业起量发展有重大推动作用。临港新片区拟在5年内推广1500辆氢燃料汽车。以加氢站为代表的基础设施的缺乏是氢燃料汽车推广的一大阻碍，加氢站建设被提上了日程。加氢站中，在加氢站当场制氢的制氢加氢一体站也成为了热门话题。本篇文章契合新片区需求，对加氢站展开产业研究并分享世界上制加氢一体站的案例。

一、加氢站产业链

加氢站有多种类型。从建设形式可以分为固定型和撬装式，从站内储氢形态可以分为气氢加氢站和液氢加氢站（液氢加氢站也分为液态直接加注和液氢气化加注），从氢气来源可以分为外供氢加氢站和内制氢加氢站（制氢加氢一体站）。

不同类型的加氢站运行流程不相同。液态加注的加氢站运行流程相对简单，外部的液氢卸装到站内储氢装置然后直接加注入车内，与加油站运作流程相似。气态加注的加氢站步骤略多。液态储氢气体加氢站的步骤是外部液氢卸装存储、汽化、压缩、加注；外供氢加氢站的流程是卸装、压缩、储氢、二次压缩、加注；制加氢一体站的步骤是制氢、纯化干燥、压缩、加注。

根据运行流程，加氢站一般有六大组成部分：制氢/运氢系统、纯化系统、压缩系统、存储系统、加注系统和控制系统。其中控制系统包括纯化系统、压缩系统、存储系统和加注系统。六大部件里纯化系统是制氢加氢一体站独有，而液态加注加氢站不需要压缩系统。

表1　不同类型加氢站结构

	液态加注	液态储氢气态加注	外部运氢	加氢制氢一体站
制氢/运氢系统	√	√	√	√

续表

	液态加注	液态储氢气态加注	外部运氢	加氢制氢一体站
纯化系统	×	×	×	√
压缩系统	×	√	√	√
存储系统	√	√	√	√
加注系统	√	√	√	√
控制系统	√	√	√	√

每一个系统又分为多个设备及零部件。制氢的设备是电解槽，常用的有碱性电解槽和质子交换膜电解槽；运氢可以用车辆运输也可以用管道运输；压缩系统主要设备是压缩机；存储系统包括储氢罐和冷却系统；加注系统包括二次加压泵、蓄压器、加注单元、喷嘴等。

加氢站产业龙头企业是加氢站的建设以及提供解决方案的企业。六大系统里，加注系统一般由龙头企业自己研制，而剩余四个系统(不包括控制系统)既有由龙头企业自行提供也有向外采购。龙头企业里也既有专注于加氢站建设的企业，如我国的氢枫以及法国的 Ataway；也有兼具制氢和/或储氢的企业，如我国的舜华、挪威的耐欧以及美国的康明斯。

表 2 国内加氢站龙头企业

	企业名	所在地	是否有制氢业务?
国内企业	氢枫	上海	否
	舜华	上海	是
	美锦能源	山西	是
	派瑞华	北京	是
	亿华通	北京	否
	厚普股份	四川	否
国外企业	液化空气(Air Liquide)	法国	是
	空气产品(Air Products)	美国	是
	Ataway Hydrogen	法国	否
	Calvera	西班牙	否
	Fuel Cell System Ltd	英国	否
	汉斯克(Haskel)	美国	否

续表

	企业名	所在地	是否有制氢业务?
国外企业	Hydrogen Refueling Solutions	法国	否
	林德(Linde)	美国	是
	Logan Energy	英国	否
	Maximator Hydrogen	奥地利	否
	麦克菲(McPhy)	法国	是
	耐欧(Nel)	挪威	是
	PDC	美国	否
	Resato International BV	荷兰	否
	OneH2	美国	否
	Sera Group	德国	否
	WEH	美国	否

二、制氢加氢一体站

制氢加氢一体站成为国内外正在探索的一种新的加氢站模式，这种加氢站顾名思义就是在加氢站当场制氢。从表 2 可以看出，有不少加氢站头部企业兼有制氢业务(其中有不少企业主营制氢)。而部分没有制氢业务、专攻加氢站的企业也和制氢企业合作建设制氢加氢一体站。

(一)一体站建设意义

制氢加氢一体站的提出来源于传统的外供氢加氢站的局限。

传统加氢站需要将其他地方制得的氢气运至加氢站供加注。目前运输路径主要有车辆运输和管道运输两种。

车辆运输是目前主流的氢气运输方式，使用的车辆是特殊气罐车。车辆运输风险较大：氢气是密度最小的气体，极其容易逃逸，加上一般运输路途遥远用时长，要保证长时间的完全密封是具有挑战性的。氢气也是极其易燃易爆的气体，这对于安全性提出了更大的挑战。氢气一般需要高压存储，这对于气罐车的抗压性也提出了不小的挑战。

相比之下，管道运输速度快、密封性好，泄漏风险低于车辆运输。然而，管道的路径和终端固定，每建一座加氢站就需要一段新的管道，一旦加氢站需要拆除或者迁址也需要对管道进行大量拆除以及重新规划。这为管道运输增加了难度。同时，管道对于耐久度的需求高于运氢车，而氢脆现象则是对输氢管道耐久度的考验，为管道的材料选择增加了难度。

车辆运输风险高、难度大，管道运输也存在困难，氢气运输成了加氢站建设应用中遇到的瓶颈。制氢加氢一体站当场制氢当场使用，规避了运输的过程，因此世界各国开始积极规划实践。

(二)技术路径

制氢加氢一体站从制氢方式划分主要有两种技术路线：电解水制氢以及化合物分解制氢。

1. 电解水制氢

电解水制氢加氢一体站是受关注最多的一种技术路径。电解水制氢由于其制氢过程零排放的特点成为全球氢能产业的重点发展方向。电解水制氢加氢一体站用电解槽进行当场制氢，通过纯化加压后加注入车内。

电解水制氢加氢一体站在欧美已经有一定程度推广。欧洲是最早推广制氢加氢一体站的地区之一。挪威、德国、法国等国家都有制氢加氢一体站的建设，我国制氢企业派瑞也与德国一座加氢站签署了提供电解槽的协议。欧洲制氢加氢一体站的领先企业是法国的麦克菲。2017 年麦克菲建设了法国第一座电解水制氢加氢一体站 FaHyence 项目，该项目由麦克菲自制的 McLyzer 20—30 电解槽制氢供氢，每天可生产 40 公斤氢供 25 辆车使用。2019 年麦克菲发布了法国第一座服务于公交车的制氢加氢一体站 SMT AG。该项目由一台 0.5MW 的电解槽供氢，每天产量为 200 千克，可为 6 辆大巴供氢。液态空气以及康明斯等兼具电解槽和加氢站业务的欧美企业也都有在欧洲建设相关项目。其中康明斯在比利时安特卫普建立了船舶专用的制氢加氢一体站。在另一个新能源高地加州，也有 4 座制氢加氢一体站建成。

我国在电解水制氢加氢一体站领域尚处于起步探索阶段。目前位于内蒙古鄂尔多斯的圣圆能源制氢加氢一体化项目已经“开车”成功。海马汽车与中国航天科技集团在海口合作建设光伏制氢加氢一体站，于 2021 年 12 月落成。

然而，电解水制氢也面临不小的难题。首先是成本层面。据统计，电解槽占整个加氢系统成本的 54.9%，高于其他所有部件成本之和。其次是技术层面。案例可以看出，一体站的单日供氢量并不高。以 FaHyence 项目为例，单日 25 辆的成绩对标加油站在市区或者高速公路每日动辄数十甚至数百辆车的客流量难以满足，一旦氢能源汽车起量发展电解槽的效率需要大幅提升。中国的电解槽产业相对落后，目前尚未出现类似麦克菲或康明斯的大型制氢头部企业。最后是政策层面。氢气在我国属于危险化学品，必须在工业园区制备，居民区、公共设施、重要交通干线附近更是明令禁止危险化学品的生产存储等业务。氢的监管也十分复杂，涉及安全生产监督管理部、公安机关、质监部、卫生管理部门、环境管理部门、工商行政管理部门等多部门，增加了沟通协调的难度。

2. 化合物分解制氢

这个技术路径指的是在加氢站当场分解化合物生成氢气。化合物的选择以氨和甲醇为主。

氨制氢的原理是将液氨在常温下加热至800—850摄氏度，在镍基催化剂作用下分解成氢气和氮气，反应方程式 $2NH_3 \longrightarrow N_2 + 3H_2$。氨气成本低，运输技术成熟，运氨车单次运输氨气可制得的氢气多于运氢车单次运输的氢气，分解制氢不产生二氧化碳，这些都是氨制氢的优势。

氨制氢加氢一体站在国内已经有案例。全国首座通过分解氨实现制氢加氢一体化的加氢站示范项目于2022年8月在福州长乐建成，该项目是中国石化销售股份有限公司和福州大学战略合作的成果，目前已经投入使用。

甲醇分解制氢先用二氧化碳和氢气化合为甲醇，运送至加氢站后当场以水蒸气重整的形式制氢。反应方程式 $CO_2 + 3H_2 \leftrightarrow CH_3OH + H_2O$，理论上储氢过程吸收的二氧化碳与甲醇制氢产生的碳排放相当，全过程碳中和。

甲醇制氢加氢一体站在2022年北京冬奥会期间就已经有示范项目。该项目名为"阳光液体氢气站"，由中国科学院李灿院士牵头，中国科学院大连化学物理研究所张家刚研究所和中国国际海运集装箱安瑞泰克公司联合开发，用撬装式集装箱部署在港口和公交车终点站，产能为50—100公斤/天。

化合物分解制氢本质为化学储氢，可以避开对于制氢的监管。氨和甲醇的运输较运氢更加成熟，成本也更低。然而，这一路径也面临着成本和技术方面的挑战。氨和甲醇的制备都需要氢气。如果要满足低碳发展要求则也需要以电解水制氢作为基础，并在后续叠加运输以及站内分解的成本，甲醇路径甚至会牵涉同样技术不成熟、成本高的碳捕捉，这使得这一路径成本问题更加严重。这些潜在问题意味着化合物分解制氢只能作为短期内应用场景发展期间的过渡和探索。

三、总结

加氢站对于氢能应用场景的拓展起着重要支撑作用。其中制氢加氢一体站相比于传统外供加氢站省去了运氢的步骤，规避了运氢过程中可能出现的泄漏以及安全问题，是有积极意义且值得推进的。然而，一体站在政策、技术和成本三方面都遇到了挑战，需要在政策、产业、技术等多方面多措并举攻克难关。

在政策层面，制氢加氢一体站的推广需要专门的政策研究。针对当前的管制，建议分三步走逐渐放开监管，普及制氢加氢一体站。第一步：由管委会牵头，中石化、国家电网等央企为建设主力，各监管部门参与建设电解水制氢加氢一体化示范站；第二步：以示范站为模板开启一体站招投标，对中标企业在项目的建设以及运营上加强安全监管；第三步：在以上实践过程中逐步形成制氢加氢一体站规范并成文发布。一体站只是制氢开放第一步，之后制氢加氢一体站的经验可以应用于分布式能源储能等更多领域。

技术和成本是高度绑定的。一般来说新产品成本降低都是在其技术成熟并且广泛市场推广之后达到的，风电和光伏就是例子。我国氢能产业链尚处于成型阶段，电解槽产业尚不成熟，目前尚未出现类似耐欧、康明斯、麦克菲的世界领先电解槽企业。这方面新片区一是要促进产学研融合，助力类似交大氢晨的产学研项目诞生发展；二是发挥产业培育以及新兴企业孵化作用，培育电解槽产业；三是注重招商，招引派瑞、耐欧等国内外龙头企业。在招商、培育企业建设的同时也要注重应用场景开发拓展，让上游制氢企业有市场因而愿意发展、愿意入驻。

政策研究探影响

我国各省市未来产业发展政策对比分析

范媛媛

《中华人民共和国国民经济和社会发展第十四个五年规划和2035年远景目标纲要》明确提出，国家将在类脑智能、量子信息、基因技术、未来网络、深海空天开发、氢能与储能等前沿科技和产业变革领域，组织实施未来产业孵化与加速计划，谋划布局一批未来产业。目前国内对未来产业尚未有明确的定义，结合国内外政府、产业界、学术界的观点，本文认为未来产业需要有以下特征：(1)处于产业孵化阶段，产业尚未成熟，但是潜力较大；(2)具有先导性，相关技术对传统产业具有颠覆性；(3)具有战略性，对未来经济社会发展具有极大的带动引领作用。

一、我国各省市未来产业发展方向

东部地区的北京、河北、上海、江苏、浙江、福建、广东，中部地区的山西、安徽、江西、河南、湖北，西部地区的四川，提出了未来产业发展方向。从区域分布来看，东部地区作为我国最发达的地区，有7个省市提出了发展未来产业；中部地区有5个省市提出了发展未来产业，在未来产业领域加快追赶的步伐；西部地区仅有四川1个省份提出未来产业发展方向，西部地区经济发展相较东部与中部还有一定的差距，更需要先发展主导产业、特色产业。

表1　我国各省市未来产业发展方向

地区	省市	发展方向	来源	时间
东部地区	北京	光电子、前沿新材料、量子信息	《北京市关于促进高精尖产业投资推进制造业高端智能绿色发展的若干措施》	2021年9月
	河北	新一代人工智能、新一代信息与通信网络技术、生物技术、前沿材料、先进储能技术	《河北省战略性新兴产业三年行动计划(2018—2020年)》	2018年2月

续表

地区	省市	发展方向	来源	时间
东部地区	上海	未来健康、未来智能、未来能源、未来空间、未来材料	《上海打造未来产业创新高地发展壮大未来产业集群行动方案》	2022 年 10 月
	江苏	未来网络通信、第三代半导体、前沿新材料、氢能与储能、基因技术及细胞治疗、深海空天开发、先进计算、虚拟现实、量子科技、类脑智能	《关于推动战略性新兴产业融合集群发展实施方案的通知》	2023 年 2 月
	浙江	优先发展未来网络、元宇宙、空天信息、仿生机器人、合成生物、未来医疗、氢能与储能、前沿新材料、柔性电子，探索发展量子信息、脑科学与类脑智能、深地深海、可控核聚变及核技术应用、低成本碳捕集利用与封存、智能仿生与超材料	《关于培育发展未来产业的指导意见》	2023 年 2 月
	福建	量子信息、6G、区块链、基因与生物技术、深海科技	《福建省“十四五”战略性新兴产业发展专项规划》	2021 年 10 月
	广东	人工智能、卫星互联网、光通信和太赫兹、超材料、天然气水合物、可控核聚变	《广东省碳达峰实施方案》	2022 年 [illegible]月
中部地区	山西	人工智能、智能传感及物联网、数字孪生与虚拟现实、区块链、氢能、核能、量子、碳基芯片、高速飞车	《山西省未来产业培育工程行动方案》	2022 年 2 月
	安徽	前瞻布局量子科技、人工智能、未来能源、生物医药等未来产业，探索发展类脑智能、极限科技、超材料等一批未来产业	“4＋N”未来产业培育工程计划	—
	江西	未来信息通信、未来新材料、未来新能源	《江西省未来产业发展中长期规划(2023—2035 年)》	2023 年 1 月
	河南	量子信息、氢能与储能、类脑智能、未来网络、生命健康、前沿新材料	《河南省加快未来产业谋篇布局行动方案》	2022 年 1 月

续表

地区	省市	发展方向	来源	时间
中部地区	湖北	脑科学、区块链、量子信息、基因工程、生物医学成像、氢燃料电池	《湖北省战略性新兴产业发展“十四五”规划》	2021年8月
西部地区	四川	量子信息、太赫兹、脑科学与类脑智能	四川省“四化同步”主题发布会	2023年2月

从各省市提出的未来产业发展方向来看，均是结合国家规划与实际情况制定的。尽管国家“十四五”规划并未提出发展前沿材料或未来材料，但是新材料作为制造业的基石，北京、河北、上海、江苏、浙江、广东、安徽、江西、河南等9个省市均明确提出了发展未来材料领域。另有，江苏、浙江、福建作为我国的海洋经济强省，提出了发展深海产业。

二、未来产业政策梳理

“十四五”以来，从省级层面来看，上海、山西、河南等3个省市发布了支持未来产业发展的行动方案，浙江发布了指导意见，江西则是发布了长期规划。从发文时间看，河南最早于2022年1月就发布了《河南省加快未来产业谋篇布局行动方案》，接着是山西于同年2月发布了《山西省未来产业培育工程行动方案》。从发文单位看，上海、江西都是省政府直接发文，浙江、河南是省政府办公厅发文，而山西则为省工信厅发文。

表2　我国各省市未来产业政策梳理

省市	政策文件	时间	发文单位
上海	《上海打造未来产业创新高地发展壮大未来产业集群行动方案》	2022年10月	上海市人民政府
浙江	《关于培育发展未来产业的指导意见》	2023年2月	浙江省人民政府办公厅
山西	《山西省未来产业培育工程行动方案》	2022年2月	山西省工信厅
江西	《江西省未来产业发展中长期规划(2023—2035年)》	2023年1月	江西省人民政府
河南	《河南省加快未来产业谋篇布局行动方案》	2022年1月	河南省人民政府办公厅

本文选取几大具有普遍性的关注内容进行重点分析。

(一)各省市目标对比

在发展目标方面，上海与江西均提出了未来产业具体的数字目标，上海到 2025 年未来产业产值达到 5000 亿元；江西到 2030 年未来产业规模突破 2 万亿元，吹响了进军未来产业强省的号角。山西 2022 年 2 月的发文，对当年度人工智能和智能传感及物联网的产业规模分别提出了具体数字目标。河南则提出，到 2025 年，未来产业增加值占战略性新兴产业比重超过 15%。

表 3　我国各省市未来产业发展目标

省市	发展目标
上海	到 2030 年，在未来健康、未来智能、未来能源、未来空间、未来材料等领域涌现一批具有世界影响力的硬核成果、创新企业和领军人才，未来产业产值达到 5000 亿元左右。 到 2035 年，形成若干领跑全球的未来产业集群。
浙江	到 2025 年，涌现一批有影响力的未来技术、创新应用、头部企业和领军人才，形成有竞争力的未来产业体系。 到 2035 年，未来产业成为我省经济发展的重要驱动力量，形成全球未来产业创新发展高地和优质企业集聚地。
山西	2022 年，全面启动未来产业培育工程，产业规模快速扩大，人工智能产业规模突破 80 亿元，智能传感及物联网产业规模突破 30 亿元，其他七大产业领域产业规模逐步扩大。 到 [illegible] 年，山西未来产业 [illegible]，成为 [illegible] 产业的先行区。
江西	力争到 2025 年，突破一批重点领域关键核心技术，规模以上工业企业研发经费支出占营业收入比重达 1.2%，未来产业创新生态初步搭建。 力争到 2030 年，全省未来产业规模突破 2 万亿元。 力争远期到 2035 年，未来产业成为全省经济社会现代化发展的主导力量。
河南	到 2025 年，未来产业增加值占战略性新兴产业比重超过 15%，成为全省现代产业体系重要组成部分。

(二)各省市支持政策中的特色内容

在园区载体方面，上海和江西均提出了两点：一是依托原有的产业园区，推动未来产业发展。上海指出聚焦临港新片区、张江、紫竹等。临港新片区是习近平总书记亲自谋划、亲自部署、亲自推动的重大国家战略，张江、紫竹是国家级高新区，均是发展未来产业最好的区域。江西提出依托海峡两岸(江西)产业合作区、赣湘边区域合作示范区、浙赣边际合作(衢饶)示范区、九江长江经济带产业升级示范区等园区。这些均是与其他省市合作建立的园区或是以产业转型升级为要求的园区，是推进产业转移转化、应用示范及产业化最好的区域。二是谋划建设新的未来产业园。上海将以现有特色产业园区为基础，推进建设未来产业特色产业园区，以促进未来产业加速发展；江西则从产业用地和土地保障方面出发，推进建设未来产业集聚区。

在对外协作方面，浙江、江西和河南均提出了加强对外交流协作。浙江作为长三角一体化发展国家战略的重要参与者，承担着率先形成新发展格局、勇当我国科技和产业创新的开路先锋、加快打造改革开放新高地三大新使命，在上海带动下，协同江苏和安徽，以一体化的思路和举措共同推进未来产业的科技创新合作机制，建立长三角未来产业技术研究院。江西作为长江经济带的一员，深度融入粤港澳、长三角等战略；河南深化与长江经济带、粤港澳、京津冀的合作，两者均是借力更为发达的地区，承接未来产业先进技术。

在统计体系方面，上海、浙江、江西均提出了建立完善合理的未来产业统计体系。明确未来产业统计领域与分类、建立未来产业企业数据库，是在现有基础上完善未来产业领域统计体系，建立更为全面的基础数据库。将未来产业与战略性新兴产业、高技术产业等作出区分，建立未来产业特有统计指标，有利于对未来产业的进一步认识与分析，能更加准确反映未来产业发展情况，及时发现产业发展中的问题与难题，同时随着时代的前进，动态调整未来产业统计领域与企业数据库，从而促进未来产业发展。

在知识产权方面，上海、浙江、江西 3 个省市均提出了建立未来产业的知识产权保护体系。未来产业代表着前沿科技和重大技术变革创新方向，未来产业发展离不开科技创新，建立知识产权保护体系就是保护创新、发展未来产业。他们均制定未来产业知识产权保护制度，提升司法保护水平，形成制度完善、保护严格、运行高效、管理规范、服务便捷、开放共赢的未来产业知识产权保护体系。同时，浙江还将实施未来产业标准引领计划，鼓励企业主导和参与国际标准规范制定，这有利于增强企业核心竞争力，掌握市场话语权。

另外，山西还提出“落实我省战略性新兴产业电价机制支持政策”。2020 年，山西发布《战略性新兴产业电价机制实施方案》，提出针对 14 个战略性新兴产业企业，实现终端电价 0.3 元/千瓦时的目标。山西未来将继续对未来产业给予非常低的电价优惠。

表 4　我国各省市未来产业政策对比

具体方面	省市	具体内容
园区载体	上海	谋划未来产业先导区，聚焦临港、张江、紫竹等，集聚创新要素，推动创新链和产业链深度融合。建设未来产业加速园，遴选若干特色产业园区前瞻布局。
	江西	强化未来产业发展空间保障，探索增加混合产业用地供给，新建一批各具特色的未来产业基地和园区，建成一批集聚度高、关联性强、带动效应好的产业集聚区。依托海峡两岸(江西)产业合作区、赣湘边区域合作示范区、浙赣边际合作(衢饶)示范区、九江长江经济带产业升级示范区等，积极推进产业转移转化、应用示范及产业化。
对外协作	浙江	发挥长三角科技创新合作机制，探索构建跨区域未来产业协同发展体系，推动共建长三角未来产业技术研究院。
	江西	深度融入粤港澳大湾区、长三角一体化等区域战略，建立省际创新成果转移统筹协调机制、重大承接项目促进服务机制等，探索跨区域协同创新模式。
	河南	全面深化与长江经济带、粤港澳大湾区、京津冀等地区的合作，依托产业转移系列对接活动，引进未来产业优势技术、项目和企业，探索研发在外、生产服务在本地的合作模式。建立省际创新成果转移统筹协调机制、重大承接项目促进服务机制等，建设研究成果转化基地和产业转移促进平台，推动未来产业跨区域协作。
统计体系	上海	编制未来产业发展白皮书，加快完善统计体系。
	浙江	建立科学合理的未来产业统计体系。
	江西	加快构建江西未来产业指标统计机制。
知识产权	上海	建立未来产业知识产权保护体系。
	浙江	实施未来产业专利导航和标准引领计划，推动国际性标准化技术组织落户我省，支持相关企事业单位主导和参与国际性未来产业标准规范制定，建设知识产权联盟。
	江西	实行严格的知识产权保护制度，高效促进知识产权运用，提升知识产权服务水平。
特色政策	山西	持续落实我省战略性新兴产业电价机制支持政策，充分发挥我省战新电价的有利条件，吸引国内符合政策的人工智能、区块链、数字孪生与虚拟现实、智能传感及物联网等未来产业重点企业来我省投资落户。

三、关于未来产业支持政策的几点思考

重视支持园区发展。产业园区是产业集聚的高地和经济发展的重要增长极，高新区、科技园等产业园区知识、技术、人才密集，最有可能先行发展未来产业，各省市发展未来产业首先要发挥产业园区载体作用，支持产业园区发展。

建立统计体系迫在眉睫。目前，未来产业尚未有明确的定义，意味着未来产业统计分类也不明确，统计分类与统计制度的建立迫在眉睫，需要从上至下推动未来产业统计体系建立，全面加强基层统计力量，提高统计工作水平。

强化督查促进工作落实。所有政策的贯彻落实都需要强有力的督查，应成立未来产业发展领导小组，主要领导任组长，制定季度性政策贯彻落实计划，建立健全定期督查机制，制定科学合理的奖惩机制，对政策落实不到位的情况，进行批评指导。

长三角未来产业的政策环境比较研究

卢瑞轩

市场之大，容纳百业万企。未来赛道，鹿死谁手？2022 年 11 月 25 日，科技部和教育部联合发布《关于批复未来产业科技园建设试点的函》，提出建设未来产业科技园是国家前瞻布局未来产业的重要举措。以此为契机，具备优势的各地各级政府积极响应，近期密集研究制定系列政策，支持多部门多学科协同并进，如高水平研究型大学、地方政府、国家高新区和科技领军企业合作，即在未来产业园区建设中，探索采用学术界公认可行的三重螺旋模式，着眼未来产业重点方向，构建未来产业应用场景，抢占未来发展制高点。

一、长三角未来产业现状

总体来看，长三角地区已成长为全国甚至全球部分未来产业发展的风向标。根据加拿大知名前沿科技咨询机构 ICV TAnK 发布的《2022 全球未来产业发展指数》，参考研究实力、创新企业两个维度，长三角共有 3 个城市（区域）入选全球“未来之城”前 20 排行榜，其中上海排名 7，合肥排名 18，苏锡常排名 20。以量子信息为代表的合肥，被认为极有可能在未来工业领域取得进展。值得一提的是，在生物技术领域，与全球发达国家城市相比，中国乃至整个亚洲地区显然都是较弱的，长三角地区并无城市排在全球前 20 名。

（一）上海市

目前上海在人工智能、元宇宙等领域在全球占据一定优势，在人才、信息、资本、科研设施、专业服务机构等方面具备强大优势，构筑的“2＋3＋6＋4＋5”现代化产业体系已纳入未来产业，即“5”，未来健康、未来智能、未来能源、未来空间、未来材料五大未来产业集群，张江、临港、大零号湾获批成为未来产业先导区。同时，上海率先成立先进核能、新型储能、脑机接口三个未来产业专委会，成员单位由业内知名研究院和创新公司组成。上海还举办未来产业高峰论坛，密集开展未来产业人才招引活动。但是，未来产业部分技术尚未成熟，应用难度大，可能 10 年甚至更长时间无法突破，然而可在较大的不确定性中寻求无限可能，上海具备充分条件。

(二)江苏省

苏、锡、常3城在未来产业中的绿色能源、人工智能、高级通信领域具备一定全球引领性，其中无锡还提出打造国内元宇宙生态产业示范区，并发布“华莱坞元宇宙世界”项目。另外，南京设立了全国首个未来产业职能机构“未来产业处”，拥有全球领先的服务定制网络技术，以及可编程虚拟路由、智能边缘网络、网络操作系统等关键技术，同时定期举办未来网络发展大会；在基因与细胞产业方面，南京拥有全球最大的基因合成服务商金斯瑞和细胞治疗领域领先企业传奇生物，并建有南京市国家健康医疗大数据(东部)中心，为亚洲最大的基因测序基地。

(三)浙江省

浙江首批8家未来产业先导区，聚焦人工智能、深海空天、第三代半导体、未来网络、生物工程、柔性电子等领域，依托丰富的科教资源和产业基础，实现未来技术的突破和产业发展方向谋划，同时发布全省未来产业地图。杭州组建未来产业专家委员会，以阿里巴巴云计算为代表的元宇宙在全球占据一席之地，其致力于打造“全国数字经济第一城”。国内首个元宇宙智算中心布局浙江青田，每秒算力性能将超过10亿亿次。宁波的柔性电子产业则是众多未来产业中的王牌，同时宁波还引进国内外柔性技术先进团队，加速核心技术攻关。

(四)安徽省

近年来，安徽启动“量子中心”和“科大硅谷”，建设“强光磁”等大科学装置，集聚以国盾量子、国仪量子、本源量子、问天量子等为代表的一批量子企业，并设立总规模100亿元的量子科学产业发展基金。量子信息产业专利申请量突破500项，居全国首位。同时，安徽还在人工智能细分领域的类脑智能技术、智能语音、智能机器人等集聚了一批创新企业，在未来能源细分领域的核聚变技术研究取得重大进展。合肥在量子信息和高级通信方面具有全球影响力，特别是量子信息领域具备明显优势，已形成“源头创新—技术开发—成果转化—产业集聚”量子信息未来产业生态圈，量子核心企业营业收入在2021年达到6.6亿元。

二、长三角未来产业政策对比分析

本文筛查选取长三角重点城市未来产业领域的相关政策共5部，涉及行动方案、指导意见、发展规划等。出台未来产业针对性政策的主要城市有上海、杭州、宁波、南京以及合肥。这些城市在发展未来产业的领域方向上互有重叠，但各有侧重，在发展目标、技术平台、人才引培、组织保障等方面可相互借鉴。

表 1　长三角重点城市未来产业相关政策一览表

城市	政策名称
上海	《上海打造未来产业创新高地发展壮大未来产业集群行动方案》
杭州	《关于加快推动杭州未来产业发展的指导意见》
宁波	《宁波市未来产业培育与发展规划(2020—2035 年)》
南京	《南京市加快培育新赛道发展未来产业行动计划》
合肥	《合肥高新区建设世界领先科技园区行动方案》

(一)未来产业领域方向

人工智能是五大城市都关注的重点，上海重在智能计算、通用 AI、扩展现实(XR)等领域，宁波将目光放在智能机器人、智能终端设备等方面。除宁波外，其他四城将生命科学、生物技术、基因与细胞等未来健康产业纳入未来产业版图。除杭州外，未来能源中的储能与氢能技术攻关、示范应用是几大城市都争逐的焦点，其中上海还将加快商业化先进核能技术攻关。关于未来空间，除南京外，其他城市都密切关注空天利用、空天信息、航空航天等方面。新材料或先进前沿材料也是几大城市普遍寻求突破的领域。

表 2　长三角重点城市未来产业领域方向情况表

城市	未来产业领域方向
上海	未来健康：脑机接口、生物安全、合成生物、基因和细胞治疗；未来智能：智能计算、通用 AI、扩展现实(XR)、量子科技、6G 技术；未来能源：先进核能、新型储能；未来空间：深海探采、空天利用；未来材料：高端膜材料、高性能复合材料、非硅基芯材料
杭州	人工智能、虚拟现实、区块链、量子技术、增材制造、商用航空航天、生物技术和生命科学
宁波	空天信息：空天信息应用服务、航天发射服务、航空航天装备和航天育种；先进前沿材料：石墨烯基新材料、先进高分子材料、新型膜材料、电子信息材料和海洋新材料；氢能开发及应用：发展氢能装备制造、氢气制储运、氢能示范应用、氢能新技术；先进功能装备：智能机器人、智能终端设备、智能测控装备、智能汽车；金融科技和区块链应用：智慧金融、监管科技、区块链核心技术、“区块链＋”示范应用
南京	新一代人工智能、第三代半导体、基因与细胞、元宇宙、未来网络与先进通信、储能与氢能

续表

城市	未来产业领域方向
合肥	量子科技、人工智能、空天信息、未来能源、未来生命健康、类脑智能、极限科技、超材料

(二)未来产业发展目标

上海和合肥对于未来产业要达成的目标和技术攻关进行了更为细致的规定，可以明显看出合肥高新区对于建设世界领先科技园区信心十足。发挥龙头企业、骨干企业的作用是全部城市发展未来产业的重中之重，上海提出推动10家左右领军企业向未来产业布局，打造100家左右企业技术中心等，杭州提出培育若干个具有全球影响力的未来产业发展平台和龙头骨干企业。此外，上海和南京分别对未来产业的产值、主营业务收入的发展目标进行了设定。

表3　长三角重点城市未来产业发展目标情况表

城市	未来产业发展目标
上海	到2030年，未来产业产值达到5000亿元左右，成立5家左右未来技术学院，培育15个左右未来产业创新中心，打造5个未来产业集群，建设15个左右未来产业先导区，攻关100个左右核心部件，推出100件左右高端产品，形成100项左右中国标准，推动10家左右领军企业向未来产业布局，发展20家左右生态主导型企业，打造100家左右企业技术中心，培育1000家左右高新技术企业，形成50个左右综合性应用场景，到2035年，形成若干领跑全球的未来产业集群
杭州	到2025年，新建国家、省创新载体30个以上，组织实施重大产业和关键技术创新突破项目100个，培育若干个具有全球影响力的未来产业发展平台和龙头骨干企业，销售收入超百亿企业10家以上，超50亿元骨干企业50家以上，未来产业示范应用取得突破
宁波	到2025年，未来产业占战略性新兴产业增加值的比重达15%左右，占规上工业增加值的比重达5%左右。到2035年，基本建成高科技特色明显、细分领域优势突出、具有全国竞争力的未来产业体系
南京	到2025年，未来产业实现主营业务收入3000亿元以上，增加值占全市生产总值5%左右；到2030年，未来产业实现主营业务收入15000亿元以上，增加值占全市生产总值15%左右

续表

城市	未来产业发展目标
合肥	到 2025 年，高新区突破不少于 7 大类 50 项卡脖子技术，“双五”企业不少于 50 家，“双十”企业不少于 10 家，上市企业突破 60 家，国家专精特新“小巨人”企业不少于 100 家，校企协同企业超千家，提升国家科技成果转化率达 20%，R&D 强度达 15%；到 2035 年，合肥高新区成为全国首个以量子产业为领先标志的世界领先科技园区，基本建成“世界量子中心”

（三）未来产业技术平台

技术平台是谋划发展未来产业的关键，所有城市都针对性地提出建立各类载体平台。在现有的工程技术中心、企业技术中心、公共技术平台、重点实验室等基础之上，共有三城提出设立研究院，其中上海将筹划组建一批未来技术学院，宁波探索组建未来产业研究院，南京则是共建元宇宙产业研究院。此外，杭州重点关注数字经济，继续推进“城市数据大脑”“ET 工业大脑”建设，合肥则是对于高新区建立各类技术平台、创新载体做出了具体规定。

表 4　长三角重点城市未来产业技术平台情况表

城市	未来产业技术平台
上海	筹划组建一批未来技术学院，组建一批未来产业创新中心，布局一批海外技术转移转化网络节点、国际技术转移和创新合作中心，发布早期验证场景，研究未来技术可行性等
杭州	推进“城市数据大脑”“ET 工业大脑”建设，加快未来产业领域高水平新型科研机构建设，新建和完善一批制造业创新中心、互联网双创平台、重点实验室、工程实验室、工程(技术)研究中心和企业技术中心等
宁波	争取国家大科学装置落地，探索组建未来产业研究院，建设一批服务于未来产业发展的新型研发机构和技术创新联盟等
南京	打造一批重点实验室、产业技术中心、人工智能生态创新中心等创新平台，建设国家第三代半导体技术创新中心(南京)，鼓励医疗机构和产业链生产企业联合建立试验基地和协同创新平台，打造智能算力、通用算法和开发平台一体化的元宇宙中心基础设施，支持科研机构、高等院校和企业聚焦元宇宙关键技术、产业应用、产权保护等方向，共建元宇宙产业研究院、元宇宙重点实验室等
合肥	高新区聚集不少于 10 个原始创新平台、50 个新型研发机构、50 个小试中试平台，孵化载体面积超千万平方米，打造不少于 50 个创新综合体等

（四）未来产业人才引培

在结合现有各类人才政策之上，长三角各重点城市针对顶尖人才、紧缺人才、领军人才和科研团队的引进加大了力度，以期促进重点技术突破攻关。在高校和科研院所开设未来产业相关科目，成为培养未来产业创新型人才的重要举措。南京鼓励高校与企业建立长期合作机制，签订合作协议，设定一定比例的流动岗位，鼓励人才“双向兼职”。合肥高新区还提出到2025年培养500名优秀企业家，引进200名国际科技领军人才、2000名高层次科技人才和高级经营管理人才，为园区产业输入8000名全国“双一流”高校毕业生。

表5　长三角重点城市未来产业人才引培情况表

城市	未来产业人才引培
上海	推出一批面向全球的“揭榜挂帅”项目，充分赋予科学家自主权和决策权，引进全球顶尖人才、科研团队和创新型企业，发挥院士(专家)工作站、博士后科研工作站等平台功能，培育未来产业创新人才，支持申报各类人才计划等
杭州	坚持国内外并举，深入实施全球引才“521”计划、“115”引进国(境)外智力计划等人才计划，加大对未来产业领域“高、精、尖”特别是领军人才和团队的引进力度，鼓励院校、培训机构开设未来产业领域相关专业和课程等
宁波	鼓励行业龙头企业或第三方中介机构牵头开展未来产业“高精尖”人才引进、高端论坛展会组织等工作，鼓励在甬高校、科研院所开设未来产业相关专业和课程，培养高水平未来产业创新人才(团队)等
南京	吸引一批具备国际视野、掌握前沿理论和核心技术的顶尖科学家、学科带头人，实施紫金山英才计划，拓展海外招才引智平台，鼓励企业加大未来产业紧缺人才引进力度，鼓励人才“双向兼职”等
合肥	制定前瞻引领的人才发展规划，明确激励创新的人才管理机制，建设起一批由领航掌舵的战略科学家、专业领先的科技领军人才、创新拼搏的领军企业家、敢想敢干的卓越工程师、创新活跃的青年科技人才组成的总量适度、结构合理、素质优异的多层次人才队伍等

(五)未来产业组织保障

各城市对于未来产业的发展进行了市级统筹，市级层面组建领导小组，完善未来产业推进机制。从现有的保障措施来看，成立未来产业专家委员会或专家组，汇聚高水平专业人士共商共谋特定领域的技术核心成为共识。从特色亮点方面来看，杭州加大政府产业基金对未来产业的支持，积极鼓励盘活存量房地资源用于未来产业发展和项目建设，宁波则支持宁波股权交易中心探索设立“宁波科技专板”，南京探索创建未来产业先导区评估指标体系。

表 6　长三角重点城市未来产业组织保障情况表

城市	未来产业组织保障
上海	建立健全市级层面未来产业推进工作机制，加强部市合作，市、区联动，强化区域布局，成立未来产业战略咨询专家组，研究制定推动未来产业发展的支持政策，健全完善适应未来产业技术更迭和产业变革要求的制度规范等
杭州	组建未来产业专家委员会，探索建立未来产业重点领域统计核算制度和统计指标体系，重点支持未来产业核心技术攻关，加大政府产业基金对未来产业的支持，积极鼓励盘活存量房地资源用于未来产业发展和项目建设等
宁波	组建专家咨询委员会，制定出台专项发展规划、发展意见；成立市级工作领导小组，加强统计监测考核，创新引导基金运作方式，支持宁波股权交易中心探索设立“宁波科技专板”等
南京	市产业链推进领导小组办公室下设未来产业工作专班，组建市未来产业专家咨询委员会、市未来产业研究院等专业智库，将未来产业发展纳入全市创新驱动和产业转型发展战略，探索创建南京市未来产业先导区评估指标体系等
合肥	发布高新区未来产业政策措施，在重大项目、生产生活、创新创业、技术推广应用、知识产权保护、金融支持、国际化业务等诸多方面予以明确支持等

三、关于长三角未来产业发展的几点思考

长三角地区是我国未来产业发展的重要引领区，众多领域甚至在全球占有重要席位，但也有明显的短板亟待突破。以下结合前述长三角各城市未来产业政策的对比分析提出拙见。

(一)加强未来产业交叉学科门类的区域协作

长三角地区关于未来产业的前瞻性谋划，诸多领域存在交叉，尤其是在人工智能、未来健康、储能和氢能、空天利用方面，建议以长三角区域一体化为背景契机，促进省际城市间同类未来产业发展的相互借鉴，通过区域化顶层设计，畅通各城的专家委员会合作交流机制，加快针对国外封锁技术、高难度技术、核心技术的协作攻关，打破区域限制壁垒，采用科研成果共享互利模式，提升区域间科研机构、高等院校、技术中心在人才、技术等方面合作的积极性，形成长三角区域在全球的技术领先优势。

(二)建立攻关技术数据库锚定目标方向

当前尽管关于未来产业的界定仍未明确，但毫无疑问未来产业应具备前沿性、突破性、颠覆性、战略性和爆发性，与未来技术相关联，与新兴产业等概念要有所区别。长三角各重点城市主要在现有产业基础上寻求突破点，

部分发展目标的设定和依据有所雷同缺乏特点，仍有优化空间。在此情况下，有必要建立未来产业各领域短中长各时期阶段的重点攻关技术数据库，通过市场重点主体和政府部门合作，将政策工具的落脚点放在技术而非具体产业，以此为依据锚定未来方向，进行更具体更细化的目标达成设置，集中力量逐项突破。

（三）拓宽全球视野，开放合作，突破地域界限

笔者对比研究发现长三角地区部分城市的未来产业政策在人才引培、组织保障等方面创新举措不足，部分做法同国内其他城市存在简单照搬现象；因此建议突破国家地域限制，推动国内城市间合作，提高技术研究合作度，同时将更多未来产业政策研究的视野拓宽到国际，跟踪前沿趋势，国内城市间成功经验可复制，相互高度模仿应避免，积极借鉴或参考国外的理念与本土融合，如日本长期坚持的技术预见调查、定期的战略性创新推进计划，“量子原住民”培养计划、“登月型”研发制度，韩国的利用民意调查，美国全球战略的各类技术联盟、“前路计划”，英国的技术教育路线、研发路线图等。

近年来我国国家高新区“一区多园”发展政策对比分析

范媛媛

一、我国国家高新区“一区多园”发展历程

“一区多园”是我国国家高新技术产业开发区的普遍发展模式。1994 年，丰台园、昌平园纳入中关村科技园，开启了我国国家高新区“一区多园”的发展道路。截至目前，中关村科技园已经形成了“一区十六园”的发展格局。随后，天津滨海高新区、南京高新区、广州高新区、宜昌高新区、上海张江高新区、江门高新区等均步入“一区多园”发展模式，由此，“一区多园”成为诸多国家高新区发展模式。据统计，约有一半以上的国家高新区正推动或实行“一区多园”模式。

二、我国国家高新区“一区多园”发展政策探析

随着我国国家高新区步入“一区多园”发展阶段，各地出台了支持国家高新区“一区多园”发展的政策文件。2013 年 3 月 21 日，宁波市人民政府发布了《关于加快推进宁波国家高新区“一区多园”建设的实施意见》(甬政发〔2013〕28 号)；2017 年 8 月 18 日，中关村科技园区管理委员会发布了《关于推动中关村国家自主创新示范区一区多园统筹协同发展的指导意见》(中示区组发〔2016〕2 号)等。近几年，多地人民政府为推进当地国家高新区高质量发展，发挥国家高新区示范引领作用，纷纷出台相关支持国家高新区“一区多园”发展的政策。

表 1　各省市近三年发布的支持高新区“一区多园”发展相关政策

地区	发文单位	文件名称	文号	印发时间/发布时间
东部地区(福建)	莆田市人民政府	莆田市人民政府关于推进莆田高新技术产业开发区“一区多园”建设的实施意见	莆政规〔2023〕4 号	2023 年 3 月 3 日

续表

地区	发文单位	文件名称	文号	印发时间/发布时间
东部地区（广东）	茂名市人民政府办公室	茂名市人民政府办公室关于印发《加快推动茂名国家高新区“一区多园”发展实施意见》的通知	茂府办〔2022〕10号	2022年3月11日
中部地区（河南）	洛阳市人民政府	洛阳市人民政府关于印发《洛阳国家高新技术产业开发区一区多园管理办法》的通知	洛政〔2023〕9号	2023年2月23日
	平顶山市人民政府	平顶山市人民政府《关于加快推进平顶山高新区“一区多园”联动发展的意见》	平政〔2020〕23号	2020年10月12日
	郑州市人民政府办公厅	郑州市人民政府办公厅关于印发《郑州国家高新技术产业开发区“一区多园”管理办法（试行）》的通知	郑政办〔2021〕23号	2021年3月21日
西部地区（四川）	中共攀枝花市委、攀枝花市人民政府	中共攀枝花市委、攀枝花市人民政府《关于加快攀枝花钒钛高新技术产业开发区高质量发展推进“一区多园”建设的实施意见》	攀委发〔2019〕10号	2020年10月11日

为支持国家高新区“一区多园”发展，近几年，东部地区福建省、广东省，中部地区河南省，西部地区四川省均有地级市出台了相关支持政策（其中洛阳市于2013年已经出台过相关管理办法）。中西部地区不断发力，以促进国家高新区“一区多园”发展来带动当地整体发展，进而不断追赶东部地区。从发文单位来看，一般由所在地级市人民政府或人民政府办公室发文；从文件名称来看，为实施意见或管理办法。所在地方政府均非常重视当地国家高新区的发展，下面从共性和个性方面梳理相关政策条款。

（一）园区布局

从“一区多园”园区布局来看，各国家高新区对纳入“一区多园”发展区域的要求并不相同。茂名高新区和平顶山高新区纳入“一区多园”管理范围的要求是经省级批准的产业园区或享受省产业园区政策的产业园区；莆田高新区的要求除了省级产业园区可以纳入“一区多园”管理范围，省级以下的产业园区也可以纳入“一区多园”辐射范围；洛阳高新区和郑州高新区除了将产业园区列入“一区多园”管理范围外，洛阳高新区还将研究所等科研机构纳入了管理范围，郑州高新区则将建有省级以上研发中心的重点企业纳入管理范围，这同样是在加强“一区多园”科技创新能力；攀枝花钒钛高新区是规划好逐年将某几个产业园区纳入管理范围。

表 2　各省市近三年发布的支持高新区“一区多园”发展政策园区布局内容

地区	政策内容
莆田市	1. 将符合条件的省级开发区、省级以下工业园区、产业集聚区、科技创新资源集聚区等列入莆田高新区“一区多园”辐射范围。 2. 首期将仙游经济开发区、荔城经济开发区、华林经济开发区、仙游县仙港工业园、仙游县工艺创意产业园、黄石工业园、笏石工业园等 7 家园区纳入高新区创新发展体系建设。
茂名市	1. 采取“统一考虑、分步实施、择优试点”的方法，以茂名国家高新区现有区域为主园区，建设茂南科技园、电白科技园、滨海科技园、绿色化工和氢能产业园纳入“一区多园”范围，下一步根据实际情况逐步将全市条件成熟的、发展较好的园区纳入。 2. 所有纳入“一区多园”管理的分园区，均应为经省批准设立的产业转移工业园或享受省产业园政策的园区。
洛阳市	将洛龙高新技术产业开发区等开发区，中航工业洛阳电光设备研究所等辐射点，纳入“一区多园”管理范围。
平顶山市	在平顶山高新区现有“一区多园”基础上，将各县(市、区)辖区内的省级高新区、省级经济开发区和产业集聚区统一纳入平顶山高新区“一区多园”管理。
郑州市	1.“一区多园”采取“全市统筹、择优遴选、动态管理”的方式，将符合条件的郑洛新国家自主创新示范区郑州片区辐射区、辐射点及省级高新区，产业集聚区、产业（科技）园区纳入“一区多园”范围。 2. 鼓励和支持条件成熟的省级高新区，产业集聚区、产业（科技）园区、建有省级以上研发中心的重点企业逐步纳入郑州国家高新区“一区多园”范围，并按相关程序遴选报备。 3. 首批纳入“一区多园”的有 10 家省级产业集聚区。
攀枝花市	2020 年，将仁和区南山循环经济开发区(含迤资园区)、盐边县钒钛产业开发区纳入“一区多园”建设。到 2021 年，金江物流园区、职业教育园区启动建设，科技服务业要素基本集聚，“一区多园”产业格局初步形成。根据发展实际，逐步将攀枝花创新开发产业园区、西区格里坪工业园区、米易县白马工业园区纳入“一区多园”建设。

(二)联动管理

国家高新区“一区多园”发展最为重要的就是联动发展，国家高新区如何带动引领分园发展？各分园如何借助国家高新区的平台高质量发展并协同给予国家高新区更广阔的发展空间？招商引资是产业园区发展的重中之重，莆田高新区、茂名高新区、洛阳高新区、平顶山高新区和攀枝花钒钛高新区均提出了建立招商引资协同机制；茂名高新区和平顶山高新区均提出根据“一区多园”产业布局，对招商项目和入园项目进行统筹安排与落地；茂名高新区还提出将和各分园共同制定入园标准，而攀枝花钒钛高新区由攀枝花市经济合作局与钒钛高新区管委会统一制定招商引资政策，市政府指导招商活动。招商引资协同机制将形成全市招商引资“一盘棋”，提高招商引资效率，避免园区间争夺和内耗。

除招商引资外，莆田高新区和攀枝花钒钛高新区均提出将“一区多园”建设工作列为市级政府对高新区管委会及各分园管委会年度考核的重要内容，同时莆田高新区管委会和各分园管委会以财政预算的形式对下一年度“一区多园”建设作出提前安排。考核机制的设立对国家高新区主园和各分园形成有效监督，而“一区多园”建设经费列入财政预算则能较好地安排好工作计划。

表 3　各省市近三年发布的支持高新区“一区多园”发展政策联动管理内容

地区	政策内容
莆田市	1. 建立主园区与各分园区招商引资协同机制、产业配套联动发展机制。 2. 各县(区)政府(管委会)要将“一区多园”建设工作作为政府年度目标考核的重要内容，结合工作实际，将“一区多园”建设工作所需经费列入财政预算。
茂名市	1. 建立招商引资协调机制，按照各分园区的产业规划和产业布局，共同制定项目入园标准，协同招商，对招商项目和入园项目进行统筹安排、分类指导。 2. 各分园参与主园区招商引资工作，共享主园区招商引资资源。
洛阳市	充分利用国家级高新区在产业培育、经济发展、招商引资等方面的优势，共享创新服务资源，逐步实现洛阳国家高新区与各分园区之间的品牌共用、信息互通、产业互动。
平顶山市	构建全市大招商格局。各县(市、区)招商引进项目可根据全市产业布局，在全市范围内合理确定落地区域，形成主导产业突出、集群集聚效应明显、协同错位发展的格局。
攀枝花市	1. 统一招商。整合“一区多园”招商资源，开展统一招商、产业链招商、第三方招商，推进优势产业、产业链、产业集群招商。由市经济合作局、钒钛高新区管委会拟定统一招商引资政策，报市政府审批后实施，指导开展招商活动。 2. 将“一区多园”建设纳入市级综合目标考核。

(三)科技创新

科技创新是高新区发展的原动力，各国家高新区“一区多园”建设针对科技创新的支持主要有两个方面：一是莆田高新区和茂名高新区提出的入园项目和孵化器毕业企业在各分园的转移协调机制，这是以国家高新区为主导，充分发挥其科技创新的优势，率先孵化企业，再根据“一区多园”产业布局将孵化器毕业企业放入不同分园，这是短期快速助力各分园发展的办法；二是莆田高新区、茂名高新区、平顶山高新区均提出国家高新区向各分园开放科技服务体系资源，提升科技服务效率，同时国家高新区将会指导、帮助各分园建立自己的科技服务体系，这是从长期出发，提升各分园的科技创新能力。

表4　各省市近三年发布的支持高新区“一区多园”发展政策科技创新内容

地区	政策内容
莆田市	1. 建立高新区入园项目及孵化器毕业企业在各分园区相互转移的协调机制，以及高新区产品和技术市场信息互动机制。 2. 莆田高新区向各分园开放科技创新、项目孵化、创新创业、科技金融、产业生态、人才招聘服务、知识产权保护、检验检测等各类科技服务体系资源。莆田高新区指导、帮助各分园区建立创新创业服务中心、科技企业孵化器、众创空间等建设，根据产业布局，推荐创客及孵化项目到各分园落地。
茂名市	1. 建立高新区入区项目及孵化器毕业企业在各分园区相互转移的协调机制；逐步建立高新区产品和技术市场信息互动，产业配套联动发展机制。 2. 各分园共享主园区的创新服务平台、孵化平台等科技服务体系资源。
平顶山市	引导优势创新资源向平顶山高新区集聚，把平顶山高新区打造成为全市创新研发高地，推进全市科技创新基础平台资源共享。推进平顶山高新区创新服务平台、科技企业孵化平台、人才招聘服务平台、中小企业研发公共平台、知识产权公共服务平台、检验检测平台等公共服务体系资源向各分园区延伸服务。鼓励平顶山高新区积极指导、帮助纳入“一区多园”的各分园区建设各类创新创业孵化载体。

(四)财政分配

国家高新区的“一区多园”发展，必然避不开财税的分成问题，洛阳高新区以“总部在高新区、生产在各分园”为原则，引导企业将生产基地放在各分园，这其中企业迁入区将连续3年对迁出区进行财政补偿；平顶山市针对财政分配的规定最为详细，同样是针对生产基地，税费分成按照生产基地所在不同的区，市级、平顶山高新区与分园区所在地分成各不相同，针对招引企业落户在平顶山高新区的，同样招引主体、平顶山高新区、市级按照招引主体所在区按不同的比例进行税收分成；攀枝花钒钛高新区则是按照“谁引进、谁投资、谁受益”原则进行成果分享。

表 5 各省市近三年发布的支持高新区“一区多园”发展政策财政分配内容

地区	政策内容
洛阳市	积极引导高新区内有产业发展需求的企业，按照总部在高新、生产在园区的原则有序转移到分园区，税收按《洛阳市人民政府关于印发深化市与区财政管理体制改革方案的通知(洛政〔2021〕22 号)》中税源合理流动分享制度①执行。
平顶山市	平顶山高新区现有及新注册企业在各县(市、区)布局新的生产加工基地，企业缴纳的所有地方税费，按规定划转相关收入基数后，市、县两级按比例分成。分园区所在地为新华区、卫东区、湛河区、城乡一体化示范区的，市级分成 50%，平顶山高新区与分园区所在地各分成 25%；分园区所在地为汝州市、舞钢市、宝丰县、郏县、鲁山县、叶县和石龙区的，市级与平顶山高新区各分成 25%，分园区所在地分成 50%。平顶山高新区与分园区以“飞地园区”“股份合作”模式开展合作的，合作方为新华区、卫东区、湛河区、城乡一体化示范区的，市级分成 50%后，双方按照投入和股本比例分成；合作方为汝州市、舞钢市、宝丰县、郏县、鲁山县、叶县和石龙区的，双方按照投入和股本比例分成。各县(市、区)招商引进的企业，依照企业愿望落户到平顶山高新区的，招商主体为新华区、卫东区、湛河区、城乡一体化示范区的，市级分成 50%，平顶山高新区与招商主体各分成 25%；招商主体为汝州市、舞钢市、宝丰县、郏县、鲁山县、叶县和石龙区的，市级与平顶山高新区各分成 25%，招商主体分成 50%。各县(市、区)按照主导产业招商的项目，落户到本地园区的，不再实行税收分成。
攀枝花市	采用“飞地”模式建设的重大项目，按照“谁引进、谁投资、谁受益”原则进行成果分享。

(五)资金支持

国家高新区所在地级市政府也重视并支持“一区多园”建设。在优惠政策方面，莆田高新区、茂名高新区、洛阳高新区、郑州高新区、攀枝花钒钛高新区的各分园与主园区均同等享受国家、省、市对国家高新区的各项优惠政策，平顶山高新区各分园目前尚未与主园区同等享受国家、省、市对国家高新区的各项优惠政策，但正在积极争取。在资金支持方面，莆田高新区、洛阳高新区、郑州高新区提出以“一区多园”为主体申报的各类平台，项目获上级支持资金，各分园可以按一定比例调配使用，这是给了各分园以资金支持。在用地指标保障方面，莆田高新区、洛阳高新区、郑州高新区、攀枝花钒钛

① 税源合理流动分享制度。属于列入市政府统一规划，必须迁移的并且年区级收入超过 100 万元以上的企业，由迁出区财政局提供企业全年分税种入库情况。迁入区第一年按区级收入 80%比例、第二年按区级收入 50%比例、第三年按区级收入 20%比例对迁出辖区计算补偿(以上比例均为扣除上解省级部分后计算)，年终通过财政专项结算分配给有关区，期限 3 年。其他情况不予考虑。

高新区均提出优先保障国家高新区“一区多园”用地指标，这项政策在土地资源越发紧张的未来，将很好地保障这些园区的发展速度。在专项资金支持方面，莆田高新区、平顶山高新区和攀枝花钒钛高新区均将设立“一区多园”发展专项资金，体现了当地政府对国家高新区“一区多园”发展的支持。另外，攀枝花钒钛高新区提出大力支持攀枝花攀电售电有限公司探索“一区多园”能源电力服务机制，对新增优惠电价政策进行调配，从电价方面给予国家高新区“一区多园”发展优惠保障。

表 6　各省市近三年发布的支持高新区“一区多园”发展政策资金支持内容

地区	政策内容
莆田市	1. 各分园区与莆田高新区主园区同等享受国家、省、市现行支持国家高新技术产业开发区关于科技创新、加快建设新基建、培育壮大新兴产业、创新创业、企业研发、成果转化、人才引进、研发费用加计扣除、用地指标给予优先保障等各项优惠政策。 2. 莆田高新区以“一区多园”为主体申报的各类平台、项目等获上级支持资金按一定比例由各分园区调配使用。 3. 探索成立莆田高新区“一区多园”协同发展专项资金，用于高新区(含各分园)的科技创新、园区建设和产业发展。
茂名市	各分园享受国家、省、市对高新区的有关优惠政策。
洛阳市	洛阳国家高新区向各分园区开放科技创新、项目孵化、科技金融、产业生态等各类创新平台，纳入“一区多园”的各个园区，享受国家高新区支持政策、自创区先行先试政策，协助符合条件的园区积极申建省级高新区。洛阳国家高新区以“一区多园”为主体申报的各类平台、项目等上级支持资金按一定比例与分园区调配。市政府在用地指标、科技创新资源等方面向“一区多园”倾斜。
平顶山市	1. 积极协助分园区争取享受国家和省对平顶山高新区的扶持政策。市政府设立平顶山高新区科技创新专项资金，对各分园区进行支持。 2. 深化平顶山高新区的改革成效，探索形成可复制、可推广的经验，各分园区享受平顶山高新区的政策。鼓励各县(市、区)招商引进企业通过在平顶山高新区设立总部，争取享受更多国家高新区“先行先试”优惠政策。
郑州市	1. 经批准列入“一区多园”的各个园区，增挂郑州国家高新技术产业开发区分园牌子，享受高新区支持政策、自创区先行先试政策。 2. 郑州国家高新区向各分园开放科技创新、项目孵化、科技金融、产业生态等各类创新平台，郑州国家高新区以“一区多园”为主体申报的各类平台、项目等上级支持资金按一定比例与分园调配，具体调配办法由市科技局会同郑州国家高新区管委会及相关园区另行制定。 3. 市政府在用地指标、科技创新资源等方面向“一区多园”倾斜。

续表

地区	政策内容
攀枝花市	1.“一区多园”统一享受国家高新区政策。大力支持攀枝花攀电售电有限公司探索“一区多园”能源电力服务机制，对新增优惠电价政策进行调配，逐步实现统一规划、统一运营、统一电价。 2. 市级统筹安排产业扶持等专项资金，加大对“一区多园”企业支持力度。市直有关部门着力引导金融和社会资本支持“一区多园”基础设施建设和园区内企业发展，积极支持钒钛高新区及园区企业向上争取专项资金和产业发展基金；支持建设保税仓库。 3. 全市统筹安排土地利用年度计划指标，积极协调增减挂钩结余指标和工矿废弃复垦利用指标流转，优先保障“一区多园”项目用地。 4.“多园”所在地县(区)政府应加大对园区的投入，“多园”财政收支预算由所在地县(区)财政单独编制管理，确保财政收益共享。

三、国家高新区“一区多园”发展支持政策制定相关建议

国家高新区“一区多园”发展解决了用地规模限制、产业能级不高、科技创新动能不足、信息流通阻塞等方面的问题，以国家高新区周边其他园区为辐射带动区域(分园区)，解决土地空间问题，通过整合资源迅速扩张产业规模，提升发展速度。但其间也存在着协调管理难度大、不同层次主体间的利益冲突等问题。地方政府在制定支持国家高新区“一区多园”发展相关政策的时候，需要注意以下几个问题。

一是“一区多园”是建立在不涉及各园区的设立、变更、调整和现行管理体制的基础上的，因此国家高新区主园区和各分园均有各自的管理主体，“一区多园”需要在市级层面协调不同管理主体，才能更顺利地调配各园区资源，同时要不断建立完善园区之间信息与资源互通的机制。

二是明确财政税收分成机制，可以借鉴平顶山高新区的财税分成比例，针对“总部＋生产基地”模式中生产基地落户、招引企业落户，设置相应的财税分成比例。这样有助于提高各园区为“一区多园”所有园区招商引资、推荐企业落户的积极性，打造“一区多园”招商“一只队伍”，构建“一区多园”统一招商网络。

三是将国家高新区主园和各分园的“一区多园”发展情况列入年度政府工作考核中，以考核监督整体发展情况，并将考核成绩与地级市政府对“一区多园”的资金支持挂钩，以资金支持促进国家高新区主园和各分园积极助力“一区多园”建设。

以上海国家级经开区与高新区对比分析公共政策对开发区发展的影响

管锡清

《商务部关于印发〈国家级经济技术开发区综合发展水平考核评价办法(2021年版)〉的通知》(商资发〔2021〕188号)中评价办法(2021年版)新设“地方人民政府及主管部门落实主体责任”的评价指标，指标定义为“报告期内，国家级经开区所在地级市或以上人民政府及主管部门是否通过专题会议研究、出台文件等形式履行主体责任，是否改革赋权到位、管理体制顺畅、政务服务高效、统计监测完善等，支持国家级经开区创新发展”，实质就是考核地方人民政府及主管部门是否出台相关政策支持国家级经开区发展。

一、公共政策对开发区发展的作用

从1984年设立第一家国家级经开区后，开发区的设立与发展已成为我国社会经济的重要组成部分，研究国家和各级地方政府政策对开发区发展的影响具有巨大的现实意义。我国的开发区从设立之初就具有基础设施相对先进和完备、特殊的优惠经济政策与不同于地区行政管理的管理体制等优势，是各地社会经济发展最重要的载体之一。

为进一步促进开发区发展，国家和各级地方政府针对特定开发区出台各类政策，这类政策往往具有明显的目的性和导向性。同时开发区作为区域经济发展的载体，走一条仅以市场为导向的自由之路是有局限的：开发区是一个区域，类似小型城市，较多领域具备公共需求，如园区基础设施、社会公共服务中心、公共绿地等方面，需要通过资金投入、财税政策支持等予以扶持。财政资金对开发区公共事务和基础设施的投入是开发区发展的必要前提。另外开发区的产业集聚、自主创新、公共技术服务等也需要政策支持以促进其健康发展，因此开发区需要将政策、机制和市场有机结合起来，市场是政策的导向，政策和机制能更好地促进市场发挥作用，从而形成良性循环，互促互进。政府与市场是开发区社会经济发展的“两只手”，政府出台的公共政策特别是财税政策对开发区发展具有重要作用，是实现开发区资源合理配置的有力工具之一。

二、公共政策对两类国家级开发区发展成效的实证分析

(一)上海市国家级经开区与高新区基本情况

国家级经济技术开发区是我国为实行改革开放政策设立的现代化工业、产业园区，大都位于各省、市、自治区的省会等中心城市，沿海开放城市和其他开放城市，目前我国共有230家国家级经开区。上海市有6家国家级经开区，其中一家是商贸型园区，未纳入本次分析之中。其余5家分别为：闵行开发区，1986年经国务院批准设立的首批14个国家级经开区之一，由闵行园区、临港园区、西区构成；漕河泾开发区，1986年经国务院批准设立的首批14个国家级经开区之一，是上海唯一同时具备国家级经开区、国家级高新区、国家级综保区三重功能的开发区；金桥开发区，1990年开发建设，是国务院批准的第一个国家级出口加工区，2012年转型为国家级经开区，2014年12月纳入上海自贸试验区扩区范围；上海化工区，1996年9月开始兴建，是国内第一个以石油和精细化工为主的专业开发区，2012年升级为国家级经开区；松江开发区，1992年7月正式开发建设，2013年3月正式升级为国家级经开区。上海市5家国家级经开区都以引进先进制造业、发展高新技术产业为主，没有专项发展资金，只享受上海市对国家级开发区普遍的公共政策。

国家级高新技术产业开发区是我国在部分知识与技术密集的大中城市和沿海地区建立的发展高新技术的产业开发区，目前我国共有177家国家级高新区。上海高新技术产业开发区于1991年3月经国务院批准为国家级高新区，2006年3月更名为上海张江高新技术产业开发区，其中张江高科技园区是其最重要的核心园，园区于1992年7月设立后，打造世界级高科技产业集群，引领高新技术产业发展，本文涉及张江高新区的数据仅包括张江高科技园区。紫竹高新区于2002年6月25日奠基，由大学校区、研发基地和紫竹配套区三部分组成，2011年升级为国家级高新区，是我国唯一一家以民营企业为主体运作的国家级高新区。两家高新区是上海市科技创新的主战场，也是上海市高新技术产业发展的重要载体。两家高新区在享受上海市对国家级开发区普遍的公共政策外，还享受专门的专项发展资金。

(二)专项发展资金对国家级高新区的发展实证分析

2011年起，上海张江国家自主创新示范区设立专项发展资金，瞄准世界一流科技园区目标，打造创新环境开放包容、创新主体高度集聚、创新要素自由流动、若干创新成果国际领先的科技园区。另外，上海紫竹高新技术产业开发区还设有单独的专项发展资金，主要用于创新创业功能建设支出、创新产业体系建设支出以及市委、市府批准的重大项建设支出。

表 1　张江专项发展资金基本情况表

时间段	2011—2015 年	2016—2020 年	2021—2025 年
资金的用途	(一)优化示范区综合创新创业环境；(二)培育示范区战略性新兴产业，培育有全球影响力的创新型企业；(三)培育和聚焦优秀创新人才特别是产业领军型人才；(四)提升示范区的辐射带动能力和品牌效应。	(一)优化公共服务环境；(二)集聚培育高端人才；(三)促进创新成果转化；(四)打造创新型产业集群。	(一)培育高水平创新主体；(二)促进创新成果转化；(三)打造创新型产业集群；(四)优化创新生态环境；(五)集聚培育高端人才。
资金额度	每年超过 33 亿元	每年超过 17 亿元	每年超过 17 亿元

本项专项资金是上海市支持国家级高新区发展的最重要的公共政策之一；相对而言，上海市国家级经开区则没有相应的专项发展资金政策，基于这一差异，本文对专项发展资金支持国家级高新区的发展效果进行分析。

1. 园区重点机构情况

本文选取世界 500 强企业地区总部数、上市公司及下属子公司数、认定的国家级功能性园区数等三个指标反映两类开发区在重点机构方面的情况。

表 2　上海市国家级经开区和国家级高新区 2020 年重点机构情况表　单位：家

园区类型		世界 500 强企业地区总部数	上市公司及下属子公司数	认定的国家级功能性园区数
国家级经开区	总量	71	135	66
	均值	14.2	27	13.2
国家级高新区	总量	46	61	38
	均值	23	30.5	19

可以看到，在国家级经开区园区重点机构的总量上，三个指标都比国家级高新区要多，总体较强；从均值分析，国家级经开区三个指标都比国家级高新区低，特别是世界 500 强企业地区总部数，国家级经开区落后较多。

2. 园区创新发展能力

本文选取两类指标反映园区的创新能力，一类是创新机构，主要包括创新研发机构数等三个指标；另一类是创新型企业(竞争力强或未来发展潜力大的企业)，主要包括高新技术企业数等三个指标。

从创新机构分析，国家级经开区公共服务平台数和创新创业服务机构数指标在总量上超过国家级高新区，而最重要的创新研发机构数总量远远少于高新区。从三个指标的均值来看，国家级经开区均落后于高新区，其中创新研发机构数均值更是只有高新区的20%左右。

表 3 海市国家级经开区和高新区 2020 年创新机构情况表 单位：家

园区类型		公共服务平台数	创新创业服务机构数	创新研发机构数	高新技术企业数	专精特新中小企业数	战略性新兴产业企业数
国家级经开区	总量	44	116	232	1433	405	751
	均值	8.8	23.2	46.4	286.6	81	150.2
国家级高新区	总量	30	82	479	1523	114	3046
	均值	15	41	239.5	761.5	57	1523

从创新型企业情况分析，国家级高新区的高新技术企业数、战略性新兴产业企业数指标在总量上高于国家级经开区，其中国家级高新区战略性新兴产业企业数量是国家级经开区的 4 倍多，而国家级经开区专精特新中小企业数比国家级高新区多 2 倍有余。同样从均值分析，国家级经开区仅有专精特新中小企业指标高于国家级高新区，其他两个指标都落后于高新区，特别是战略性新兴产业企业指标，国家级经开区均值只有高新区十分之一，在布局未来产业方面，国家级高新区明显走在经开区之前。

3. 园区招商引资情况

在吸引外资方面，2020 年上海市 5 家国家级经开区实到外资为 9.35 亿美元，平均为 1.87 亿美元；而两家国家级高新区实到外资为 29.07 亿美元，平均为 14.53 亿美元，实到外资总量与均值都远远超过以对外开放为主的经开区。对内吸引投资方面，两类国家级开发区总量相差不大，国家级经经开区略高于高新区；而从均值讲，国家级经开区只有高新区的 45%左右。

表 4 上海市国家级经开区和高新区 2020 年招商引资情况表

园区类型		实到外资（亿美元）	落户内资注册资金（亿元）
国家级经开区	总量	9.35	389.34
	均值	1.87	77.87
国家级高新区	总量	29.07	340.22
	均值	14.53	170.11

4. 园区经济发展情况

国家级经开区的工业产值、营业收入、第三产业营业收入和进出口总额四个经济发展指标总量都明显高于国家级高新区，其中工业产值是高新区的近 5 倍，营业收入是高新区的 2 倍多，这说明国家级经开区对上海市经济发展的重要性明显高于高新区。

表 5　上海市国家级经开区和高新区 2020 年经济发展情况表

园区类型		工业产值（亿元）	营业收入（亿元）	第三产业营业收入（亿元）	进出口总额（亿美元）
国家级经开区	总量	6765.14	17419.48	9397.01	601.44
	均值	1353.03	3483.90	1879.40	120.29
国家级高新区	总量	1425.19	7140.80	5238.77	263.03
	均值	712.60	3570.40	2619.38	131.51

从 4 个指标均值看，高新区第三产业营业收入明显高于经开区，而在工业生产方面则落后于经开区。从中可以看出上海市经开区还是以制造业为主，而高新区则是二、三产业融合发展。

5. 园区社会效益情况

从园区的社会效益分析，国家级经开区对社会的贡献远远超过了高新区，上缴税金总量与均值都远高于高新区；在提供工作岗位方面，5 个经开区提供了 71.4 万个岗位，平均为 14.28 万个，而高新区只有 5.76 万个岗位，平均为 2.88 万个。

表 6　上海市国家级经开区和高新区 2020 年社会效益情况表

园区类型		上缴税金（亿元）	就业人数（万人）
国家级经开区	总量	838.56	71.40
	均值	167.71	14.28
国家级高新区	总量	156.64	5.76
	均值	78.32	2.88

6. 园区高质量发展情况

国家级高新区单位土地产值与单位土地营业收入 2 个指标高于经开区，特别是单位土地产值几乎是经开区的 2 倍。而在单位土地税收方面，国家级经开区明显高于高新区。

表 7　上海市国家级经开区和高新区 2020 年单位土地产出水平

单位：亿元/平方公里

园区类型	单位土地产值	单位土地营业收入	单位土地上缴税金
国家级经开区	93.46	220.15	10.60
国家级高新区	182.92	315.87	6.93

注：单位土地产值为园区产值与已供应工业用地之比；单位土地营业收入和单位土地上缴税金则是园区营业收入或上缴税金与园区已建成城镇建设用地之比。

三、实证分析的结论

从张江专项发展资金政策的实证分析得出以下结论：一是财税政策的作用非常巨大，对园区企业或机构有直接影响。二是专项发展资金对高新区创新能力具有重要促进作用，特别是对创新研发机构、高新技术企业与战略性新兴产业企业起到巨大的助力作用。三是园区的创新能力提升增加了园区吸引外资的能力，高新区的实到外资明显高于经开区是重要佐证，同时也进一步提示国家级经开区作为对外开放的主战场，需要大力提升创新发展能力。四是国家级高新区在发展自主创新能力的同时，大幅提升了园区的高质量发展水平，土地集约节约利用水平明显高于经开区，在上海市土地稀缺的现状下具有重要的现实意义。五是国家级经开区对区域的经济发展和社会效益两个重要方面的贡献都高于高新区，建议国家级经开区设立推进发展的专项资金，以进一步促进经开区以创新为基础的对外开放。

上海低效用地转型升级及相关政策研究

卢瑞轩

在工业化、城镇化快速发展时期，建设用地供需矛盾在大型城市更加突出，大力促进节约集约用地，走出一条建设占地少、利用效率高的符合城市更新需求的发展路径，这关系着城市未来的产业空间拓展。上海城市发展处于经济动能转换的关键阶段，资源环境约束趋紧，在建立“以亩产论英雄”“以效益论英雄”“以能耗论英雄”“以环境论英雄”的激励约束机制下，盘活存量资源，加快腾笼换鸟，着力提高经济密度和投入产出效率，为进一步提高土地节约集约利用水平，促进产业高质量发展，推动工业园区转型升级发挥了重要作用。

一、上海低效用地政策分析

按照政策发布时序，主要从研究背景、认定类型以及各区政策对比三个方面，对上海低效用地政策进行梳理分析，全面了解上海在低效用地方面的顶层设计情况。

（一）低效用地研究背景分析

从国土资源部下发《关于加大闲置土地处置力度的通知》到国务院印发《关于促进节约集约用地的通知》开始，全国各地组织开展建设用地普查评价，对现有建设用地的开发利用和投入产出情况做出评估，严格执行闲置土地处置政策，鼓励开发区提高土地利用效率。上海在此背景下，至今已发布多项与低效用地相关的政策，低效工业用地认定标准和定期更新评估机制也在不断深入，以解决用地规模接近极限，土地供需矛盾突出，建设用地布局分散、结构不合理、用地效率不高等问题。通过加大批而未用、低效闲置土地专项整治力度，建立完善低效用地认定、处置办法和工作机制，从而更好地应对资源环境“紧约束”的挑战，落实最严格的土地管理制度，转变土地利用方式，提高土地利用效率和效益，推动存量低效用地转型升级，实现土地资源更集约、更高效、更可持续的高质量利用。

表 1　上海市级低效用地政策文件汇总

序号	文件名称	文号
1	《关于进一步提高土地节约集约利用水平的若干意见》	沪府发〔2014〕14 号
2	《上海市低效工业用地标准指南(2014 年版)》	/
3	《关于本市促进资源高效率配置推动产业高质量发展的若干意见》	沪府发〔2018〕41 号
4	《关于本市全面推进土地资源高质量利用的若干意见》	沪府规〔2018〕21 号
5	《上海市低效工业用地标准指南(2019 版)》	沪经信产〔2019〕216 号
6	《本市低效产业用地处置工作的实施意见》	沪规划资源用〔2019〕475 号
7	《关于印发市级项目土地指标分配使用管理办法等三个文件的通知》	沪发改财金〔2019〕39 号
8	《关于进一步完善低效建设用地减量化土地复垦项目管理工作流程的通知》	沪规划资源施〔2020〕424 号
9	《关于有序开展本市规划区外国有企业低效建设用地减量化工作的通知》	沪规划资源施〔2021〕486 号
10	《关于实施全域土地综合整治的意见》	沪府办〔2022〕13 号

(二)上海低效用地类型的认定

截至目前，上海低效工业用地主要分为四大类：第一类是负面清单认定的，以及各级政府专项整治列入“关停并转”范围的工业用地；第二类是闲置工业用地；第三类是开发效率低下的工业用地；第四类是土地综合产出效率低下的工业用地。

与早期相比，有多方面的变化，一是把闲置工业用地纳入低效工业用地；二是增加了土地综合产出效率低下的工业用地；三是在认定上调整了不列入低效工业用地范围企业；四是在管理上进行了产业基地、产业社区范围内、外的区分。

表 2　上海低效用地认定类型

类别	具体内容
第一类	指向不符合我国及本市产业导向的工业用地，指导各区、集团公司开展产业结构调整工作，落后的生产工艺、装备、产品，应按规定期限淘汰，届时一律不得生产、销售、使用和转移，从而加大本市产业结构调整力度。

续表

类别	具体内容
第二类	指向供而未用致使土地闲置，降低土地利用率的工业用地，目的在于促使工业项目尽快开发建设。
第三类	指向不及时投产的工业用地，根据《本市加强本市工业用地出让管理的若干规定》《全生命周期管理出让合同》或者《合同标准文本》进行合同解除和退出。
第四类	指向绩效不达标的工业用地，包括达产3年经认定不达标的以及资源利用效率评价为D类的企业。

(三)各区低效用地政策对比分析

以下主要从政策出台、管理机制、处置工作等多领域重点内容进行对比分析。

1. 在政策出台方面

各区主要结合本区实际，在政策出台的时间安排上有较大不同。宝山区、金山区、松江区在2021年制定的低效用地处置方案中明确了低效用地标准，部分区在2022年出台了最新的低效用地减量化实施办法、细则、管理办法等，少部分区沿用早期制定的标准和处置政策，与市级最新出台的政策相比，在实际运用方面存在政策滞后性。中心城区涉及低效工业用地较少，主要参考市级政策以及行业指导目录或产业结构调整指导目录。此外，由于各区的发展水平存在较大不同，对于低效用地的认定标准差别较大，全市低效用地、用房不能形成统一标准，市级的认定指南仅作参考。

2. 在管理机制方面

各区主要通过多部门联合方式对低效用地实施管控，比如浦东新区、松江区、金山区、宝山区、崇明区等，都对低效工业用地各项具体实施内容进行落实和部门职责分工。其中，浦东新区做了详尽的可操作性规定，并增加具体管控与引导的操作口径，宝山区成立工作推进小组，建立低效用地处置计划执行评价机制，松江区根据盘活项目需要进行主要领导、分管领导“一事一议”专题协调，青浦区发挥产业园区和结构调整工作领导小组的重大作用。此外，部分区在最新管理方式上还制定了资金奖励机制等。

3. 在差别化处置方面

各区基本上都对低效用地进行资源要素差别化配给机制，实施差别化政策，如实施差别化的水电气热、环保限制、土地供应、技术改造、金融服务政策，并加强监督执法，严控低效产业用地转让，通过正向激励和反向倒逼使企业有序退出或转型升级。浦东新区对低效用地采取取消政府对企业专项资金的使用资格，取消政府对中小企业的贷款担保资格，取消土地使用税减免等涉企财政补助奖励政策。金山区支持低效用地转型升级，鼓励优质企业优先使用低效产业用地，提升低效用地再利用效率。

表 3　上海区级低效用地政策文件汇总

序号	行政区	文件名称
1	宝山区	《宝山区低效产业用地处置工作的实施方案》(宝经委〔2021〕3 号)
2		《关于进一步规范和完善减量化工作的实施细则》(宝府办〔2022〕16 号)
3	嘉定区	《嘉定区低效产业用地处置工作实施方案》(嘉规划资源地〔2020〕7 号)
4		《嘉定区低效建设用地减量化指标及资金使用管理实施办法》(嘉规划资源〔2022〕1 号)
5	浦东新区	《浦东新区“低效使用”产业用地处置口径》
6	闵行区	《闵行区集建区外现状建设用地减量化工作相关用地指标统筹使用管理办法》
7	松江区	《关于存量低效工业用地盘活处置工作的实施方案》(沪松府〔2021〕89 号)
8		《松江区关于进一步加强城市开发边界外现状建设用地减量化及一般复垦工作管理办法(2022—2024 年)的通知》(沪松府〔2022〕100 号)
9	崇明区	《崇明区关于加强产业园区闲置、低效工业用地管理的实施意见》
10		《上海市崇明区集建区外现状建设用地减量化管理实施办法》(沪崇规划资源〔2021〕157 号)
11	青浦区	《青浦区鼓励低效工业用地盘活的实施意见》
12		《关于进一步加强减量化资金使用监管的通知》(青规划资源〔2021〕43 号)
13	金山区	《金山区低效产业用地处置工作实施细则》(金规划资源〔2021〕6 号)
14		《金山区集建区外现状建设用地减量化指标管理办法》(金规划资源〔2021〕132 号)
15		《关于实施金山区减量化工作激励措施的通知》(金规划资源〔2022〕59 号)

二、上海低效用地转型升级的效果及亮点经验

笔者从纵向角度对上海市低效用地盘活的效果进行分析，横向挖掘各区低效用地处置的显著亮点做法，为低效用地转型升级提供范式参考。

(一)上海市低效用地转型升级的效果

近年来，上海市级层面通过指导督促国企加快低效用地盘活退出，鼓励

各区创新低效用地收储和园区平台回购方式，较快形成全市建设用地总量约束共识，新增建设用地逐年大幅减少，存量建设用地盘活成效显著。通过两轮低效用地减量化三年行动，已累计完成低效建设用地减量化 73.8 平方公里，同时建立新增建设用地与减量化相挂钩的机制，完成全市资源利用效率评价 D 类企业即低效用地布局图，园区已供应工业土地单位土地工业总产值从低于 70 亿元/平方公里到接近 80 亿元/平方公里，目前园区单位土地上缴税金超 10 亿元/平方公里，整体上各项指标实现稳中有升，充分证明低效用地转型升级取得重大成效，为新项目导入提供高品质充足空间。

(二)各区低效用地转型升级的亮点经验

在上海开展低效用地转型升级的基础上总结经验，主要选取有突出亮点的三个区进行重点分析。

1. 以产业图斑的全生命画像管理低效用地

浦东新区按照认定标准，对企业进行排摸、整理和分类，根据数据计算，梳理低效用地名单，在考虑疫情等特殊形势基础上，分析低效原因并做出处置方案，密切关注低效用地的提质增效，部分低效用地图斑的实时跟踪处置案例具有典型借鉴意义。他们通过对产业图斑的全生命画像，以单个宗地为主要处置单元，按照空置率和经济效益情况等确认低效用地图斑，从方案推进、已处置、实现提质增效等进展分门别类确定转型升级情况，实现阶段性整治向产业用地长效管理的转变，同时对土地进行分类认定细化、处置措施优化、处置对象锁定、考核办法制定等具体举措，对于低效用地管控退出机制进行有益探索。

2. 以低效用地资源再配置平台进行动态监管

金山区建立低效产业用地资源再配置平台，依托经济信息管理平台的分析功能，逐月分析各个地块的亩均产值和亩均税收情况，逐月显示低效用地经济运行情况和低效用地减量完成情况，对已确定的低效产业用地适时进行信息公布，加快资源重新配置，让优质企业、优质项目更高效地取得生产经营场所，让低效产业用地更快速地退出，从而更好实现“腾笼换鸟”。此外，加强低效产业用地盘活的统筹管理，对低效产业用地实行清单式管控，严格低效产业用地的租赁管理，限制低效用地的无序转租行为，并对工业园区以及各镇分别进行低效用地盘活案例分析，不断挖掘新思路新方式。

3. 以前瞻性思维谋划低效用地未来解决对策

松江区通过锁定项目、锁定时间、锁定主体、锁定区块、实地审核，科学确定低效用地转型项目，对城市开发边界线内外、产业区块内外的存量工业用地实施分类引导。他们在锁定低效用地基础上，编制盘活计划表，明确盘活地块信息、地块现状产出信息、盘活方式、盘活时间进度等，科学制定盘活实施阶段至2025年，并在未来多年内定期开展考核评估。各部门相互协作配合，对盘活计划的进展情况进行跟踪督导，对纳入盘活范围的地块给予招商关注，以前瞻性思维谋划低效用地未来解决对策。

三、上海低效用地转型升级的难点和原因分析

上海在低效用地转型升级方面取得重大成效，但实际也面临一些痛点堵点亟待解决，以下主要结合政策运用、资金支持、减量化任务三大内容进行研究分析。

（一）定期推进低效用地处置的部分政策工具受限

目前市区两级普遍提到的差别化资源要素配置政策，如差别化的水电价等，在运用政策的实际操作中，显得比较谨慎。各区及园区开展资源利用效率评价的标准体系有待进一步验证，对于评价结果的科学性、完整性、合理性有时说服力不足，每年定期更新评价时获取基础数据较难，仅靠调查难以确保数据准确性，大部分时候评价结果仅作为参考使用。对于评为D类企业的处置，在上位法律和政策依据以及上级指引不够的情况下，区级及以下部门对存量低效用地可采用的政策工具受限，执行差别化政策较为困难。

（二）针对不同类型低效用地处置的财政支持不够精确

一方面是对于不同类型的低效用地处置，部分激励措施以及配套管理办法针对性不强。低效用地盘活与土地厂房所有人的利益息息相关，部分拆迁收储类型项目处置时间周期更是漫长，在盘活期易导致地块处于无产出状态，对于政府部门的经济考核以及土地厂房权属人的经济利益都产生较大影响，现有措施难以缓解压力，易造成矛盾激化，目前各区最新出台的低效用地减量化资金使用、监管和激励政策使该情况正逐渐改善。另一方面是专项补助办法，主要针对低效用地类型中的第一类进行，对于新增的D类低效用地处置和盘活缺少明确的专门资金支持。在企业退出市场价格预期较高的情况下，部分区域大规模收储回购存在资金缺口。在低效用地处置后，资金短缺导致改、扩建标准厂房转型困难，腾出的厂房在房屋结构、配套设施等方面与优质项目导入适配性不佳，在长效管理上出现新的问题。

（三）多重因素导致低效用地减量化任务受阻

一是在《上海市加快经济恢复和重整行动方案》中提出，加大净增建设用地指标，适当调减2022年度低效建设用地减量化任务，疫情等特殊事件导致出现部分临时性低效工业厂房和用地闲置，同时部分减量化任务延后。二是低效建设用地减量化面临未来潜力空间收紧、基层实施难度加大等情况。三

是历经8年的产业结构调整，部分产业园区腾出产业用地面积明显高于消化利用面积，土地资源利用率不高，同时新项目的导入需要一定周期和更高标准，部分区域继续处置低效用地的积极性削减。四是部分企业未严格按照全生命周期管理要求进行履约生产经营，工业用地已经达到闲置或开发效率、综合产出效率低下条件，部分区域疏于监管以及整改力度不够深入。

四、关于上海低效用地转型升级的几点建议

基于上海在低效用地处置和转型升级中的难点和瓶颈，为进一步优化低效用地减量化方式，特提出以下三方面建议。

(一)针对不同类型低效用地提高精细化管控水平

一是按照上海未来几年低效建设用地减量化面积12—15平方公里/年的约束性目标，针对不同类型低效用地制订明晰计划和更详细重点推进任务，分门别类进行精细化管控。二是精准定位，按照城镇开发边界、产业基地、产业社区、战略预留区、规划重点发展区等不同区域进行排摸，通过地址确认和无误落点进行低效用地精确划分。三是多管齐下、多措并举落实低效用地精准整治，发挥多部门联合力量和不同手段方式，从严从紧促进低效用地空间释放。四是重点聚焦盘活空间的项目准入，明确各地块的具体利用方式和盘活意向，转变土地利用方式，降低新项目导入周期，使盘活的空间资源真正提质增效，二次开发取得实质性进展。

(二)加强市区协作促进低效用地有效处置

一是各区对于低效用地的认定标准有可调整空间，市级部门可对各区制定的低效用地标准进行把关和指引，推进市区协作。二是总结各区好的经验做法进行复制推广，充分研究市区两级低效用地政策的适用性，发挥市级二次开发基金和社会资本参与园区二次开发作用，探索利益共享机制，加强对低效工业用地转型升级、二次开发模式方法和路径的研究。三是针对各区发展水平不一，由市级按照用地类型、区域位置等分区提供更具体的低效用地标准、资金使用、激励办法等参考，各区低效用地认定标准和政策应更贴近实际制定，为开展处置工作明确方向，促进相关措施执行到位。四是对不同类型低效用地分类处置后的社会、经济风险进行提前分析，为低效用地的盘活降低隐患。

(三)建立信息库进行动态跟踪及时监管

一是强化动态管理，建立更新机制，加强市对区，区对街镇、产业园区低效用地的监管。二是促进建立各区低效用地数据信息库并联通市级部门，各部门协同及时做好定期数据更新，畅通数据互通渠道，由经信部门优化和

完善各项经济数据指标的设计，确保低效用地认定和处置的合理性。三是针对重点区域盘活项目储备库，要定期梳理工作把控进度，充分发挥技术优势，对低效和闲置用地，特别是新认定的D类企业用地进行精准和定量分析，定期显示低效用地经济运行情况和低效用地减量完成情况，分析再开发和利用提升的潜力。

土地更新破难题

关于产业用地使用权到期，专家业者如是说

《上海市城市更新条例》颁布以来，上海市产业用地更新工作备受关注。日前，上海市开发区协会以“产业用地使用权到期相关问题”为主题召开研讨会，与会专家就产业用地使用权到期的相关法律背景、政策导向、工作思路和操作方法等问题展开深入探讨。会议期间，专家结合自身经历体会各抒己见，从不同视角剖析产业用地使用权到期所面临的问题与挑战，并提出关于更好处理该问题可采取的方式方法的展望与建议。

相关法律背景及政策思考

孙新华　上海市规资局法规处处长

“土地使用权到期分很多情形，单土地一级市场以出让方式获取使用权的到期土地的处理方式都极为复杂。”

从在土地一级市场以出让方式获取使用权的到期土地来看，《国有土地转让与出让暂行条例》明确了工业、居住用地出让年限，且到期后收回，但实践中较为复杂。因此，1994 年，出台《城市房地产管理法》，明确居住用地到期后可以自动续期，但没有说用不用交钱、续多少年，相关实施细则由国务院另行规定，但目前无另行规定。工业用地从未讲过到期可以自动、免费续期。《城市房地产管理法》第二十二条，明确规定土地使用权出让合同规定的使用年限届满，土地使用者需要继续使用土地的，应当在届满前一年申请续期，除根据公共利益需收回的外，政府部门应当予以批准，批准后应当重新签订土地出让合同，依照规定缴纳土地出让金。否则，无偿收回。需要退出的不愿意退怎么办，先协商，协商不成则强制征收，征收原则可以参照《房屋征收条例》《土地管理法》(比如，公共利益需要，包括城市规划调整为教科文卫体、交通能源、棚户区改造、成片开发等，给对方适当补偿)。除了到期，还存在即将到期土地续期改变用途(按照新规划)，以保障土地使用权问题。难点在于到期土地继续使用要不要收费的问题。

朱蕾　上海市地调院国土资源经济研究所副所长

“续期与立法中需要增加的收回模块关系很大。大法里土地征收收回条件、标准较为清晰，但非征收收回标准和补偿不明确。”

法理来讲，到期土地使用权就不归企业了，为了经济发展、企业稳定才会续期。要分清哪些是可以续期的，所以就要参考收回条件，比如公益性(比如修路)、城市化不续期，全生命周期管理中规定合同到期后指标达不到全生命周期管理要求不能续期，在合同里都有。续期还涉及年限与价格，比如按照什么价格补缴出让金，全生命周期管理规定中说明可以按原价续期，以鼓励采取产业用地延期方式拿地。本次城市更新产业盘活相关条例政策明确讲城市更新中涉及收储、再供或收回，要按照相关规定明确年限，若按照存量补地价则可以依据规划方案重新确定年限、主体变更。

工作思路方法分享及建议

张赛　金桥管委会规建处

“以续用为主，给市场主体一个安全的投资环境和可靠预期，使其以相对较低的成本继续使用土地，产出更高经济价值。”

就金桥地区而言，土地部门把成片土地出让给金桥开发公司(期限大概到2050年)，再由其根据项目需要分块转让给企业。目前，金桥地区集中到期的产业用地有2种类型：一是中外合资企业用地，占到期用地的大部分，主要因为其受工商注册期限限制只能签20—30年租用合同(目前已经没有此类条件限制)；二是土地作价入股的产业用地，占到期用地的小部分。2015年以来，到期地块主要是金桥股份(或金桥集团)出让出去的，2025年之前到期的约20块，目前处置了一半。处置方式有3种：一是收回，这种占极少部分，主要是针对低效不用的企业，二是续签，若之前为转让可继续转让，若之前为出租则继续出租；三是转为租赁，比如由之前的转让转为租赁，因为转为租赁手续比较简单，对于一些不符合环保要求的企业，转为相对短期的租赁也可以给予其过渡期，边走边看，再决定后续继续租赁或者异地安置。处置流程一般是由开发公司去协商，同时辅助一些其他手段，协商一致则续签。但是目前，市区两级对于续签，暂时还没有完整的体系或要求，基本上只是落实环保要求(如土壤检测)、产业认定(参照现有产业准入要求)、资产评估、领导小组会议等程序。回收主要涉及价格问题，双方就地上房屋价值谈判，谈不拢就需要走法律程序。

本质上来说，产业用地使用权到期处置行为涉及产业用地循环使用开发机制，最佳方案是使产业用地使用空间能够流动使用，主要目的是提高产出和高质量发展。从产业用地管理角度来说，产业用地是产业发展空间，需要有产出。同时，产业用地是不动产，在法律层面受到保护，在处置时应该和其他不动产一样有相对权威标准的手续，否则会带来不稳定因素。所以，总体上要有一个价值判断：以续用为主，给市场主体一个安全的投资环境和可靠预期，使其以相对较低的成本继续使用土地，产出更高经济价值。同时，对产业用地采用全生命周期管理，对低效产业用地实施全过程、实时、动态监控处置。归根结底要有一个指标体系评判企业优劣，同时要符合环保要求。另外，企业与区域是“共同体”概念，如果企业有需求，产业用地更新可以让市场主体更多参与进来。

王兵　漕河泾集团规建部总监

“建议到期土地整个片区、整个街坊、整个园区地与城市更新结合，而不是与某一块地结合；续期项目因仍在有序发展，要与全生命周期结合，要有产业、税收等评估机制。”

漕河泾从成片开发到现在，历经多次转型和城市更新。外资企业租赁协议到期处置有 2 种情况：一种是产业自然淘汰则收回，类似嘉会国际医院现用土地；一种是鼓励把土地使用费一次性缴清(补缴)，比如泰克。此外，集团整片开发的工业用地有 2 种收回处置方式：一种是集中清退，对土地上的建筑物残值评估，收回后自主更新或提容，比如商汤以 2.0 容积率、免出让金方式提容，创新大厦以 2.0、3.0 容积率、免出让金方式提容，经济效益上算得过来；另一种是转型，比如与英业达、英华达未到期土地(厂房)合资，成片为园区配套做贡献，包括建设成片绿化带、细化大区块内部支路等，保证交通通行，同时把公共绿化带等公共区域全部打开，逐步转为开放型园区。但这得益于城市化发展过程中楼市售价不断提升和中心城区优势区位，偏远地区可能无法实现。

> 案例：英华达 20 多亩土地，2.0 容积率的工业用地出让金全部支付后，转为 3.0 容积率的商业办公，补缴 3.8 亿元出让金，还有 10%的贡献由园区统筹，提供公共绿化带、公共通道，给街道配备公共设施，但土地权属仍归企业。英业达转数据中心，税收从其他地方补。

建议到期土地整个片区、整个街坊、整个园区地与城市更新结合，而不是与某一块地结合；续期项目因仍在有序发展，要与全生命周期结合，要有产业、税收等评估机制。上海不缺工业用地，主要是如何做好存量盘活、转型。

未来发展关注点

黄志刚　原宝山高新区管委会主任

“产业用地使用权到期后主要要考虑几件事情：一是产权属性；二是处置

方式；三是续租的市场公平原则。”

宝山有两个外资企业土地使用权到期案例，其中一个是化工企业，因为镇里想用其房屋，价格谈拢后，企业退出，另一个经营制造类企业是采用延期，但没有讲延期多少年(只办理了营业执照延期)。弹性出让的初衷是便于转型，后来是降低企业投入成本。产业用地使用权到期后主要考虑几件事情：一是产权属性要搞清楚，回归产权主体明细，是不是回归政府；二是处置方式以续租为主，稳定市场主体，土地上不能赋予太多条件；三是续租可以采用市场公平原则，转让时收差价或增值税，由转让主体支付，区里研究具体操作原则。

潘春辉　金桥集团规建部总监

“早期存量用地更新可以贡献土地或者物业，现行城市更新条例要求按1∶1贡献建筑量，对于企业来说已经无法贡献土地了。”

金桥集团成片土地买下来开发是以基建为主。从近期招商经营来看，目前大部分土地还有20—30年使用权限，但是因为有50％的出让指标要求，优质客户会提出延长租期需求。现在工业(产业)用地不收地价费用，那增加年限可不可以？是补足费用还是通过认定方式自动续期？目前不明确。从招商实际来看，部分客户需要较长的使用期限，20年不太能接受，对于延长年限暂时没有案例。对企业来说，土地储备和企业城市更新因为都要有贡献，土地储备是全部归零？城市更新是重新界定规划指标和地价？哪个更划算？

推动以园区为主导的产业用地使用权续期制度建设

周思勰

土地作为产业发展所必需的生产资料，也是全国各产业园区发展的重要基础。在我国土地公有制的大背景下，从中央到地方陆续出台过一系列的法律法规和相关规定。但是在当前法律法规体系中，关于土地使用权续期问题的内容仍然有较大的空白，尤其是在产业用地使用权到期方面，目前各地仍然没有系统的解决方案。与此同时，相较于住宅等用地，产业用地使用权到期问题尤其特殊，亟须推动以园区为主导的产业用地使用权续期制度建设。

一、产业用地的特殊性

产业用地不同于其他用地，在续期问题上有其特殊性，需要予以特别的关注。

一是产业用地使用权具有特殊的使用期限问题。不同于住宅、商业、科研等用地，产业用地使用权往往采用弹性出让制，即不按照法定最高使用年限出让。这就使得产业用地使用权临期问题变得尤为突出。如上海于2016年实行产业用地全生命周期管理后，产业用地使用权定为20年；苏州工业园区于2020年试行产业用地“10＋N”出让模式。考虑到上海1988年在全国率先开启土地有偿使用，上海将在2035年左右集中面临一批产业用地到期问题；苏州将在2029年面临一批产业用地到期问题。故此，产业用地使用续期问题不同于住宅和其他类型用地，迫在眉睫地需要相应的制度建设。

二是产业用地市场一二级倒挂严重。产业用地不同于其他类型用地，具有更多的“生产资料”属性，为保障城市产业发展，往往在一级市场上对产业用地采取“限价”供应，在经济发达地区往往按照土地基准价出让，在其他地区往往采用土地基准价的70％出让。同时，由于近些年土地价格的上升，导致产业用地在二手市场上价格上涨幅度较大。产业用地一二级市场价格严重倒挂，较高的市场价格使得产业用地使用权到期后的回收补偿和续期缴费工作面临极大的挑战。

三是产业用地产权现状复杂。产业用地的产权现状存在着多种复杂因素。1. 早年划拨的工业用地目前仍然没有完全按照经营性用地有偿使用的大原则完成划拨转出让手续；2.20世纪80年代末和90年代初招引的大量外资由于其工商登记时限(30年)原因，导致目前存在着非合法使用产业用地的情况；3.园区开发建设主体(开发公司或管委会)通常在早年通过向政府办理大产证再向企业转租赁或转出让，该模式使得工业用地的实际使用人面临土地使用合规性风险；4.工业用地上的工业物业由于早年管理等原因，已经经过多次转卖和转租，使得物业产权人分散。

四是产业用地管理和运营专业化。不同于住宅和商办类用地，产业用地的管理和运营专业化程度较高，往往有相应的园区管理主体从企业服务、工商税务、经济发展等方面入手负责整体园区运营管理，并承担一定政府职能。园区管理主体(开发公司或管委会)长期以来在一线，有专业知识、专业人才和组织资源，能够解决园区内产业用地的各类复杂问题。

上述的特殊性就使得产业用地使用权的续期问题不同于其他类型用地。从工作难度上说，时间紧、工作难度大，从工作方法上来说，有着园区管理主体这一重要的先天优势。故此，推进以园区为主导的产业用地使用权续期制度建设，是解决产业用地使用权续期问题的最有利途径。

二、园区主导产业用地续期的合法性

园区主导产业用地续期不仅仅便于解决续期中各类棘手的难题，同时由园区主导也是有法可依，有据可循的。

一是涉及产业用地的城市更新内容，园区管理主体完全有资格作为更新主体主导园区更新。由于城市更新的特殊性和园区更新在城市更新中的特殊性，各地均允许在园区类的更新上指定更新主体，而非通过市场方式遴选主体。如《上海市城市更新条例》第二十条明确规定“属于历史风貌保护、产业园区转型升级、市政基础设施整体提升等情形的，市、区人民政府也可以指定更新统筹主体。”这就在城市更新的大背景下，在产业园区整体转型升级的宏观体量要求下，予园区管理主体主导园区内产业用地使用权续期实际操作上的认可。针对某一园区内多数产业用地使用权到期，少部分尚有剩余使用期的情况，园区管理主体可以通过大片区更新的方式，推动园区转型升级，并在这一区域宏观背景下做细产业用地使用权续期的相关具体工作。

二是涉及使用权到期后，对于国有土地上建筑物的征收工作，园区管理主体具备作为征收工作实施者的法律资格。产业用地使用权到期后，地上的房屋涉及征收和补偿工作，可以说使用权到期续期问题和国有土地上房屋征收问题紧密相连。而园区管理主体(开发公司或管委会)长期以来受各地政府委托具体操办土地一级开发工作，是符合规定的征收工作实施人。

三是通过土地出让合同确认，园区管理主体是可以约定使用权续期条款的。在各地的土地使用权出让标准合同中往往会有约定使用权到期后的相关条款。如上海在实行土地全生命周期管理后，推行了《上海市国有建设用地使用权出让合同（工业用地产业项目类）》标准合同，其中第五章规定了期限届满后的相关条款“受让人需要继续使用本合同项下宗地的，应当至迟于届满前一年向出让人提交续期申请书，并在提出续期申请前需向(产业管理部门或园区管理机构)申请综合评定。经(产业管理部门或园区管理机构)认定，受让人在该地块上的产业项目符合产业导向和准入标准的，出让人应当予以批准续期。受让人应当依法办理出让、租赁等有偿使用手续，重新签订出让、租赁等土地有偿使用合同，支付土地出让价款、租金等土地有偿使用费。”这一标准合同中的条款实质上是赋予了园区管理机构决定是否同意原产业用地使用人续期的权力。

三、园区为主导的产业用地使用权续期制度建设要点

在当前产业用地续期问题错综复杂的情况下，园区管理主体从法律上说具备了合法性的条件，从能力上说具备了多重实操优势，为进一步推动产业用地使用权续期问题的解决，应当建立以园区为主导的制度。这一系列的制度建设时间紧、任务重，需要尽早谋划，尽快启动相关工作。

首先要加速推动地方立法，尽快给予园区管理主体在产业用地续期问题中的主导地位。一是要加快地方立法进程。在我国中央和地方的权责体系下，土地问题属于地方事权，约定产业用地使用主体权利义务关系的《使用权出让合同》中甲方一般为县市人民政府自然资源主管部门。地方立法权完全可以在《民法典》《土地管理法》等国家法律的覆盖下完成对本区域内的产业用地续期实施工作。二是要在地方立法进程中尽快明确园区管理主体在产业用地续期工作中的主导地位。可以效仿各地《城市更新条例规定》，约定产业用地续期工作中，由地方政府制定具体工作责任主体。

其次要加快对“合格的”园区管理主体的认定及权限下放。以上海为例，在《上海市国有建设用地使用权出让合同（工业用地产业项目类）》标准合同中明确了“园区管理机构”批准产业用地使用权续期的权力，但是在实际工作中，往往是在合同中约定各区经委为批准的主体。故此，希望尽快推动标准合同中的有批准权限主体的认定。可以先期在上海五大新城和南北转型区域中各选择一个主要的园区管理机构作为批准权限下放的试点园区，各区政府按照营商环境提升的要求，充分下放相关权限，将试点园区管理主体列明为标准合同中的产业用地使用权续期批准主体。

最后要强化地方政府直接与园区管理主体联系统筹的机制。在土地使用权续期问题中，往往是规划和自然资源部门掌握了较大的话语权。在我国特有的条线分工下，应当明确产业用地主要是为产业服务，推动园区管理主体在产业用地续期问题上掌握更大的话语权。其中最重要的就是强化园区管理主体与地方政府的联系统筹机制。一是在续期申请和批准过程中，地方政府应当多听取园区管理主体的意见，而非根据某些硬杠杆标准对产业“一刀切”管理。由于园区管理主体是对企业最熟悉的，同时也是对产业用地产出绩效负有最主要责任的，所以根据园区管理主体的意见审核产业用地续期申请是最为恰当的。二是在使用权续期费用的收缴和使用上，应当多考虑园区的实际经营情况，保障园区的长久经营。三是强化产业用地全生命周期管理中园区的作用，产业用地使用权续期问题其实是土地全生命周期管理中的一环，要将对土地集约高效利用的指导纳入到土地使用的全流程中，而不能将所有的“希望”寄托在土地使用权到期后的处理上。要在“全生命周期”中更积极发挥园区管理主体的作用和能动性，给予园区管理主体更大的话语权。

产业用地使用权到期处理实例研究

蒲雅丽

产业用地到期后的处理是一个复杂而又关键的问题，涉及企业、政府和居民等多个利益相关者的需求和利益。不同国家和地区基于土地政策，在土地相关问题上有着不同的做法，如中国的“两权分离”政策、美国的土地重置政策、法国的土地合理化政策等。在这些政策的指导下，许多案例都得到了解决，产生了诸多经验。本文提及的浙江省海宁市、浙江省金华市、广东省佛山市产业用地到期处理案例，不仅展示了政府的重要作用和决策过程，还全面体现了产业用地到期处理等相关政策的实施，指导了各地区的实际操作。这些案例浓缩着政府、企业和居民在产业用地到期处理中所面临的问题和挑战，是一个探究产业用地到期处理的良好开端。通过深入探讨这些案例，我们可以了解如何更好地处理产业用地到期问题，从而推动区域经济的发展，促进产业园区的可持续发展。

一、政府及平台公司在产业用地到期处理中的作用

政府在产业用地到期处理中，扮演着至关重要的角色，需要参与产业用地的规划和设计，进行中期监管以及对到期处理的监督。其中，政府在处理过程中的重要任务包括以下内容。

规划和设计：政府需要依据地区规划以及产业发展趋势，负责产业用地的规划和设计，确保产业用地使用的合理性和科学性，避免资源的浪费和滥用。

中期监管：政府需要对产业用地进行中期监管，及时发现并解决可能存在的问题。同时，需要对用地进行妥善管理，避免破坏生态环境、污染环境等问题。

到期处理监督：政府需要对产业用地到期后的处理进行监督，确保处理过程的公开透明和公正公平。同时，政府还需要对用地进行评估，确定转让价格，确保产业用地顺利交接。

除政府外，园区的平台公司也在其中扮演着重要的角色。园区平台公司作为产业发展的重要载体，它需要承担以下职责。

协调：平台公司需要负责协调政府和企业之间的沟通，处理产业用地到期处理相关的问题。

转型：产业用地到期后，有可能需要进行产业结构的调整和转型，平台公司需要协助企业完成转型，帮助企业拓宽发展空间。

运营：平台公司需要积极推广园区品牌和资源，吸引更多的企业进入其中，推动产业用地的再生和发展。

二、部分地区相关政策措施借鉴

近年来，各地陆续出现产业用地到期问题，部分地区开始出台相关政策和措施，如鼓励续期、转型、合作共赢等，帮助企业延长工业用地使用期限，避免浪费和资源闲置。

(一)浙江省义乌市：用地到期后延长使用期限

义乌市于2018年制定了《义乌市工业用地续期管理办法》，对于按规划要求建设、未擅自改变土地性质和规划用途的企业，可以在用地到期前的6个月内，向国土资源局申请办理续期。续期的期限最长不超过建设用地初始使用年限的80%。

(二)江苏省苏州市：采用土地交易形式实现工业用地的内部转移

苏州市建立了“工业用地使用权并购制度”，旨在通过内部转移的方式实现土地性质的不变。即企业所持有的工业用地使用权到期时，苏州市政府会为企业提供新的土地，并在新土地上重新签订土地使用权合同，以替代原有合同。调整后，企业即可用新的土地使用权替代旧的土地使用权，使工业用地得以持续稳定使用，从而避免闲置和浪费资源。

(三)广东省深圳市：采取土地存量平衡的方式实现工业用地的性质不变

深圳市在工业用地治理中，采取了存量平衡的方式，对未来三年内到期的约2000个工业用地进行评估。对符合条件的工业用地实行存量平衡，即将种类、面积、价值和利用程度相当的土地相互替换，以实现工业用地性质的不变。调整后的土地可以再次开发利用，有效缓解了土地资源短缺的问题。

总的来说，不同地区政府通过采取延长使用期限、内部转移、土地存量平衡等方式，可以帮助企业避免资源浪费和闲置，促进工业用地的稳定使用和经济可持续发展。

三、产业用地使用权到期的案例探析

案例一：浙江省海宁市某纺织厂产业用地到期处理

浙江省海宁市某一纺织厂的产业用地使用权到期后，政府采取了有效的措施将地块转让给另一家企业使用，实现了用地的有效利用。首先，政府与纺织厂进行了充分的沟通，协商处理方式。这一步非常重要，因为前期的沟通可以让双方在处理问题时达成一致，避免后期出现不必要的纷争。早期沟通的时候，政府还可以了解到企业的具体情况、发展规划和用地需求等信息，进而为后续的处理和转让做出合理的判断和规划。其次，政府在转让过程中严格按照法规程序进行，确保公开、公平、公正。政府通过公示和招标等方式，让有意向的企业参与竞价，并根据实际情况在竞价者中选择合适的用地使用方。这种方式不仅可以保证转让过程的合法性和合理性，还可以确保最后的转让价格合理，并且保证了社会公正性。最后，政府通过专业人员对用地进行评估工作，确保转让价格合理。评估工作可以让政府了解到该地块的真实价值和市场行情，避免出现不均衡的情况。同时，在评估过程中，政府还可以了解到用地的环境和安全状况，进一步保障社会的利益和民生安全。

☆借鉴做法：

1. 强化对产业用地到期的管理。政府在用地到期前及时与企业沟通，协商处理方式，在关键问题上提前达成一致；

2. 严格遵守法律法规程序。基于现行政策法律，确保处理方式公开、公平、公正；

3. 做好评估工作。进行第三方专业评估，确保转让价格合理。

案例二：浙江省金华市之江电力工业用地续期

浙江之江电力有限公司是国有控股的大型企业，主要从事发电、供热、供水、燃气的综合能源业务。该公司所持有的两个工业用地使用权即将到期，总面积约为1.5万平方米，需要进行续期。由于工业用地续期政策的变化和相关部门的审批变得更加严格，企业面临着很大的困境。为了避免重新竞标的不确定性和成本，在续期的过程中，首先，该公司成立了续租工作组，由高管和技术骨干组成，负责规划和组织续租工作。其次，在续期前，该公司详细调研了相关政策和规定，了解了当地政府审批流程和要求。在此基础上，该公司与当地政府城乡建设和规划部门开展了积极的沟通和协商，说明了公司发展和延期续租的必要性，同时表达了对城市发展的支持和对地方经济的贡献。经过反复审批和谈判，终于得到了当地政府的批准，成功延长使用权期限。续期后，该企业将会采取新的措施和模式，开展更多的业务和服务，促进当地经济和产业升级。

☆借鉴做法：

1. 提前规划和准备。企业提前了解相关政策和规定，准备好申请材料和方案，根据续期期限和资金状况合理安排资金，对续期的实施做出详细安排；

2. 积极沟通和协商。企业需要与政府和相关部门加强沟通和协商，展示企业的发展意图和贡献，争取政府的支持和优惠；

3. 展示战略意图和发展计划。企业清晰表达自身的战略意图和发展规划，如产业升级、技术创新、产品优化等，突出企业的社会责任和社会贡献。

案例三：广东省佛山市某产业用地到期转公共设施用地

佛山市政府将到期后的产业用地转为公共设施用地，为当地的居民提供医疗服务，并做出合理的补偿，保障了企业、社会和当地居民的利益。政府在规划和设计阶段充分听取当地居民的意见和需求，确保医院建设符合实际需要。政府了解当地城市建设计划、居民群众的需求、医疗服务的缺乏程度以及医院建设的技术水平等方面，以确保医院建设在满足当地医疗服务需求的基础上也满足环保和安全要求。在此基础上，政府与企业协商，给予一定的补偿，确保企业能够得到合理的回报。政府依据实际情况，制定合理的补偿方案，根据企业流转用地的时限和土地开发的程度等情况作出补偿方案，确保企业的权益不受损失。最后，政府将用地转为公共设施用地之后能对当地社会和经济的发展起到积极作用。政府抓住用地转化之后的机会，积极开发、建设和管理医院，为当地居民提供优质的医疗服务，并对当地经济发展起到积极的推动作用。

☆借鉴做法：

1. 充分听取当地居民的意见和需求，确保医院建设符合实际需要；

2. 与企业协商，确保企业能够得到合理的补偿；

3. 对用地进行合理规划和设计，确保医院建设符合环保要求和实际需求。

四、关于产业用地使用权到期处理的相关建议

未来我国各省市将面临大量产业用地到期问题，这是一个需要谨慎处理的挑战。受疫情影响，全球经济形势大不如前，市场稳定和发展信心尤为重要，明朗清晰的政策环境亦能有助于产业发展的空间和动力，为此，提出几点建议。

(一)明确政策措施，捋顺流程

基于当前多数地区暂未遇到产业用地临期问题，相关政策研究不足。各地区应未雨绸缪，在全面梳理区域用地情况的基础上，提前思考研究，捋顺

思路，明确政策方向，细化处理流程，在申请程序及周期、延长使用期限条件、地价评估及补价流程、使用年限确定等方面做出明确规定。

(二)延长使用期限，稳定预期

在经济不稳定的背景下，稳定预期对企业具有非常重要的意义。在地企业一般需要更多的时间来完成其在这些工业用地上的投资和发展计划。因此，为了保护企业的利益，政府可以考虑延长这些依旧具有产出价值的工业用地的使用期限。这样，企业仍然可以在这些工业用地上运营，而政府和平台公司也可以保持与这些企业的合作关系。

(三)高效利用土地，推进转型

考虑到技术和市场发展的变化，在地政府或平台公司可以与企业合作，共同探索如何更好地利用这些工业用地。例如，可以将这些用地转变为高科技、高附加值的产业园区，引入更多的创新型企业，在新的情况下驱动产业升级。此外，在保护生态环境的前提下，政府可以将这些工业用地转变为公园或教育类科技园。

(四)挖掘新发展方向，合作共赢

鉴于当前国内经济形势不稳定，平台公司可以考虑与现有企业合作，共同发掘创新的商业模式。例如，可以与企业进行合作，共同建设创新类园区，开展互联网＋服务、园区商务等多种类型的业务，促进共同发展和互利共赢。

综上所述，处理产业用地到期问题要结合产业发展、企业需求和市场预期等多个方面进行综合考虑。政府或平台公司应与现有企业加强交流合作，共同探索利用这些产业用地的可能性，并在未来的合作中继续保护企业的利益，推动产业升级和城市可持续发展。

上海市2022年产业用地出让情况分析

龙　涛

一、2022年上海市产业用地出让情况[①]

2022年上海市共出让产业用地(工业用地、科研设计用地、仓储用地)148块，总面积774.62公顷(11619.3亩)，总成交价格137.79亿元，平均成交价格118.59万元/亩。

从成交数量上来看，2022年上海市工业用地出让信息数98条，总面积585.55公顷；科研设计用地44条，总面积134.25公顷；仓储用地6条，总面积54.82公顷。

从成交价格上来看，2022年上海市工业用地总成交价格54.73亿元，平均成交价格62.31万元/亩；科研设计用地总成交价格74.13亿元，平均成交价格368.13万元/亩；仓储用地总成交价格8.93亿元，平均成交价格108.56万元/亩。科研设计用地的平均成交价格最高，其次是仓储用地，最后是工业用地。

表1　上海市2022年各类产业用地出让情况[②]

用地类型	土地出让信息数(条)	面积(公顷)	总成交价格(万元)	平均成交价格(万元/公顷)	平均成交价格(万元/亩)
工业用地	98	585.55	54.73	934.71	62.31
科研设计用地	44	134.25	74.13	5521.90	368.13
仓储用地	6	54.82	8.93	1628.45	108.56
产业用地合计	148	774.62	137.79	1778.79	118.59

① 本文抓取了某官方土地交易网站中上海市2019—2022年土地出让(招拍挂)信息，包括出让土地的四至范围、土地用途、出让面积、容积率、竞得价、竞得人、竞得日期，等等。

② 一条土地出让信息可能包含两个或多个同时出让的地块。

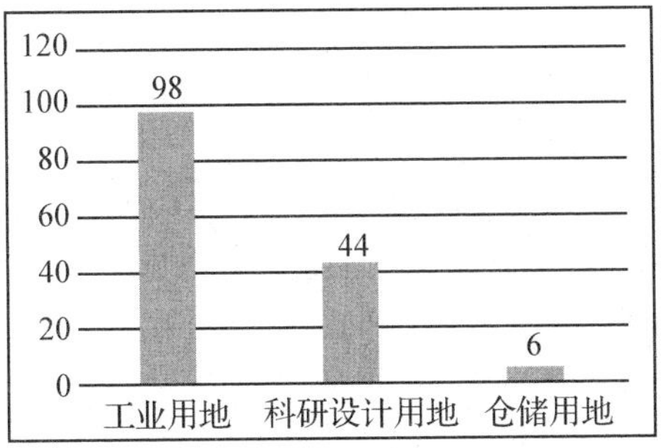

a. 土地出让信息数（条）

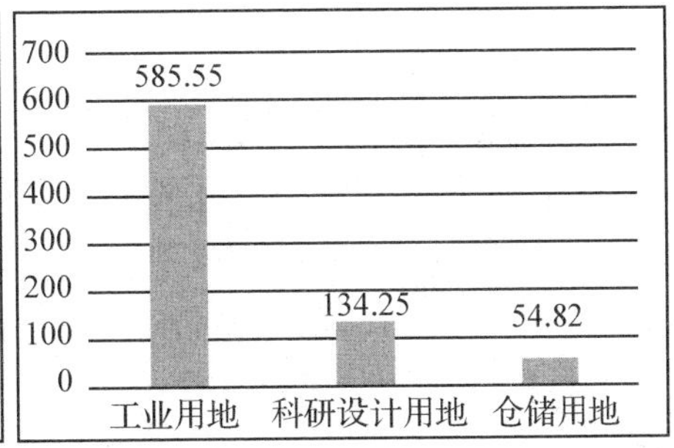

b. 总出让面积（公顷）

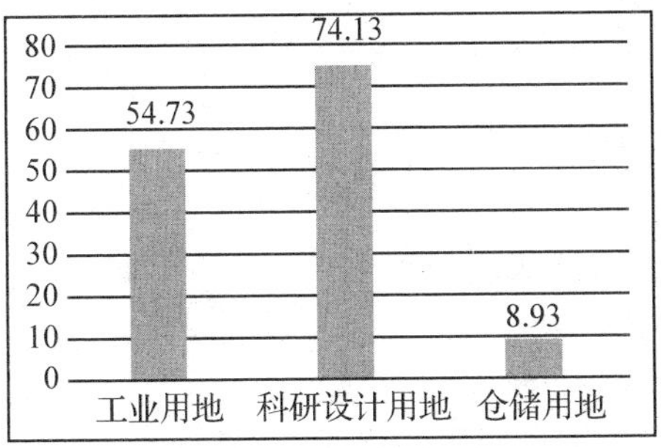

c. 总成交价格（亿元）

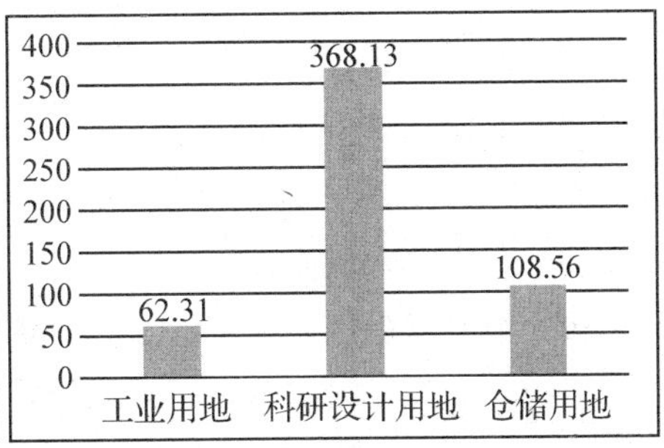

d. 平均成交价格（万元/亩）

图 1　2022 年各类产业用地出让情况

二、2022 年上海市各区域产业用地出让情况

2022 年上海市各区域出让产业用地数量和价格差别较大，自贸区临港新片区产业用地出让信息数、总成交价格最高，崇明区长兴造船基地产业用地出让面积最大，徐汇区的产业用地平均成交价格最高。

从产业用地出让信息数来看，自贸区临港新片区产业用地出让信息数最多，共有 36 条出让信息数，其次为嘉定区、松江区和奉贤区，产业用地出让信息数分别为 29 条、25 条和 21 条，以上 4 个区域产业用地出让信息数均超过了 20 条，且总数占到了全市的 72.3%。

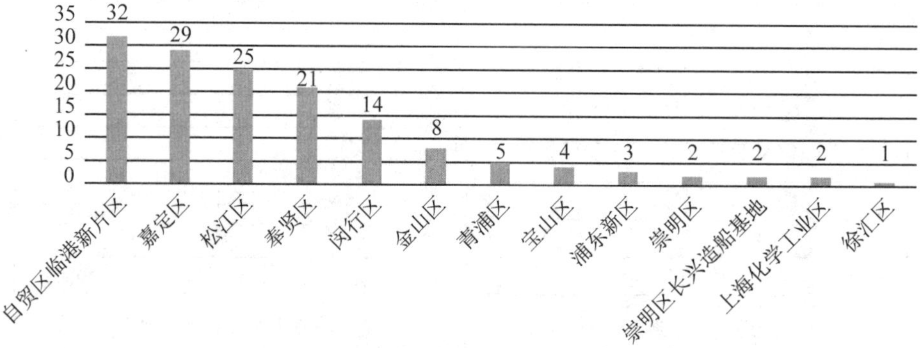

图 2　各区域产业用地土地出让信息数(条)[①]

从产业用地出让面积来看，2022 年崇明区长兴造船基地成为出让产业用地面积最大的区域，总出让面积达到了 214.65 公顷，占全市总出让面积的 27.71%。其次为自贸区临港新片区，出让产业用地面积 171.11 公顷。处在第二梯队的为奉贤区和嘉定区，处在第三梯队的为松江区、金山区和闵行区。

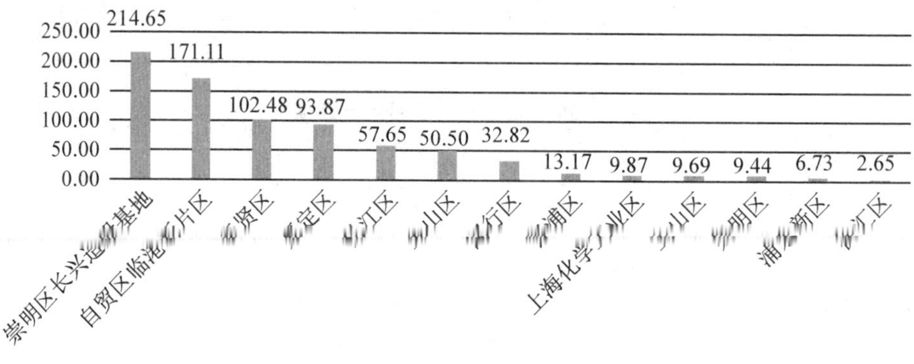

图 3　各区域产业用地总出让面积(公顷)

从总成交价格来看，自贸区临港新片区的产业用地总成交价格最高，为 30.80 亿元；其次为闵行区 19.86 亿元，嘉定区、奉贤区和徐汇区均在 15 亿元左右。

① 自贸区临港新片区土地出让人为中国(上海)自由贸易试验区临港新片区管理委员会；崇明长兴造船基地、上海化学工业区土地出让人为上海市规划和自然资源局；其他土地出让人为所在区规划和自然资源局。

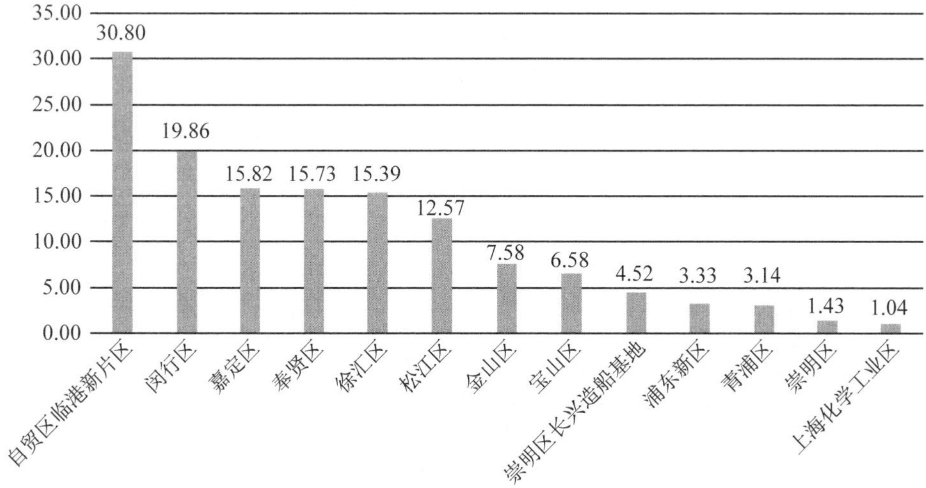

图 4　各区域产业用地总成交价格(亿元)

从平均成交价格来看，徐汇区的产业用地平均成交价格最高，为 3870.15 万元/亩，地块成交价格远高于其他区域，这是 2022 年徐汇区唯一出让的一块科研设计用地(虹梅街道 xh212d-01 地块)，由上海市漕河泾新兴技术开发区发展总公司竞得。平均成交价格处在第二梯队的为宝山区 452.93 万元/亩、闵行区 403.40 万元/亩和浦东新区 329.87 万元/亩。

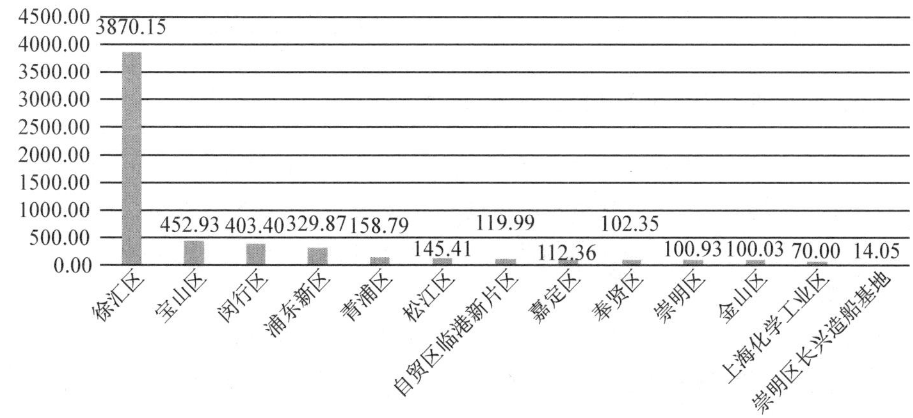

图 5　各区域产业用地平均成交价格(万元/亩)

表 2　上海市 2022 年各区域产业用地出让情况

所属区域	地块数（块）	面积（公顷）	总成交价格（亿元）	平均成交价格（万元/公顷）	平均成交价格（万元/亩）
自贸区临港新片区	32	171.11	30.80	1799.92	119.99
嘉定区	29	93.87	15.82	1685.45	112.36
松江区	25	57.65	12.57	2181.19	145.41
奉贤区	21	102.48	15.73	1535.21	102.35
闵行区	14	32.82	19.86	6050.96	403.40
金山区	8	50.50	7.58	1500.40	100.03
青浦区	5	13.17	3.14	2381.88	158.79
宝山区	4	9.69	6.58	6793.95	452.93
浦东新区	3	6.73	3.33	4948.03	329.87
崇明区	2	9.44	1.43	1513.97	100.93
崇明区长兴造船基地	2	214.65	4.52	210.76	14.05
上海化学工业区	2	9.87	1.04	1050.03	70.00
徐汇区	1	2.65	15.39	58052.20	3870.15
总计	148	774.63	137.79	1778.79	118.59

三、上海市 2019—2022 年产业用地出让变化情况

2019—2021 年上海市产业用地出让信息数、总出让面积、总成交价格均呈现增长的态势，若不考虑 208 公顷的长兴地块，在 2022 年以上指标均出现了大幅的下降，说明 2022 年上半年上海市疫情封控对产业用地的出让产生了较大的影响。

从产业用地出让信息数来看，2019—2021 年，上海市产业用地出让信息数每年以 20—30 条的速度呈现高速增长的态势，但 2022 年出现了较为明显的下降，主要是 2022 年上半年上海市疫情封控导致，按照此增长趋势，2023 年上海市产业用地出让信息数将会出现反弹。

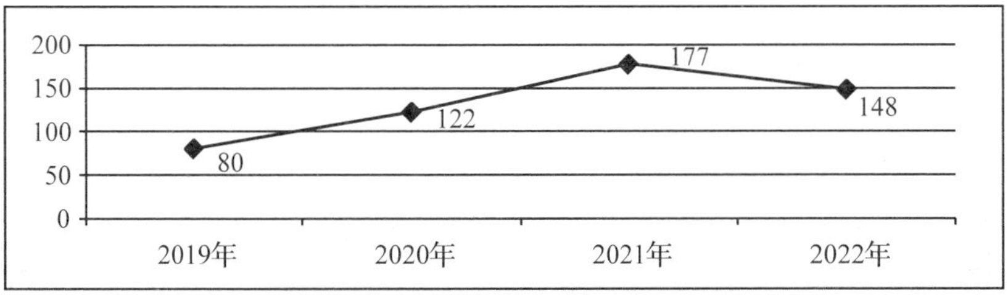

图 6　2019—2022 年产业用地土地出让信息数(条)

从产业用地出让面积来看，2020 年上海市产业用地出让面积较 2019 年有较大的增加，但 2021 年和 2022 年产业用地出让面积增长速度明显放缓。若不考虑 2022 年崇明区长兴造船基地出让的一块 208 公顷的产业用地，2022 年上海市产业用地出让面积仅为 566.62 公顷。

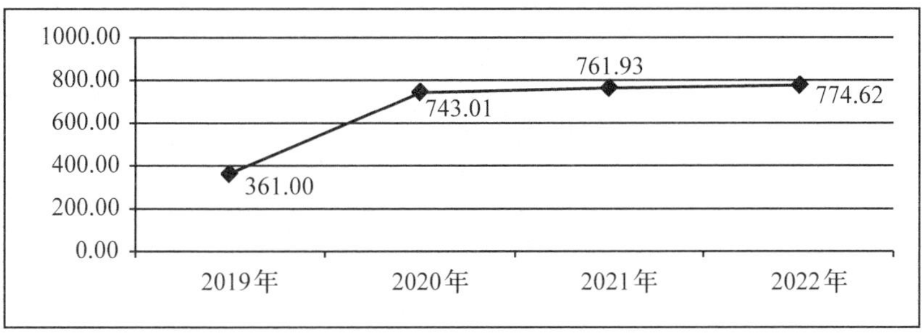

图 7　2019—2022 年产业用地总出让面积(公顷)

从总成交价格来看，2019—2021 年上海市产业用地总成交价格增长迅速，但在 2022 年出现骤降，主要原因是 2022 年沪东中华造船(集团)有限公司在崇明区长兴造船基地竞得了一块面积 208 公顷的产业用地，这块产业用地的成

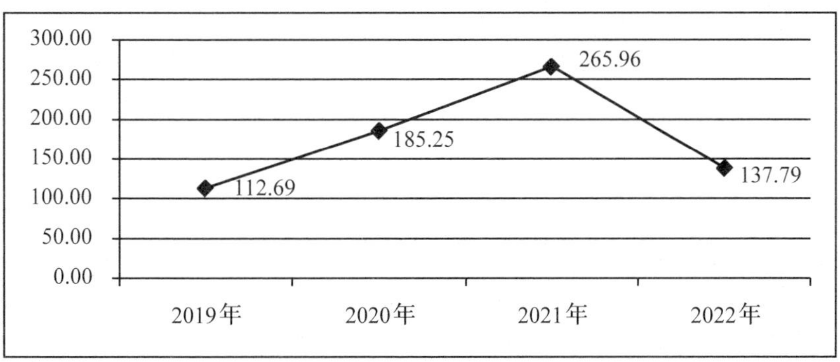

图 8　2019—2022 年产业用地总成交价格(亿元)

交价格仅为 13.7 万元/亩，所以尽管 2022 年上海市产业用地总出让面积没有减少，但是由于这块产业用地面积巨大且成交价格低，使 2022 年上海市产业用地总成交价格大幅降低。

从平均成交价格来看，2019 年—2022 年上海市产业用地的平均成交价格呈现波动的态势，这与当年出让土地的具体区位有很强的关联。

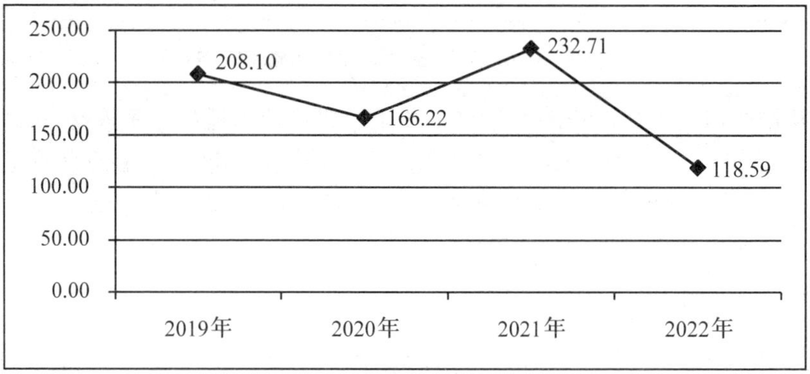

图 9　2019—2022 年产业用地平均成交价格(万元/亩)

表 3　上海市 2019—2022 年产业用地出让情况

年份	土地出让信息数(条)	面积（公顷）	总成交价格（万元）	平均成交价格（万元/公顷）	平均成交价格（万元/亩）
2019	80	361.00	112.69	3121.54	208.10
2020	122	743.01	185.25	2493.29	166.22
2021	177	761.93	265.96	3490.59	232.71
2022	148	774.62	137.79	1778.79	118.59
总计	527	2640.56	701.69	2657.35	177.16

上海市“标准地”出让情况及特点分析

龙　涛

自 2019 年 7 月第一批“标准地”在上海市土地交易市场挂牌出让开始，上海产业用地资源配置和利用进入以质量为先的新阶段，“标准地”出让模式是上海市引导产业精准布局，提高产业用地集约利用水平，加强产业用地评估和精细化管理的重要手段。

“标准地”出让模式是上海市一种特殊的土地出让模式，与传统的“招拍挂”模式不同，“标准地”模式出让的地块自带“KPI 门槛”，在原产业用地出让全生命周期管理的基础上，结合产业空间布局、产业地图对拟出让地块的产业导向、亩均税收要求下限、亩均产值要求下限、单位产值能耗要求上限、人均产值要求下限、环保要求等推出控制性指标，以及对开竣工、投达产、定期综合评估、退出转让管理等全生命周期管理等方面提出了明确的要求。“标准地”出让模式改变了过去政府和企业先洽谈后定位的产业用地出让模式，将标准制定移至洽谈前，通过设置合理的土地出让条件和指标，既公开透明，又利于进一步提升提高产业用地利用质量。

一、上海市 2019—2022 年各区域“标准地”出让情况①

2019—2022 年上海市通过“标准地”模式共成交工业用地地块 110 幅，总成交面积 3638.62 亩，总成交额 329663 万元，平均成交价格 90.60 万元/亩；成交科研设计用地地块 20 幅，总成交面积 597.94 亩，总成交额 186742 万元，平均成交价格 312.31 万元/亩。

(一)各区域“标准地”成交规模

松江区工业用地“标准地”成交地块数最多，共成交地块 21 幅，其次为闵行区和自贸区临港新片区各 14 幅，但总成交面积最多的是临港新片区，达到了 741 亩，其次是奉贤区 570 亩和松江区 496 亩；科研设计用地成交地块主要集中在奉贤区、嘉定区和浦东新区，嘉定区成交地块数最多，共成交了 8 幅科研设计用地，其次为浦东新区 5 幅和奉贤区 4 幅，从成交面积看，奉贤

① 数据来源于上海市土地市场官方网站，本研究利用 python 抓取了相关土地交易信息。

区成交面积最多，为 262.87 亩，其次为嘉定区 155.50 亩和浦东新区 117 亩。

表 1　上海市 2019—2022 年各区“标准地”成交数量

序号	区域	工业用地		科研设计用地	
		成交地块数（幅）	总成交面积（亩）	成交地块数（幅）	总成交面积（亩）
1	松江区	21	496.38	0	0
2	闵行区	14	402.50	1	15.28
3	自贸区临港新片区	14	741.51	0	0
4	嘉定区	12	308.82	8	155.50
5	金山区	11	331.51	0	0
6	奉贤区	10	570.78	4	262.87
7	青浦区	10	235.32	1	25.43
8	宝山区	6	123.28	0	0
9	浦东新区	6	238.23	5	117.51
10	崇明区	3	81.07	0	0
11	市化工区奉贤分区	3	109.22	0	0
12	静安区	0	0.00	1	21.37
13	总计	110	3638.62	20	597.94

(二)上海市各区域“标准地”成交价格

2019—2022 年自贸区临港新片区工业用地“标准地”成交总额最高，达到了 59235 万元，浦东新区与自贸区临港新片区成交总额基本相当，为 58244 万元。亩均成交价格方面，浦东新区远高于其他区域，达到了 244.49 万元/亩，其次为青浦区 113.67 万元/亩和宝山区 104.93 万元/亩；科研设计用地成交总额最高的依然是浦东新区，达到了 53214 万元，其次为静安区和奉贤区，亩均成交价格最高的为静安区的 2286.79 万元/亩，这也是中心城区唯一一块“标准地”模式成交的科研设计用地，其次为浦东新区 452.86 万元/亩和闵行区 251.07 万元/亩。

表 2 上海市 2019—2022 年各区“标准地”成交价格

序号	区域	工业用地		科研设计用地	
		成交总额（万元）	亩均成交价格（万元/亩）	成交总额（万元）	亩均成交价格（万元/亩）
1	自贸区临港新片区	59235	79.88	0	0
2	浦东新区	58244	244.49	53214	452.86
3	奉贤区	42066	73.70	40037	152.31
4	松江区	37482	75.51	0	0
5	闵行区	37232	92.50	3836	251.07
6	青浦区	26748	113.67	4910	193.08
7	金山区	22086	66.62	0	0
8	嘉定区	19397	62.81	35885	230.78
9	宝山区	12936	104.93	0	0
10	市化工区奉贤分区	7685	70.36	0	0
11	崇明区	6552	80.82	0	0
12	静安区	0	0	48860	2286.79
13	总计	329663	90.60	186742	312.31

二、上海市“标准地”成交地块特点

从上海市 2019—2022 年“标准地”成交地块的信息来看，通过“标准地”模式出让的地块性质为“工业用地”和“科研设计用地”两类，但总体以工业用地为主，占总出让面积的 85.89%。从出让年限来看，“标准地”科研设计用地出让年限为 50 年，工业用地出让年限绝大多数为 20 年；从容积率来看，“标准地”科研设计用地容积率多数为 3.0，部分在 2.0—2.5 之间；工业用地出让容积率绝大多数为 2.0，少部分为 2.5 及 1.5—2.0 之间。

表 3　上海市 2019—2022 年“标准地”出让情况（工业用地）①

年份	总成交地块数（幅）	总成交面积（亩）	总成交价（万元）	平均成交单价（万元/亩）
2019	4	138.39	14392	103.99
2020	21	707.74	54699	77.29
2021	53	1852.45	157323	84.93
2022	32	940.04	103249	109.83
总计	110	3638.62	329663	90.60

（一）工业用地“标准地”成交量总体上升

2022 年工业用地总成交地块数为 32 幅，总成交面积 940.04 亩，高于 2020 年但低于 2021 年，从 2022 年各地块具体竞得日期看，上海市在受疫情影响较严重的月份无成交地块，若在无疫情影响的情况下，2022 年上海市工业供地成交量可能与 2021 年相当或超过 2021 年，“标准地”出让工业用地成交量总体呈上升趋势。

（二）工业用地“标准地”平均成交单价呈增长趋势

2022 年工业用地平均成交单价 109.83 万元/亩，近三年呈现加速增长的趋势。2021 年工业用地平均成交单价增长率为 9.88％，2022 年增长率达到了 29.32％，成交单价增长较为明显。

（三）工业用地“标准地”平均成交单价总体略低于传统“招拍挂”成交价

通过工业用地“标准地”与传统“招拍挂”平均成交单价进行对比后可以发现，通过“标准地”模式出让的土地平均成交单价总体上略低于传统“招拍挂”模式出让的地块成交价，但表现不明显。因“标准地”在出让时设立了亩均税收下限、亩均产值下限等诸多指标要求，建议未来“标准地”在出让价格上给予更多的优惠，有利于优质企业降低土地成本，提升优质企业通过“标准地”模式竞拍土地的积极性。

① “标准地”出让模式自 2019 年 7 月开始，故 2019 年数据为当年 7 月份至 12 月份数据，本研究中 2019 年数据仅进行数量统计但不进行对比分析。下同。

表 4　工业用地“标准地”与传统“招拍挂”平均成交单价对比[①]

年份	“标准地”平均成交单价（万元/亩）	传统“招拍挂”平均成交单价（万元/亩）	“标准地”成交单价－传统“招拍挂”成交单价（万元/亩）
2019	103.99	104.10	－0.11
2020	77.29	91.28※	－13.99
2021	84.93	92.18	－7.25
2022	109.83	89.09※	20.74
总计	90.60	93.36	－2.76

(四)工业用地“标准地”总成交面积占总体比例将逐年提高

根据上海市规划和自然资源局相关信息，未来上海市将按照产业用地规划、产业发展布局以及产业用地储备情况，持续推出产业“标准地”，产业用地高质量标准化出让将逐步成为产业用地常态化的供应方式。从近三年数据看，工业用地“标准地”总成交面积约占全市工业用地总成交面积的15%，未来这一比例还将进一步提升。

表 5　工业用地“标准地”与传统“招拍挂”出让面积对比

年份	“标准地”总成交面积(亩)	传统“招拍挂”总成交面积(亩)	“标准地”成交面积占总成交面积比例(%)
2020	707.74	6750.30	9.49
2021	1852.45	7804.19	19.18
2022	940.04	5663.40	14.24
总计	3500.23	20217.89	14.76

(五)科研设计用地“标准地”成交量及占比均呈上升趋势

2022年科研设计用地总成交地块数为8幅，总成交面积250.66亩，从近三年数据看，科研设计用总成交地块和总成交面积均呈现上升趋势，同时科研设计用地“标准地”成交面积占“标准地”总出让面积的比例也在不断提升。

---

① ※注：为减少异常值影响，传统“招拍挂”数据中不含沪东中华造船(集团)有限公司在2020年和2022年分别竞得的2135.54亩和3119.9亩土地。下同。

表 6　上海市 2019—2022 年“标准地”出让情况(科研设计用地)

年份	总成交地块数（幅）	总成交面积（亩）	总成交面积占比（%）	总成交价（万元）	平均成交单价（万元/亩）
2019	3	86.67	38.51	18910	218.18
2020	2	45.20	6.00	9223	204.04
2021	7	215.41	10.42	91261	423.66
2022	8	250.66	21.05	67348	268.69
总计	20	597.94	14.11	186742	

附件：上海市 2022 年“标准地”成交地块部分指标要求

由于篇幅限制，以下仅列出 2022 年“标准地”成交地块部分信息供读者参考，四至范围、容积率、出让面积、成交价等其他指标信息和其他年份数据如有需要可联系作者获取。

地块所在区域	土地用途	准入产业类型	竞得人	投资强度（万元/亩）	亩均税收要求下限（万元/亩）	亩均产值要求下限（万元/亩）	人均产值要求下限（万元/亩）	单位能耗要求上限（吨标准煤/万元）
自贸区临港新片区	工业用地	医疗仪器及器械制造	上海心玮医疗科技股份有限公司	2000	100	1500	37.5	0.08
奉贤区青村镇	工业用地	其他通用零部件制造	峦阳机电科技（上海）有限公司	625	102	1564	100	0.023
奉贤区工业综合开发区	科研设计用地	生物药品制造	上海凯莱英生物制药有限公司	2653	243	2169	100	0.051
浦东新区上海国际医学园区31-05地块	科研设计用地	医学研究和试验发展	上海光声制药有限公司	2300	599	4451	200	0.022
嘉定区南翔镇永乐片区	科研设计用地	其他合成材料制造	合盛硅业（上海）有限公司	1266	462	4686	245	0.00406
嘉定工业区（北区）	工业用地	仪器仪表制造业	臻越自动化技术（上海）有限公司	348.9	109	1090.3	69.4	0.092
嘉定区江桥镇北虹桥地区	科研设计用地	新材料技术推广服务	上海弘博众拓新材料科技有限公司	1650	583	5825	120	0.024
嘉定区江桥镇北虹桥地区	科研设计用地	工程和技术研究和试验发展	上海澳泓装饰科技有限公司	1448	543	7240	400	0.01
嘉定工业区（北区）	工业用地	金属门窗制造	一荣幕墙科技（上海）有限公司	545	159	2273	167	0.0014
浦东新区康桥工业区东区E05A-05地块	科研设计用地	集成电路设计	紫光长存（上海）集成电路有限公司	3298	404	12419	250	0.02
浦东新区康桥工业区东区E05A-07地块	科研设计用地	工程和技术研究和试验发展	上海奕瑞光电子科技股份有限公司	4067	450	7857	109	0.01
浦东新区上海国际医学园区	工业用地	医疗仪器设备及器械制造	蓝帆医疗（上海）有限公司	5688	705	5872	95	0.02
浦东新区上海国际医学园区	工业用地	医疗仪器设备及器械制造	上海微创心脉医疗科技（集团）股份有限公司	2489.2	763.13	4686.49	121.5	0.01
自贸区临港新片区	工业用地	生物药品制造	上海澳斯康生物制药有限公司	2800	100	2000	84	0.08
嘉定区外冈镇	工业用地	数控自动化设备制造	上海哲宏机器人自动化有限公司	403	207	3928	146	0.037
[illegible]	[illegible]	[illegible]	[illegible]	[illegible]	[illegible]	[illegible]	[illegible]	[illegible]
[illegible]	[illegible]	其他电子元件制造	[illegible]	1774.2	148.1	2348.2	140.6	0.096
松江区新桥镇工业区	工业用地	其他电子设备制造	上海茗岳信息科技有限公司	713	167	3846	100	0.003
青浦区青浦工业园区天瑞路北侧	工业用地	医疗仪器设备及机械制造	上海博进瑞和泰医疗科技有限公司	866	110	1666	95	0.034
松江区工业区	工业用地	计算机零部件制造	上海慧镕电子产品再制造有限公司	984	120	4200	625	0.002
闵行区浦江镇	工业用地	葡萄酒制造	上海润庆供应链有限公司	896	151	1690	256	0.02
闵行区浦江镇	工业用地	糕点、面包制造	上海桃李食品有限公司	688	150	1567	219	0.0634
嘉定区安亭镇	工业用地	汽车零部件及配件制造	上海初擶智能科技有限公司	1930.62	117.38	3861.24	130	0.0179
松江区九亭镇工业区	工业用地	工业自动控制系统装置制造	上海宏英自动化科技有限公司	778	133	3700	666	0.04
松江区车墩镇工业区	工业用地	先进环保产业	上海秦缘生物科技股份有限公司	485	129	1615	333	0.01
松江区九亭镇工业区	工业用地	生物药品制造	上海金安国纪实业有限公司	2250	250	5000	666	0.01
嘉定区安亭镇	工业用地	工业自动控制系统装置制造	上海安亭科学仪器厂	398.79	230.47	3687.49	693.5	0.0019
嘉定区南翔镇	科研设计用地	阀门和旋塞制造	上海冠龙阀门节能设备股份有限公司	508	325	3002	428	0.0042
崇明区长兴镇	工业用地	纳米材料制造	上海大音希声新型材料有限公司	466	65	567	100	0.18
崇明区长兴镇	工业用地	文化办公机械制造	上海冠甲长兴电子有限公司	546	85	1726	30	0.019
松江区车墩镇工业区	工业用地	玻璃纤维增强塑料制造制品	上海新褒华新材料科技有限公司	484	90	753	307	0.003
松江区车墩镇工业区	工业用地	金属结构制造	上海禹尚精密机械有限公司	516	100	1048	106	0.03
金山区	工业用地	环保、社会公共服务及其他专用设备制造	上海米开罗那机电技术有限公司	466.46	82.87	947.13	266.67	0.009
松江区中山街道工业区	工业用地	工业机器人制造	上海璟恒智能科技有限公司	861.25	111	1384	104.17	0.05
自贸区临港新片区奉贤园区一期	工业用地	生物药品制造	上海礼境生物医药科技有限公司	1468	147	1718	342.8	0.08
浦东新区康桥工业区东区	工业用地	其他电气机械及器材制造	上海派能新能源科技有限公司	1703	586	2705	99	0.01
奉贤区金汇镇	工业用地	其他食品制造	上海富而康食品科技股份有限公司	570	100	1064	143	0.039
闵行区马桥镇马桥社区	工业用地	计算机、通信和其他电子设备制造业	上海鲸鱼机器人科技有限公司	720	150	2000	150	0.0043
奉贤区市化工区奉贤分区A7B-03号地块	工业用地	化学试剂及助剂制造	上海安普凯美化学试剂有限公司	500.67	103.8	500	50	0.032
宝山区宝山工业园区	工业用地	其它电子专用设备制造	光驰半导体技术（上海）有限公司	619.5	100	1133	30	0.029

他山之石树典型

探索科创走廊建设的“中国模式”

蒲雅丽

科技创新是引领高质量发展的第一动力。随着创新发展理念逐渐成为共识，如何更好地集聚创新资源、凝聚创新人才、汇集创新产业、创造优质创新生态，实现符合国家大发展战略的新发展格局，已成为各地区突破发展桎梏、实现经济发展“稳中求进”的重要议题。而打造“科创走廊”，利用地理空间优势，整合区域创新资源，促进各类创新主体的协同交互，组团式提升创新活力，无疑是国内外典型且实用的创新发展模式。

科创走廊是区域创新网络的一种空间组织形式，是指创新要素高度集聚、高端人才资源汇集、新兴产业创业密集、创新文化氛围浓厚、创新支撑作用明显的重点发展区块①。其创新链条上的各创新主体多位一体性和协调性的特性，促使产学研用交互配合、分工明确，形成具有高度集聚和生态融合的创新体系。目前国外知名的科创走廊如美国101公路(硅谷)创新走廊、波士顿128公路走廊、伦敦剑桥走廊、东京—横滨—筑波创新带等，已经成为引领全球科技创新发展的重要集聚地。国内各地区在创新协同发展上也形成了一系列良好示范，如长三角G60科创走廊、杭州城西科创走廊、京雄科创走廊、广深港澳科技创新走廊等，都以其开放的创新环境、集聚的产业生态、自由的人才流动、高效的创业服务，成为新的区域发展增长极。本文通过对广深港澳科技创新走廊和杭州城西科创走廊的发展分析，总结建设经验，探寻我国区域创新协同发展新范式，为中国式创新走廊的发展提供借鉴和参考。

一、广深港澳科技创新走廊

广深港澳科技创新走廊连接广州、深圳、东莞、香港、澳门5个城市，走廊内涵盖各类园区、创新平台等资源，是粤港澳大湾区国际科创中心建设的核心承载区。2017年12月颁布的《广深科技创新走廊规划》提出建设连接广州、深圳、东莞三城的创新经济带。2019年2月颁布的《粤港澳大湾区发展规划纲要》提出推进广州—深圳—香港—澳门科技创新走廊建设，科创走廊也从

① 毛艳华. 科创走廊建设的国际经验及借鉴[J]. 人民论坛，2022，(05)：31.

广深地区扩展到整个粤港澳大湾区，整合形成整个珠江口岸创新资源集聚地。其主要建设经验有：

一是培育若干具有全球影响力的万亿级产业集群。广深港澳科技创新走廊以大型龙头企业为关键支撑，带动一批产业链上下游企业协同发展，依托五地的创新资源优势和高新技术产业发展基础，加快发展新一代信息技术、高端装备制造、生物医药、数字经济、海洋经济等重点产业，培育形成一批万亿产值的新兴产业，夯实实体基础，全面支撑科创走廊的引领性发展。

二是建立了跨区域协同创新机制。科创走廊在建设中不断优化各类创新机制，使走廊内的技术、人才、资本等科技要素以及各类信息资源可以无阻流动。例如出台了支持港澳高等院校、科研机构参与广东省财政科技计划的政策措施；组建基础与应用基础研究基金；开展外籍创新人才创办科技型企业享受国民待遇试点；与港澳共同研究出台允许科研、医疗仪器设备及药品在港澳和走廊内地异地购置使用政策等[①]，利用政策的制度优势，打破创新资源流通的区域阻隔，极大降低大湾区企业的创新成本，也使得走廊内各区域可以优势互补、借力提升，真正做到协同创新、共荣发展。

三是推动"研发资金—制造—基础研发"一体化。依托香港、广州、深圳三大创新主引擎功能，其不断加强三地创新要素的顺畅流通。广州、香港集聚了一批优质大学、国家重点实验室和国家工程研究中心，深圳集聚了一批具有较高成长性的创新型企业和全球创新引领型的龙头企业，在各类应用和研发领域具有较高的研发投入，以创新"廊道"连接，加之东莞等地的制造业基础和优势，大大加强了创新资源的有效流通和集聚。

四是致力于打造国际风投创投中心。规划纲要内提出一系列举措，优化提升湾区创新创业氛围。如鼓励港澳在走廊内设立创投风投机构，鼓励社会资本设立科技孵化基金，设立"广深港澳"科创走廊科研成果转化联合母基金，建立天使投资风险补偿制度、科技金融支持平台等，提高内地和港澳资本在走廊内双向流动的积极性和便利性……各类创新举措的提出均在一定程度上提高了该地区的开放性和创新性，使得越来越多的创新型企业拥聚大湾区，形成正向的发展促进作用。

五是不断加强创新类基础设施建设。科创走廊重视发挥各类重大科技基础设施、重要科研机构和重大创新平台的创新辐射带动作用。近年来，五地资源基础优势不断叠加，合力推进综合性国家科学中心等重大平台建设，布局了如散裂中子源等重大科技基础设施，全面提升走廊内基础研究和应用类

① 《粤港澳大湾区发展规划纲要》。

基础研究的水平。目前走廊内约 50 家国家级重点实验室、近 30 个重点创新型平台、130 余家面向港澳的创新孵化基地、7.8 万件专利授权等，展示出走廊无限的创新活力。

二、杭州城西科创走廊

杭州城西科创大走廊位于杭州城西部，以“簇群集聚＋网络联系”的形态，串联紫金港科技城、未来科技城、青山湖科技城、杭州云城“四城”，向南联结西湖片区、杭州高新区片区、富阳片区，向北辐射余杭片区、德清片区，全面打造战略科技力量核心支撑地。其主要建设经验有：

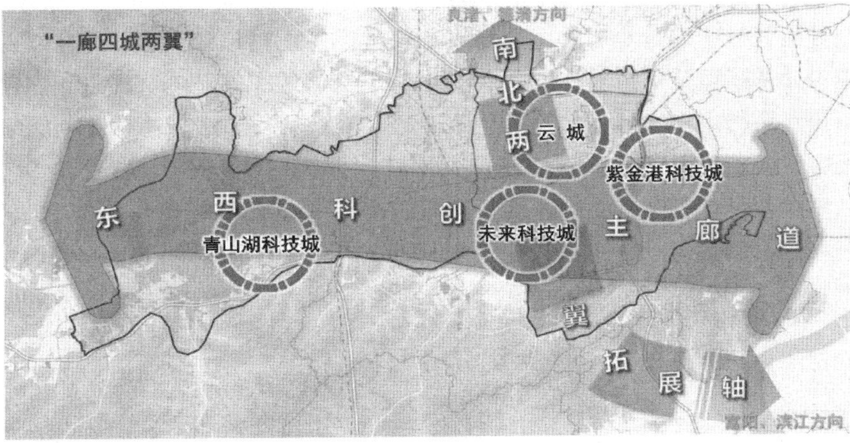

图 1　杭州城西科创走廊

一是重点瞄准新一代信息技术产业。产业链定位基于杭州产业基础优势和落实国家战略，形成“123X”产业体系，打造世界级数字科技产业集群，主攻新一代人工智能、大数据云计算、集成电路、5G 物联网、区块链、数字贸易等先发优势明显且代表未来方向的产业，突出高、精、尖的产业发展方向；形成生命健康、高端装备两大新兴产业集群；培育金融科技、创投产业、人力资本服务三大科技服务产业；前瞻布局新材料、量子科技等若干未来产业。

二是全力打造新兴产业集群重大载体平台。城西科创走廊先后集聚了浙大之江实验室、阿里达摩院等重点实验室，浙江大学、西湖大学等高水平研究型大学，浙江大学国际健康医学研究院、杭州云栖工程院等省级研发机构，打造了青山湖微纳智造小镇、滨河产业园区、云谷小镇等一批产业载体，通过加强如重大科技基础设施、国家创新中心、国家级研发机构等优质创新资源平台的搭建，带动提升整体区域创新能级。

三是大规模集聚国内外高端科创人才。城西科创走廊编制了全省首部跨区域人才发展规划，建立国家海外人才离岸创新创业基地、人才驿站，在高层次外籍人才留华等居停留政策上实现了新的突破，为各类人才的集聚创造了绝佳的制度环境和生活环境。目前，走廊内已集聚海外高层次人才 8000 多名，“国、省千”人才 500 余人，是全省人才最为密集、活跃度最高、增长速度最快的人才集聚地，吸引众多优秀人才集聚。

四是强化“智治”创新体制机制。走廊不断建立优化协同管理机制，在规划、重大基础设施、重大产业政策和人才政策上统一规划部署，而在建设、招商和财政管理上做到分管和配合，不断探索全域数字化的管理模式，建立数字化的管理平台，打通各类数据堵点，探索全新的治理模式和创新机制。

五是打造国内最便捷的交通和服务设施。其不断提升走廊综合交通网络的建设，依托铁路枢纽核心，不断优化轨道交通的布局，织密高快速路网和城市道路路网，构建涵盖铁路、轨道交通、高快速路、区域主次干路网、客货运枢纽、慢行系统的大交通网络。此外，走廊不断提高区域的宜居品质，增设大量教育、医疗、文体休闲等场地设施，打造具有样板价值的“未来社区”。

三、科创走廊建设的“中国模式”

中国科创走廊的建设从无到有，发展速度惊人。在发展过程中，中国也逐渐从借鉴国外优秀经验到结合地区经验进行制度探索和创新，走出一条极具中国区域发展特色的科创走廊建设道路。总结中国知名科创走廊的建设历程和经验，形成以下几大建设关键。

锚定产业特色，实现分工协同。产业是发展的核心，科创走廊的建设，要充分建立在产业发展的基础上，突出区域优势，加快培育走廊主导和未来产业集群，制定产业准入正面清单，鼓励支持一批创新活力强、辐射带动大的大型龙头工业企业和生产性服务业企业入驻，强化产业链联动发展，夯实产业底座；同时，考虑走廊内各区域差异，确定各节点创新功能，合理分工协作，形成优势互补的发展模式。

强化产学研用，构建创新平台。科创走廊应重点加强高能级载体平台建设，整合国家实验室、技术研发中心、产业创新中心、知名大学、科学家实验室和研究所等创新平台资源，吸引各类高新技术企业的集聚，推动世界最前沿科技的研发和转化；以政府或大型企业、高校为主体，搭建各类资源共享平台、工业互联网平台、产学研合作平台等，鼓励各类合作创新模式的衍生发展，顺畅科技成果的转移转化，市场化推动知识产权和科技成果等技术交易。

聚焦开放政策，政企合作共治。科创走廊应全面建立健全区域协同创新的各类体制机制，在招商引资、行政审批、人才流动、科技金融、成果转化等方面开展各类政策创新，共建共享各类资源；同时，利用政府(行政影响力)+企业(市场驱动力)并驾齐驱，多层级协同推进。政府重点聚焦协同创新改革试点，探寻各类适宜的制度革新；此外，适度超前、因地制宜统筹区域大规划，形成功能互补的空间布局，建立最具吸引力的发展环境；企业依托市场需求，强化产学研合作，形成具有市场选择性的科技创新内循环机制。

完善基础配套，优化营商环境。科创走廊应依托产业发展需求和人才流通需求，全面加强走廊沿线基础设施和“新基建”建设，做好交通、医疗、教育等设施规划布局，满足各类人才生活需求，完善人才服务机制，提高地区吸引力和宜居性；同时，做好各类生产性服务业的引进和培育工作，打造开放创新的发展环境，加大对科技金融、服务贸易等领域的重视程度，提高行政审批效率，加强知识产权维权保护、监管政策等全面落地。

国外大学科技园建设案例分析及启示

葛婧怡

大学科技园作为知识密集型领域的发展载体，是促进知识型企业发展和激发科研成果产业化的有效途径。在开放式创新和技术融合转化的时代，大学科技园已然成为创新体系下不可或缺的重要组成部分。我国大学科技园经历二十几年的发展，在科研成果转化、创业企业孵化、高新科技产业集聚等方面取得显著成效，但在体制机制方面与国外相比存在短板。我国应充分发挥作为后浪的优势，吸收前浪摸索出的宝贵经验并推陈出新，不断探索新思路、新方法，形成具有自己特色的大学科技园发展模式。本文聚焦国外大学科技园发展的激励政策和采取的措施案例进行探究，为国内大学科技园发展规划提供参考和借鉴价值。

一、大学科技园介绍

大学科技园起源于1951年美国斯坦福大学向企业提供的校园土地租赁服务，后逐渐在高校土地上孕育出高科技企业集群，创造了史无前例的经济效益。这一校企合作的新模式迅速扩散，各地纷纷效仿建立大学科技园，并从80年代起陆续进入成长期，于80年代末形成全球范围稳定蓬勃发展的局面。

根据美国大学研究园区协会（the Association of University Research Parks，AURP)定义，大学科技园是指能够产生、吸引和留住科技公司和人才的实体环境，并与包括高校在内的赞助研究机构以及公共、私人和联邦研究实验室保持一致的关系。大学科技园可被大致分为企业主导、高校主导和政府主导三大类，发展特点也各有千秋。企业主导型大学科技园通过建立高技术公司的产业综合体，将研究开发与制造充分结合，借助强劲的科技实力促使产学研高度一体化。高校主导型大学科技园虽由私人企业、大学和政府联合创办，但由学校机构和人员实行自主管理，给予个人研究自由的发展空间和充分的知识产权保护，许多公司均由初次转型成为企业家的科学研究人员所领导。政府主导型大学科技园由政府高度管控，在政府投资、规划下依托大学兴办发展起来，科研机构迁移、科研人员变动等均受到政府相关部门管理。

二、国外大学科技园典型案例

大学科技园的起步阶段主要面临科研人员和创业企业的匮乏，园区采取的措施和政府鼓励政策的核心在于促进平台构建。美、英、日三家不同大学科技园在初期发展阶段对平台建设的构想各具特色，也分别取得了相应的成效和影响。

(一)美国斯坦福科学园

斯坦福大学重视知识的实用性，在创校之初就将企业经营的思想与校园融合，园区形成由师生自发运作的模式。不同于传统高校的研究学术型象牙塔定位，斯坦福具有前瞻性的投资眼光，将高等校园教育服务于学生谋求职业发展，并且更加人情化地为师生利益考虑。因此在斯坦福科学园成立初期，斯坦福大学便制定政策鼓励教师学生兼职和就业，允许教师在企业挂职，园区企业也会为本校毕业生提供优先就业机会。宽松的校园管理和人情化的校园文化带来强烈的母校认同，后期资金支持大部分来源于校友捐赠，捐赠的资金又反馈给在校师生，形成的良性循环也为未来硅谷园区的发展壮大夯实了基础。

斯坦福科学园也是“产学研结合”发展模式的雏形和来源。注重于保护师生科研成果，推进科技到生产力的转变，将新技术和产品商业化是斯坦福科学园早期发展的主要动机。大学科技园通过利益共享的专利许可收入分配政策激励在校师生科创，师生所获科技成果知识产权收益仅向学校上缴 10%—15%；对内部科创成果的使用限制也是较为宽松，初创期的企业能够以极低的价格使用高校资源。1980 年美国《公共法》也将科研专利的控制权予以从事科研项目的大学、私企和研究人员，专利收益允许自由分享。

初创期的激励政策为斯坦福科学园创造了平台的人才和科研基础，最早一批创业、发展起来的高科技企业也初具集群规模。1955 年斯坦福科技园仅有 7 家企业，到 1960 年已有 32 家企业运作，1970 年规模再翻倍，70 多家高科技企业在这片校园土地上熠熠生辉，其中不乏惠普、NeXT 电脑等世界知名独角兽企业，平台构建初见成效。斯坦福科学园的成功经验表明，起步期的园区规划发展切忌急于求成，踏实稳固人才和企业立足基础的鼓励政策是至关重要的。校企相互促进融合的关系也应是大学科技园发展的重心，企业不能脱离了研究机构的支撑，运作核心模式应围绕高校展开。

(二)英国剑桥科技园

剑桥大学在成立初期，效仿第一个吃螃蟹的大学科技园的成功经验，同样注重师生利益的保护，积极引导师生创业就业。学院实行短期聘用制，宽松的教师兼职条件同样吸引了在职教学科研人员积极参与企业研究项目。同时校内还成立沃夫森产业联络办公室，搭建平台为毕业生提供创业的专业支持，协调研究人员建立同产业界的合作，并提供从技术咨询、市场分析、牵线搭桥到代拟具体的合同条款等全方位服务。

另一方面，剑桥科技园仍是政府针对高科技企业制定的各项鼓励计划和优惠政策的直接和主要受益者，其中最重要的便是政府的资金支持。1983 年英国制定阿尔维资金扶持计划，投资 3.5 亿英镑支持大学在集成电路、软件工程等高新技术产业的研究与企业合作。此外，英国政府还聚焦于税收优惠政策方面，不断降低高科技中小企业的税率，实行新税收优惠政策，提高研究开发税务补贴比率。

不同于斯坦福科技园，作为高校主导发展的大学科技园，剑桥科技园具有独具特色的小而精管理模式。三一学院对入驻企业的要求颇为严格，将租户限制在以技术为重点的公司。在其正式开放的 2 年后，大学科技园内仍仅有 7 个租户，开发面积也仅占据科学园总面积的 20%。

尽管有选择性的发展规划造成了剑桥科技园在全球范围的影响有限，具有全球知名度的大型科技公司数量也偏低，但正是这样才为科学产业提供了一个充满活力的、有明确研究方向的成长环境。剑桥科技园也因此成为技术初创者的磁极，带动了周边区域高技术企业集群的成长。剑桥科学园及其周围地区占所有高科技场所面积的 60%，许多不在剑桥科学园内的公司仍然受益其溢出效应。

(三)日本筑波科学城

初期筑波科学城的构建设想和形成规划均由日本政府一手操办，更像是一座人工精心打造的科学乌托邦。不同于大多数大学科技园先有校后有园、依托原有高校发展建设的构想，筑波科学城则是顺序相反，政府现提出建设科学城的构想，而筑波大学建立在东京教育大学的基础上，作为研究教育机构迁往筑波科学城。

平台建设方面，科学城内的国家研究所均由政府出资成立，科研机构和人员等均通过政府决策从东京迁入，受政府相应部门垂直领导。尽管 1981 年日本政府制定《周边开发地区整备计划》，引导民间研究机构和企业落户筑波，但仍由政府型研究机构主导科研发展，私人机构和企业在筑波难以充分发挥其活力。

筑波科学城在初期经历了一段时间的正常运转，也取得了一定成效，然而到了 20 世纪 90 年代政府过度干预的弊端进一步显现。市场导向的缺失带来了机制的僵化，缺乏高新技术产业支撑的同时投入产出比例严重失衡。现有的政策无法维系科学城持续发展，筑波科学城的经济形势不可避免地走向滑坡。尽管日本政府经过深刻的反思和研究，采取一系列补救措施，将变革聚焦于产业升级转型和技术创新，减少对科学城发展的直接干预，通过更多资金投入和激励政策引导市场发挥作用，但成效显现仍需要时间沉淀。筑波科学城是政府过度干预的典型警示案例，政府主导模式无法充分发挥大学科技园应有的创造力，说明大学科技园发展忽视市场作用必将走向死角。

三、我国大学科技园发展启示

大学科技园贵精不贵多，贵在发挥示范引领作用。政府应减缓对设立国家大学科技园公告频率，将建设的侧重点由提高大学科技园平台总数量放到提高经济总量上来；打造高质量创新示范大学科技园，通过辐射效应有规划地引领中小型大学科技园协调协同发展。

给予师生充分空间，激发自主创新活力。高校营造良好的学习和科研氛围，促进高校间资源开放共享，鼓励创新平台搭建，以开放的学术观念调动师生科研创新热情和积极性，为师生打造大胆自由的发展空间，同时兼顾师生利益，建立健全科研制度，加强科研过程中的组织管理，鼓励创新研发的同时也推进行之有效的保障。

拉近校企距离，促进双方交流。企业若是脱离了研究机构的支撑则背离了大学科技园成立的初衷。大学科技园企业应为师生提供高质量的兼职就业机会，填补人才缺口，深化校企合作，打造支撑人才成长的和谐环境；同时也应搭建沟通平台，完善交流渠道，为工业租户提供接触大学研究实验室的机会，促进校企资源互助互惠。

明确研究方向，有针对性地提供资金支持。大学科技园离不开持续稳定的资金支持，一方面，要有计划有针对地推进项目研发，确定大学科技园企业专攻的重点方向，拨出专项资金支持选定产业方向发展研究，灵活变通引导产业转型和升级，避免资金流入方向过于分散缺少成果显现。另一方面，仅仅依靠企业和政府资助资金无法实现长期的可持续运作，大学科技园要能够形成一定程度上“自给自足”的内部资金链条，要有自成一体的资金运作模式。

捋顺政府与市场的关系，避免筑波的前车之鉴复演。政府在大学科技园发展的过程中应扮演好引导者的角色，提供起步的政策指导和资金支持，为大学科技园发展营造良好开端；取得初步成效后无需投放过多精力在大学科技园规划指导上，避免过度决策干预造成活力流失；以市场规律为主导，仅在适当的时候提供一定的激励和税收补贴等，给予大学科技园自发探索发展模式的自由。

城市更新中的全新创新栖息地

——以瑞典约翰堡科技园生活实验室为例

张腾飞

2021年9月，上海市城市更新条例正式颁布实施，意味着上海的城市更新进入快车道，除了传统街道和住宅区域的更新，上海创造性地把重点产业发展空间的更新也写到条例内。对于上海城市更新中重点产业发展区域以及退出住宅区域想要发展成为产业区域的空间来说，提出了更高的更新要求。礼森智库认为瑞典生活实验室特别符合未来社会的工作方式，尤其是在特殊环境下(比如疫情等)解决工作与生活问题，另外也特别契合当代年轻人对工作方式的认知。本文以瑞典约翰堡科技园区生活实验室的构建为例，以期为上海城市更新中产业发展区域更新提供一个新的发展建设思路。

一、研究背景

科技园和创新区域凭借其开放性和多方利益相关者的参与，构成了一个能够汇聚大量人才和技术的平台。微观装配实验室(FabLab)、设计中心、联合办公空间、加速器、企业孵化器、生活实验室等都属于全新的创新栖息地。世界各地许多科技园和创新区域都推出了这样的空间，以期催生足以应对当今多元化挑战的解决方案。这种开放式创新生态系统促进了多方利益相关者的参与、价值共创以及快速原型设计、验证，从而实现创新和企业提升。

本文阐述了由瑞典约翰堡科技园和一系列合作伙伴所打造的第三代生活实验室的案例。这些生活实验室旨在助力和促进公民、研究人员、企业和公共机构之间的协作创新，并建立一个在现实生活环境中创造和检验创新解决方案的实体平台。

从2011年开始，瑞典约翰堡科技园联合查尔姆斯理工大学及其房地产合作企业之一HSB，决定在“城市发展开放式竞争平台”内共建生活实验室。业主、合作伙伴和居民不仅会参与研发，而且还将对未来生活的整个创新过程做出贡献。瑞典约翰堡科技园希望通过这一举措，为“开放式竞争平台”与生活实验室搭桥，让实验室全价值链充分运用创客工场的创新思想。创客工场是一个让不同的利益相关者(和最终用户)根据共同的兴趣、目的以及不同的观点和知识提出自己的意见和建议的平台。然后这些想法被生活实验室原型化，进而生活实验室会协同利益相关者对产品原型进行改进和迭代，并进行测试与验证。

二、项目简介

打造生活实验室这一想法萌生于2011年的荷兰代尔夫特市。当时正值欧盟“欧洲生活实验室基础设施开发和欧洲可持续性新技术测试”项目启动仪式之际，来自查尔姆斯理工大学的格雷格·莫里森(Greg Morrison)教授介绍了查尔姆斯研究人员如何顺应这一时势，瑞典约翰堡科技园的艾琳·斯文森(Irene Swenson)则介绍了园区与企业界、学术界和社会之间的合作概况。

此后，人们开始讨论如何在哥德堡开发一个生活实验室。第一个目标(建立一个与查尔姆斯理工大学和瑞典约翰堡科技园相关的生活实验室)现在已经成为现实。当时，瑞典最大的房地产公司之一HSB作为约翰堡科技园的股东，有机会与其他公司和大学合作，共同致力于开发生活实验室，HSB将生活实验室选址于查尔姆斯理工大学。此后，这一理念历经多年的发展，如今已有12家各具专长的合作伙伴参与了这项合作。

三、园区生活实验室的目标

园区生活实验室旨在开发未来住宅。它是世界上独一无二的未来住宅和生活研究项目。

具体而言，这是产业界和学术界之间的一个合作项目。园区生活实验室的目的是打造未来的可持续住宅，目标是加快住宅创新的进程，从现在的10年缩短至2年。这个合作项目被称为第三代生活实验室。这是因为它是一个让目标用户参与创新产品、服务测试的真实环境，可供不同年龄、不同民族的学生和研究人员在此生活并全天候进行创新与研究。其主要目标是识别和研究相关障碍，从而优化人类行为与技术系统之间的对接。约翰堡科技园城市发展开放式竞争平台介绍：“生活实验室就是我们向网络主体提供的一个好例子。与此同时，它为我们利用演示测试设施开展联合开发项目创造了条件。此外，这样做还可以增强这个区域的存在感、利用跨境联合创新来谋求可持续发展。”

生活实验室在众创背景下提供了一个真实场景，让房地产业主协同开发商、让建筑公司协同最终用户进行清洁建筑施工方法、工艺和体系的开发、测试和验证。采用这一办法，可准确评估其日常表现和实际气候影响。通过真实场景的展示，可确保所开发的解决方案能够满足市场需求，为房地产行业提供了创新、实惠、可行的建筑解决方案。这座建筑还为新建建筑以及改建项目低碳解决方案的开发和验证提供了理想的环境。它使可持续建筑创新的市场吸收速度比以往要快得多。同时，由于这个合作项目能够对新型墙体系统以及保温和覆层材料进行长达十年的测试，加强了查尔姆斯理工大学的研究。

四、生活实验室的结构

城市生活实验室是一个针对学生提供的居住型基础设施，采用四层模块化建筑的形式，由 44 个钢模块组成。该建筑持有 10 年的临时建筑许可证，一旦期满就要拆除，并搬迁到另一个地方。它在许多方面与传统建筑形成鲜明对比。这是一座象征变革、创新、轻便和重构的房子。该建筑的大部分设施直接明装在天花板和墙壁上，所以访客可以更好地了解这栋房子内所有正在进行的研究。生活实验室的租户生活在一个独一无二而又充满活力的环境中。与此同时，由于他们拥有现代化的生活环境，他们还能与学生、研究人员和企业建立联系。他们的研究测试行为和经验也为开发未来住宅提供了宝贵的数据来源。

这栋建筑虽然是临时性建筑，但并不意味着其功能可以不按要求随意设置。它仍须满足住在其内的每个人的需求。这采用了一种全新的设计方式，即采用智能“立方”解决方案，而非以功能性、灵活性和适应性为重点的传统二维思维方式。

生活实验室有四个学生集群。有两个在二楼，另外两个在四楼。每个集群由六套公寓和一个宽敞的公共区域组成。公寓的体积约为 47 立方米，即 3.6×3.6×3.6 米。它们都有自己的小厨房、卫生间和宽敞的睡眠区。在公共区域设有两间厨房、两间浴室、一个客厅和一个阳台，可以共同分享。三楼由五间“普通”私人公寓组成，天花板高度为 2.6 米。具体而言，生活实验室是一个总楼面净面积为 1720 平方米、集住宅和研究于一体的基础设施，其中包括：(1)29 间公寓，其中 23 间租给一般学生，6 间租给客座研究员和博士生；(2)多间用于举行项目组会议和研讨会的会议室；(3)一间项目结果陈列室；(4)一间多功能洗衣房；(5)一间原型实验室——白色房间；(6)12 个可调节的墙体部分，它们可以拆卸和更换，便于对各种创新的立面材料和装配技术进行测试；(7)由 2000 个传感器和 1.5 万米数据电缆组成的广泛网络，为研究、开发和创新项目提供精确的测量和数据。

五、运作模式

为了做好该生活实验室的组织与协调工作，园区开发平台成立了四个职能不同的小组。

指导小组：由生活实验室的三个主要合作伙伴 HSB、查尔姆斯理工大学和瑞典约翰堡科技园的代表组成。小组每月召开一次会议，负责制定该生活实验室每年活动的基本方向。

决策小组：由所涉及的每个合作伙伴指派一名代表组成。由该小组投票决定：在线项目数据库中提交的项目方案可以获得经费资助并每年在该生活实验室内运行三次。

项目小组：每个合作伙伴的代表每两个月参加一次项目小组会议。在项目小组会议期间，与会者将把合作伙伴即将提交的项目方案向项目小组其他成员进行介绍，以便在将其提交给决策小组之前获得反馈意见。会议期间还将讨论新项目的观点。

沟通小组：生活实验室各合作伙伴的沟通员每月会面，并为生活实验室确定沟通计划以及具体活动。所有小组会议通常在生活实验室的会议室进行。当然，在某些情况下，会议可分别在每个合作伙伴的经营场所进行，并结合现场参观，以便更好地了解其工作环境和服务。

六、生活实验室的未来挑战

到目前为止，这个独特的创新栖息地运行良好。已有大量的创新想法导入该生活实验室亟待检验，并形成真正的项目、产品或服务。但礼森智库认为，尽管如此，这种形式的生活实验室仍面临着各种短期挑战和长期挑战。

其中一个挑战与该生活实验室合作伙伴对这个创新型项目的参与和承诺有关。如何确保让 12 家利益多元化的合作伙伴在十年的时间里都对一个项目保持兴趣和参与度，这是一个巨大挑战。为了应对这一挑战，约翰堡科技园必须不断传达该生活实验室的目标，并提醒大家注意每个合作伙伴的角色在这个合作项目中的重要性。

还有一个长期的挑战是在整个十年项目期间，如何确保获得源源不断的创新源。新想法的产生需要携全新视角的全新合作伙伴参与。换句话说，该生活实验室现有的合作关系应该是能够让外部投资机构或其他公司(例如：中小企业)参与进来，为创新过程做出贡献。

最后，还有一个长期挑战是确保在实验室里产生的技术创新能够迅速落地且项目化并带来收益。也就是说，当成功地获得了新的创意并在生活实验室这样真实的环境中对其进行了检验之后，它们仍留在该实验室里，并不知道项目多久之后会被投放到市场、项目成果是否会被市场接纳采用。同时也考虑到房地产业在国内是有条件限制发展的行业，因而“加速这一行业的变革”这一挑战确实值得各位深入思考并加以优化。

建设世界一流高科技园区

——以新加坡纬壹科技城为例

范媛媛

当前，世界面临百年未有之大变局，新一轮科技革命和产业变革深入发展。开辟产业新领域、挖掘发展新动能是我国产业升级新引擎、构建新发展格局的新需要。随着创新驱动发展战略的深入实施，高科技园区作为集聚创新资源、推动产业发展的重要战略平台与空间载体，是建设创新型国家、提高综合国力的重要推手。本文以新加坡纬壹科技城为例，就打造世界一流高科技园区进行介绍，以期为我国高科技园区建设提供参考借鉴。

一、纬壹科技城简要介绍

纬壹科技城位于新加坡西南，计划总投资约 700 亿元，占地面积 200 公顷。纬壹科技城(One-North)的概念可追溯到 1991 年新加坡国家科学和技术委员会出台的第一个国家科技发展五年计划中提出的科技走廊规划。1999 年，新加坡政府启动 21 世纪科技企业家创业计划，纬壹科技城作为其重点项目被正式提出。2000 年新加坡提出“集工作、学习、生活、休闲于一体”的活力社群概念，并将其应用于纬壹科技城筹备建设。2001 年纬壹科技城正式动工。

纬壹科技城主要分为八大区块，包括：3 个产业功能区——启奥城(Biopolis)、启汇城(Fusionopolis)、资讯传媒城(Mediapolis)；2 个产业配套区——尼泊尔山(Nepal Hill)、科技园起步谷(Launch Pad)；2 个生活配套区——汇达(Vista)、威硕斯(Wessex)；1 个未来产业发展区——亚逸拉惹(Ayer Rajah)。截至目前，纬壹科技城拥有超过 400 家领先企业、15 所公共研究机构、5 所高等院校和企业大学、超过 5 万名知识型工作者。[①]

二、纬壹科技城成功经验借鉴

(一)政府的高度重视与大力支持

纬壹科技城是新加坡政府启动“21 世纪科技企业家创业计划”的重点项目，

① 来源：https：//www. jtc. gov. sg。

正值 1997 年的亚洲金融危机和 2001 年全球经济衰退之际，新加坡产业发展由投资导向型向知识密集型过渡，纬壹科技城借此契机开工建设。

从开发建设方面看，纬壹科技城开发建设采用“政府主导、市场运作”模式。2000 年，新加坡内阁政府任命裕廊集团(JTC)为总体开发商，裕廊集团是新加坡贸工部下属官方机构，是新加坡最大的工业地产发展商，拥有丰富的园区开发经验。裕廊集团负责整体规划与建设，然后按照不同地块的使用目的，邀请相关领域领先的私营机构参与纬壹科技城的建设，包括凯德集团、腾飞集团、新加坡联合工程公司等。新加坡政府还成立了指导委员会、资源咨询小组、纬壹审查委员会、软件改造委员会等(其组成人员为不同机构与部委的最高管理人员)，分别从政策层面、私营部门角度、跨部门技术等多个方面，打破既定的工作框架，共同承担对纬壹科技城的开发、规划、管理等事务。从政策支持方面看，纬壹科技城是新加坡政府推动科技创新的示范点，从规划之初，其就确立了生物经济、信息通信、资讯传媒三大支柱产业，正好契合当时的第一个《国家技术规划》(National Technology Plan)所支持的重点领域，同时，新加坡政府在参与纬壹科技城开发建设的过程中适时制定相关政策以支持其发展。

(二)丰富的科技创新资源与平台

纬壹科技城拥有庞大的科技创新资源与平台，既有高等院校，也有公共部门研究学院与私人研究实验室。纬壹科技城区域内拥有教育部、欧洲工商管理学院和南洋理工大学孔子学院，同时毗邻新加坡国立大学、新加坡理工学院、英士国际商学院新加坡分校，为区内产业发展提供大量学术型人才。

从纬壹科技城自身来看，规划了专门的人才培育区域——尼泊尔山，其是园区内部的企业高层进行领导力培训的全球中心以及企业社交场所，同时将全球各地的学生在此聚集起来，形成一个国际教育与培训中心。从政府支持方面来看，为吸引更多教育、培训机构集聚，新加坡经济发展局在纬壹科技城内成立了新加坡指导网络与学问学院，汇集众多的商学院、企业大学和专业公司，以推进指导力与人才培育，鼓励企业与学术机构协同合作，加快科研成果转移转化。

(三)提供专业科创公司孵化平台

科技园起步谷(Launch Pad)是纬壹科技城的孵化基地。Launch Pad 将初创企业、孵化器、加速器和风险投资家置于促进创新与合作的生态系统的核心。2015 年，为进一步满足旺盛的市场需求及推动企业创新，裕廊集团和新加坡标准、生产力与创新局在孵化器“BLK71”的基础上进行改进升级，最终形成了 BLK67、69、71、73、75、77、79、81 等 8 栋楼组成的 6.5 公顷大小成熟的孵化平台，采用了集装箱和车库工作室的概念，提供不同大小的孵化空间与服务，满足生命科学、信息媒体、电子、智慧城市、工程和餐饮等领域的初创企业要求，其中包括提供一个无线环境，为所有初创企业提供集中的公共企业服务，如秘书处、邮件、服务器机房和接待服务。

新加坡政府在 Launch Pad 培育创业精神和促进创业生态系统方面发挥了重要作用。统计显示，新加坡政府在这方面有大大小小的 16 种津贴和促进计划。政府机构还专门在平台设立了一个政府背景的非营利性质的孵化器“创业行动社区”(The Action Community for Entrepreneurship)，帮助初创企业申请获取政府相关津贴。

(四)鼓励交流分享创新想法

纬壹科技城鼓励分享交流创新想法，比如科学咖啡馆(Science Cafe)。在科学咖啡馆活动中，可以交流社会科学、身体与健康、环境、科技、思维与认知等诸多领域的创新想法，但是以商业目的分享品牌或服务是不被允许的。当个人有新的想法需要交流时，只需要就该议题在网上申请，裕廊集团相关部门在收到申请后 7 个工作日内会回复，如果申请通过，裕廊集团相关部门会协助个人向社会宣传会议，以吸引专业人士、学者或业余爱好者等诸多参加者。

纬壹科技城还有各种活动，不断激发创业者的热情和活力。其中最为主要的就是社区建设，纬壹科技城全年都会组织各类商业和社交活动，包括网络会议、骑行活动、健身课等。

(五)遵循产城融合发展理念

纬壹科技城遵循产城融合的发展理念，打造了集办公、居住、休闲娱乐、教育设施于一体的硬件环境。从交通来看，到达市中心仅需 20 分钟车程，海港需 15 分钟车程，机场需 45 分钟车程；且园区拥有 2 条地铁线路、3 个地铁站。从居住条件看，有威塞克斯区的 LOFT 公寓和半独立式住宅；有集生活、社交和工作于一体的 lyf 纬壹科技城共享公寓；也有酒店式公寓、酒店、公寓等各种类型的居住地。从休闲娱乐来看，汇达(Vista)作为纬壹科技城的商业与生活区，邻近交通中枢，有星悦汇、罗切斯特公园、罗切斯特综合体、大都会(The Metropoils)以及教育总部等。

最为有趣的是，纬壹科技城将各种不同用途的土地创造性地混合在一起。以启汇城为例，其楼高 24 层，集研发、办公、生活和零售项目为一体，既有物理工程研究委员会、信息通讯研究机构、高性能计算研究机构、材料研究和工程学机构等机构协会，有研发洁净室、干湿实验室等实验平台，有无尘空间、A-Star 计算机资源中心、纳米分析中心等科技设施，也有洽谈室、会议室、试听工作室等公共设施，以及剧院、服务公寓、游泳池、餐饮零售等服务设施。

三、结语

面对新时期高质量发展的时代要求，我国高新技术产业园区、大学科技园、未来产业科技园等各类高科技园区建设如火如荼。高科技园区作为支撑新一轮经济增长的关键承载平台，礼森智库认为，要锚定建设世界一流高科技园区总体目标不动摇，立足国际视野，将美国硅谷、新加坡纬壹科技城、法国索菲亚科技园等国际著名科技园区作为坐标系与创新发展的赶超对象，发挥政府部门、科研机构、企业主体三方力量，从政策资金、创新环境、人才培育等方面做好要素保障工作，不断向着建设世界一流高科技园区目标迈进。

未来城市通信技术竞技场

——瑞典基斯塔科学城

卢瑞轩

广为人知的国外著名高科技园区，最容易让人想到的是美国硅谷。除此之外，还有日本筑波科学城、悉尼科技园、布里斯班科技园、俄罗斯新西伯利亚科学城、新加坡国家高科技园区、法国格勒诺布尔科技园区、意大利蒂布尔蒂纳国家高科技园区、德国慕尼黑科学园、英国伦敦科技城、英国苏格兰高科技区等，主要分布在全球发达国家。关于园区建设的理论研究，学界内主要有7种，包括埃茨科瓦茨的三螺旋模型、理查德·佛罗里达的3T理论、卡斯特尔和彼得·霍尔的科学城理论、马歇尔的产业区概念以及北京大学经济学家周其仁提出的“创新浓度”理论等。

本文以建立在三重螺旋模型基础上的瑞典高科技园区——基斯塔科学城为例，通过企业、公共部门和学术界之间的创新合作，研究园区当下最为关注的前沿科技领域和方向，解码未来产业中的通用技术而非特定产业，以及其城市创新环境营造过程中的技术运用手段，为国内未来产业的布局和应用、未来产业政策的鼓励方向提供一些最新的国外建设发展情况。

一、基斯塔科学城概况

基斯塔科学城是瑞典最具创新性的地区，是智能城市解决方案的展示厅。作为世界级的教育、研究和信息通信技术创新中心，基斯塔科学城有着悠久的历史，其位于斯德哥尔摩市中心以北约10公里处，被称为“欧洲的硅谷”，是欧洲领先的信息通信技术集群。该集群拥有爱立信和IBM等世界上最著名的信息通信技术公司，以及众多高成长性的初创公司和顶尖高等院校。斯德哥尔摩大学和瑞典皇家理工学院在科学城开设计算机和信息技术课程，有5500名学生作为科学城邻居提供最新技能和新鲜血液。集聚和创新是基斯塔科学城始终坚持的最重要理念，根据KISTA SCIENCE CITY官方公布，目前园区ICT试验平台内的公司数量共计972家，员工32500人，其中从事信息和通信技术工作的有18108人。

城市信息通信技术竞技场：相当于知识中心，非营利性，旨在促进公司、社会、学术界和公民之间的创新合作，为未来的城市开发智能和可持续的数字解决方案；聚焦两个重点领域——移动和物联网，拥有最新的数字基础设施，未来的智能技术、新想法、新产品将在真实的城市环境中创建、测试和展示，通过与创新公司的合作满足公共部门的需求。

科研机构和孵化器：研究机构和实验室是创新体系的重要组成部分，通过与大学等研究机构之间的深入合作，创建一个更广泛、更灵活的创新体系，通过不同类型的研究计划、研究项目、联合投资和共同使用独家和独特的实验室设备进行合作。瑞典最成功的加速器诞生于基斯塔。在这里，科技初创公司有机会申请量身定制的项目，然后在经验丰富的教练帮助下发展公司。

二、迭代更新·基斯塔科学城前沿技术研究

基斯塔科学城为下一代有目的的技术和商业而努力，目前正在多个领域开展前沿技术研究。在科技领域寻找未来，基斯塔科学城是一个值得借鉴的地方。

(一)边缘智力

基斯塔科学城探讨最新边缘计算及其与人工智能(AI)和机器学习(ML)的联系。边缘计算是一种新的计算范式，旨在解决当前基斯塔科学城部署的云计算服务的几个缺点。它使计算能力更接近产生数据或需要处理数据的用户。边缘是许多技术进步和应用领域的先决条件，包括自动驾驶汽车、工业4.0和智能城市。

(二)万物互联

据估计，基斯塔科学城有1300万至1400万个新的小工具连接到了互联网，这些小工具昼夜不停地工作——比如路灯、电梯或供暖系统指示何时需要服务以避免不必要的浪费，或者回收车沿着最有效的路线清空垃圾箱。通过一种传感器，可单独或组合检测环境中的事件或变化，智能数字解决方案及早发现需求，减少对能源和有限资源的浪费，适应人类和人类的行为，提高服务的可用性、可持续性和安全性，同时成为解决瑞典这个国家减少二氧化碳排放以履行《巴黎协定》的重要推动力。

(三)5G乘车

对于基斯塔科学城而言，5G乘车是一种用于公共交通的自动驾驶、5G连接电动汽车的概念。5G网络的独特技术特征，包括增强的安全性、极高的数据速度和低延迟，意味着连接的总线可以实时响应来自中央控制塔的命令进行远程控制。科学城恰恰是测试和展示新的移动解决方案的理想场所——拥有大量的工作人口、各种公共交通和广泛的道路网络。第一辆常规服务的

自动驾驶公交车在基斯塔街道上试运行 6 个月，作为概念的证明。预计在 10—15 年内，联网自动驾驶汽车很可能成为现代公共交通系统的支柱。

(四)空中交通

目前在基斯塔科学城正开发无人机试验台，与企业合作，目标是通过基础设施开发、框架和立法实现安全的城市空中交通。无人机在未来几年改变游戏规则：在医疗运输、应急响应、交通监控以及食品和包裹递送等领域，很快将为客户、公民、企业和当局提供一系列革命性的新服务，潜力巨大。针对存在“低空域机动革命”所需的生态系统尚未到位问题，基斯塔科学城正在与斯德哥尔摩市和瑞典空中导航服务公司合作，组建一个联合体，重点关注资金、专业知识和测试实施，开展“为城市空中交通做好准备——CITY-AM”项目，在 3 年内，该项目旨在确定、测试和评估与欧洲城市低空域无人机服务相关的可持续解决方案，目标是开发适应城市规划的工具，评估城市环境中无人机的升降场和着陆场，并建立一个生态系统，为无人机交通成为多式联运系统的一部分铺平道路。

同时，基斯塔科学城提出北欧无人机倡议，加强不同集群之间的联系，并帮助使用无人机的公司向邻国学习并组建新的联盟。

> 北欧无人机倡议提出五个主要目标：一是确定和评估无人机如何在运输部门使用，为社会、商业和环境带来最大利益；二是绘制无人机的北欧生态系统图；三是为北欧天气条件下无人机技术的发展做出贡献；四是建议制定规则变更，使无人机运输和垂直起降的大规模行动成为可能；五是为持续的研究和创新以及促进国际合作创造一个平台。
>
> 项目由北欧创新组织资助，其是北欧部长理事会下属的一个组织，旨在使北欧成为可持续增长的先驱地区，并致力于促进北欧商业领域的创业、创新和竞争力。

三、技术运用·基斯塔科学城创新环境营造

基斯塔科学城是为创建明天的可持续城市而聚集产业、企业、人才的地方，其技术领先的优势为美好城市创新环境的营造提供了更多的可能性。

(一)生态城市建设

基斯塔科学城将领先技术运用到生态环境建设领域，揭露环境问题的严重程度，推进城市更加高效、清洁和可持续。

垃圾箱传感器技术：成为改善环境问题的重要途径，当需要清空垃圾箱时，传感器会自动发出信号，使垃圾收集次数减少 80%，极大地降低人力成本。通过分析大数据，在正确的位置确定垃圾箱需要的尺寸，同时撤销不必要的城市垃圾箱，为城市高效废物管理提供了经验。城市决策基于验证的事实，技术让城市变得更加清洁。

空气质量传感器技术：在移动车辆上连接传感器，即车载移动空气质量传感器技术，实现实时对车辆流量和车辆内外部环境空间空气质量进行 GPS 定位监测，达到有利于个体成员和兼顾城市环境建设的双赢目标，移动传感器与关键位置的固定传感器相结合研究环境变量，可为城市交通和环境规划提供决策参考。

(二)安全城市网络

基斯塔科学城在学术界、研究所和大公司的网络安全方面拥有领先的专业知识，通过春季试点计划，培训、辅导和建立网络来加强中小企业网络安全知识。通过网络安全战略业务发展计划，加强区域内公司在网络安全方面的能力。来自城市、业主、行业和大学的利益相关者，研究在新技术的支持下，用创新技术测试、开发和可视化解决方案，以提高城市的安全性和可访问性。在物联网的作用下，可以更好地持续测量和分析城市安全性以及采取干预措施。

(三)智慧城市交通

尽管基斯塔科学城位于人口还不到 100 万的瑞典首都斯德哥尔摩市，但仍然深刻剖析现代交通面临的痛点、堵点，以智能化方式构建交通解决方案。

空间建模分析和实时跟踪：其目标是缓解日益严重的城市交通拥堵挑战以及环境退化、经济效率低下和对公民生活质量的负面影响等相关问题。利用新的 4D 空间技术、使用实时车辆位置和各种移动数据的分析平台，彻底改变城市的交通和通勤效率。

测量交通速度分类分析：该技术的应用很多，重点是对车辆进行计数和分类，也可以支持未来的自动驾驶汽车"环视四周"或释放应急车辆，测量重型车辆和轻型车辆的交通组成。如今，能够在一个地方比较这么多技术是开创性的，欧洲很少有工厂能为测试和开发技术提供类似的条件。

"最后一英里"公共交通：基斯塔探索作为公共交通一部分的最后一英里解决方案的可能性，将公共交通枢纽与基斯塔内的目的地连接起来，方便公民最后距离的通行。

(四)创新城市活动

基斯塔科学城是新思想家的聚集地，一个物理空间、竞技场和社区，适合生活、学习和成长。

科技社区每月早餐活动：基斯塔在科技社区举办的每月早餐活动，旨在从基斯塔研究人员和开发人员处获得内部视角的前沿趋势，活动分期分别由大学、科技公司等不同主体主办，在用餐时间进行充分的互动交流，增强社区感。

基斯塔未来流动日：这是基斯塔科学城的一个年度性活动，每年有不一样的主题，中小型公司有机会展示其技术解决方案，并扩大与同行业其他参与者的网络。对于在基斯塔工作或居住的人而言，可以真切感受和体验先进技术的发展，可以一窥流动的未来。

四、未来展望·基斯塔科学城对我国未来产业发展的启示

当前，我国各大重点城市正有计划地前瞻性布局未来产业，共有 11 家未来产业科技园建设试点及培育名单获批，未来产业是支撑新一轮经济增长的关键点，同时也是掌握未来先进产业的主动权，抢占未来国际话语权的重要抓手。礼森智库认为，密切关注国际社会重点发展的前沿科技领域研究，加大科研投入，潜心钻研、开拓进取是实现我国未来产业弯道超车的必由之路，必将实现国家科技创新和综合实力再上新台阶。

在技术加速更新迭代、加强社会应用的趋势下，我们应积极跟进参考诸如瑞典基斯塔科学城等国际先进高科技园区的最新发展经验，未来产业的发展必须打破障碍壁垒，进行必要的战略合作，国内方面从实验室前沿技术突破走向市场环境，国际方面以更加开放的姿态融入全球科创网络；同时，充分发挥学术界、公共部门和创新企业之间的纽带联系，为未来产业构建开放创新的生态体系，真正实现技术为更加生态、更加安全、更加智慧、更加创新的城市服务。

从布里斯托看如何依托生态底板打造特色新城

蒲雅丽

产业新城是新时代“产业+城市”融合的产物，据有关统计，全国产业新城有122个，主要集中在京津冀、珠三角、长三角以及长江中游，其中尤以京津冀41个、长三角35个居多。产业新城的发展可以以产业驱动，以交通驱动，以教育驱动，以生态驱动，进而形成“产—城—人—环境”的可持续融合。其中生态驱动型新城依托天然良好的自然环境禀赋或通过主动改进提高生态环境品质，将绿色生态与城市环境有机融合，通过发展商务会展、金融、信息技术等服务型产业，逐渐吸引高素质人口流入，打造宜居宜业的城市生态体系。

当前，国内外不少新城依托良好的生态特色，因地制宜，形成了极具特色的发展模式，如富士医药谷依托静冈县丰富的旅游观光资源，打造医康养融合产业；皇后镇聚焦优越的地址优势，发展运动小镇；布里斯托以生态打造为核心布局绿色科技和特色生态农业；无锡太湖新区以高效循环的资源利用打造科技环湖生态新城、青浦新城……本文通过对布里斯托生态驱动产业发展模式的剖析，为国内以生态为核心驱动的产业新城建设提供经验借鉴。

一、布里斯托的发展概述

布里斯托作为传统的工业城市，长期以来持续受到制造业对城市河流、空气造成的破坏，为保证城市活力和可持续发展，布里斯托市政府开始转变思路，1990年市议会制定了《布里斯托绿色宪章》(Green Charter for Bristol)，成为英国首批将“绿色发展”作为地区发展指导方向的城市之一。1997年，《布里斯托城市发展规划》(Birstol Local Plan)明确将可持续发展作为城市发展战略，提出城市生态环境保护和修复是未来十年，乃至更长时间内城市发展的重要方面，之后，布里斯托开始通过先进的生态理念和技术手段，逐步实现城市生态环境修复，开启了生态化产业新城的高质量发展之路。

布里斯托位于英格兰西南地区，紧邻塞文河口，其支流埃文河贯穿市区，总人口44万人。城市距离伦敦约170公里，处于M4走廊科技休闲城镇群及创新制造城镇群交会处。布里斯托是英国重要的航天、高科技及金融贸易中心，拥有一个国际机场。全市有两所大学，布里斯托大学和西英格兰大学。1990 年以来，布里斯托依托 M4 科技走廊，结合自身资源禀赋，发展绿色低碳产业，全面提升城市生态环境，于 2015 年成为英国唯一的“欧洲绿色之都”，实现了城市的生态绿色转型。

二、城市建设中的生态亮点

绿廊建设——2008 年，布里斯托实施《公园及公共绿地战略》(Parks and Open Spaces Strategy)。一方面，通过“绿廊”连接不同片区，搭建绿色网络，使城市成为一个“绿色共同体”；另一方面，在片区内部将“绿”打散，打造“儿童空间”“规范绿地”“非常规绿地”“自然绿地”和“运动空间”五种小公园，最大化市民可以享受到的绿色休憩空间。

水循环系统——布里斯托高水准、全面化地贯彻可持续排水理念，并在此基础上提出《布里斯托地表水管理计划》，在城市的各个街区建设湿地公园、雨水公园等雨水、中水收集空间，大大提高了水资源利用效率。布里斯托在 2012 年获得欧洲生态管理大奖中的“城市水效率与水质”奖。布里斯托港口区建筑绿植墙及雨水花园，雨水经过芦苇过滤后再流入港口，不仅水质得到净化，也成为独特的小型水景观。

河岸生态——2008 年，布里斯托推出南部布里斯托河岸项目，在水系两侧建设植物带，进行河岸生态改造，同时打造河岸生态步道，市民可以亲水、亲绿。

生态农业——布里斯托周边拥有丰富的农场资源，为居民提供高品质的休闲场所。多家农场有自己的专属农产品商标，并对特色农作物进行深加工，生产的有机健康产品销往英国各地。同时，农场作为田园集市，吸引周边人来体验田园劳作，成为市民家庭休闲的首选目的地。

三、因地制宜发展绿色产业

21 世纪以来，布里斯托以环保科技和潮汐能、太阳能为代表的清洁能源为带动，发展绿色科技产业，目前已经形成集研发、制造、技术咨询服务等于一体的绿色科技产业链，成为西南英格兰地区的绿色产业发展引擎。

绿色科技企业集聚——Brenntag、Marine Current Turbines Limited 等优质企业相继落户布里斯托，为整个绿色能源及环保产业链发展提供了新的血液。

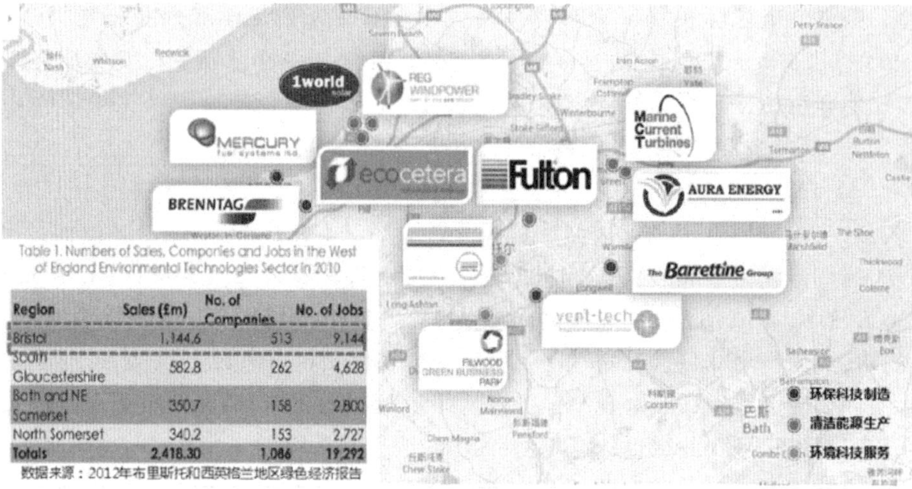

Table 1. Numbers of Sales, Companies and Jobs in the West of England Environmental Technologies Sector in 2010

Region	Sales (£m)	No. of Companies	No. of Jobs
Bristol	1,144.6	513	9,144
South Gloucestershire	582.8	262	4,628
Bath and NE Somerset	350.7	158	2,800
North Somerset	340.2	153	2,727
Totals	2,418.30	1,086	19,292

数据来源：2012年布里斯托和西英格兰地区绿色经济报告

图 1　布里斯托绿色科技企业分布图

传统产业的绿色转型升级——绿色科技产业的发展带动了布里斯托产业体系的整体绿色转型，特别是低碳工厂和高效的绿色运输系统的建设，使布里斯托传统制造业碳排放量大大降低。2005—2010 年间，布里斯托城市能源耗费量减少 10%，其中运输业耗能量降低 11%，民用耗能量降低 21%，制造业耗能量降低最多，达到 26%。布里斯托有 140 家企业和机构加入“布里斯托绿色之都伙伴计划”，包括空中客车、劳斯莱斯等在布里斯托有生产基地的企业均主动地应用当地绿色科技产品和服务，实现生态友好的低碳生产。

四、提供高品质绿色健康环境

布里斯托一直以让市民享有高品质健康生活为发展目标，通过生态环境修复，使得开放绿地和水域占到城市面积的 34%，为市民的健康生活提供良好的环境底板。2013 年，市议会提出《2013—2018 健康、活力、休闲城市攻略》，为不同年龄段的市民提出有针对性的健康运动建议，同时提倡“从菜园到餐桌”有机慢餐。此外，其还定期举办“城市健康局”活动，从各个方面推广高品质健康生活。2014 年，布里斯托被 *Sunday Times* 评为英国最宜居城市。

同时，布里斯托依托优质的温泉资源，建立了多家温泉酒店、专业温泉疗养机构，使温泉休闲成为城市又一大魅力。多样的休闲配套和宜人的生活氛围，使布里斯托成为英国重要的度假休养目的地。

五、布里斯托对生态驱动类新城建设的启示

(一)以生态修复为始打造产业环境

布里斯托城市开发从临水环境的生态修复入手，以水引绿，实现产业环境共振，促进绿色科技产业发展和传统产业升级，再以生态渗透城市生活，打造美丽田园、智慧田园。

(二)以绿色发展作为城市建设核心

在城市建设中，布里斯托将重塑环境、绿色发展作为核心抓手，形成城市自身的魅力体系，并结合当地的生态资源，如湿地、绿地、生态农场、温泉等，构建宜居宜业的新城。

(三)因地制宜发展绿色科技产业体系

在对新城的生态修复和水治理过程中，布里斯托逐步发展和引入绿色科技企业，再通过绿色科技产业的发展推动传统制造业的绿色升级，继而形成独特的绿色产业发展体系。

六、生态驱动类新城建设的要点

生态驱动类新城的建设首先要明确环境品质的首位度，以优质生态环境塑造优势，进而形成与绿色相关联的产业品牌、旅游品牌或农产品牌。此类新城建设主要有两大要点需要注意：

产业选择要匹配生态环境优势：一般为促进绿色生态的持续性发展，生态型新城对于环保类产业有着较大的市场需求和吸引力，例如布里斯托的绿色能源、伯克利的节能产业。同时，受到良好生态环境的吸引，医康养、拓展运动、会展等服务型产业也是不错的选择。除此之外，多数生态型新城也会因地制宜发展特色农业、农产品加工，或利用农业生态打造田园旅游，在不破坏生态环境的前提下提升经济效益。

城市建设重视生态融合：生态型新城的城市建设一般以提高舒适性、宜居性为核心目标，在建筑强度上可以采用低密度布局与局部高强度建筑结合，实现区域生态宜居与工作便利性的双赢。同时，强调打造城市绿网，通过绿网、绿廊融合建筑边缘，提高公共空间的舒适性。在公共交通体系方面，多采用人车分流模式，规划独立的自行车道、人行道和车道，打造舒适的活动空间。当然，城市运营在生态驱动新城的建设中也十分重要，可以通过开展多元化的城市文化活动，塑造独特的新城“标签”，例如以低碳出行、垃圾回收、河道保护等生态保护性为主题，提高城市居民的归属感和环境保护的使命感，进而促进城市生态发展的持久性。

从韩国首尔数字媒体城看“数字＋文创”的碰撞与融合

蒲雅丽

近年来，数字经济的崛起为各地产业转型升级带来了新的动力，也催生出一系列“数字＋”产业。随着国家经济发展和民众生活水平提升，文化创意产业迎来了突飞猛进的机遇期，“文创＋数字”作为文化产业新业态的主导模式，在各地开花结果，已逐渐从东部沿海地区向中西部地区演进，如以成都、重庆、西安为代表的川陕文创产业和以武汉、长沙为中心的中部文创产业蓬勃发展，为其他地区发展文创事业提供了有益借鉴。“数字”代表新的未来，“文创”代表新的需求，本文通过对国际知名数字文创园——韩国首尔数字媒体城DMC（Digital Media City)的全方位解析，以期为国内数字文创园的发展和建设提供经验借鉴。

一、DMC 整体规划

DMC 占地面积 0.57 平方公里，位于首尔麻浦区的上岩洞住房发展区域内，距离首尔的商业中心区 7 公里，距离仁川国际机场 30 分钟的车程，从 DMC 所在地区飞到 43 个主要的亚洲城市不过 3 个半小时，区位条件优越，是世界上第一个高科技数码之城，其致力于建立集数码、传媒和娱乐于一体的高科技数码联合体。

该园区建设分成八大功能区，包含产业发展区、产业配套支持区以及城市功能配套区域等。

✣ 国际商务区：通过提供信息服务技术以支持 DMC 的承租企业进行国际业务。国际大会和会展设施促使 DMC 成长为国际开发区。

✣ 高新技术产业区：发展高科技以降低 DMC 核心业务环境等公共支持设施的成本。和其他国外信息科技园不同的是，DMC 作为一个信息传媒网络城，为入驻企业和创业企业提供了更好的商业机会。

✣ 研发区：吸引公立以及私立研究机构，从而和入驻企业之间建立功能性连接，是未来合作研究项目知识转移成产品的关键所在。

✣ IT 基础设施区：提供高科技信息通信基础设施和服务，实现 DMC 区域内入驻企业产业信息化整合，此外，高科技信息通信基础设施使 DMC 提供类似网络数据中心、电子邮件虚拟主机、数字交换机、IC 卡系统等相关服务，这些服务也将成为 DMC 未来盈利业务。

✣ 信息区：通过信息中心的集中运营为入驻企业提供信息。全面的信息网络将为入驻的跨国 IT 综合企业提供国际竞争力。

✣ 一般商务区、商业区和居住区：一般商务区主要面向一些房地产中介、会计、律师及建筑师事务所、公关公司、金融和其他类型公司进行招商；商业区致力于为 DMC 入驻企业提供便捷生活；居住区则与商务功能进行整合，是 DMC 的主要标志之一。

✣ 人力资源和综合支持区：通过建立稳定的人才供给作为吸引大型企业入驻 DMC 的关键。同时金融服务和其他相关支持功能也将实现 DMC 早期的有效发展。此外，一些特定的教育项目也将作为 DMC 发展的加速引擎。

✣ 休闲和娱乐区：体育设施主要为沿汉江的公园，娱乐设施主要由模拟中心和多媒体主题公园构成。

园区利用丰富的公共空间打造了企业活动展示平台，贴合行业特色，提供充足的产业配套支撑，包括试验基地、IT 艺术展区、传媒广场及展示区。

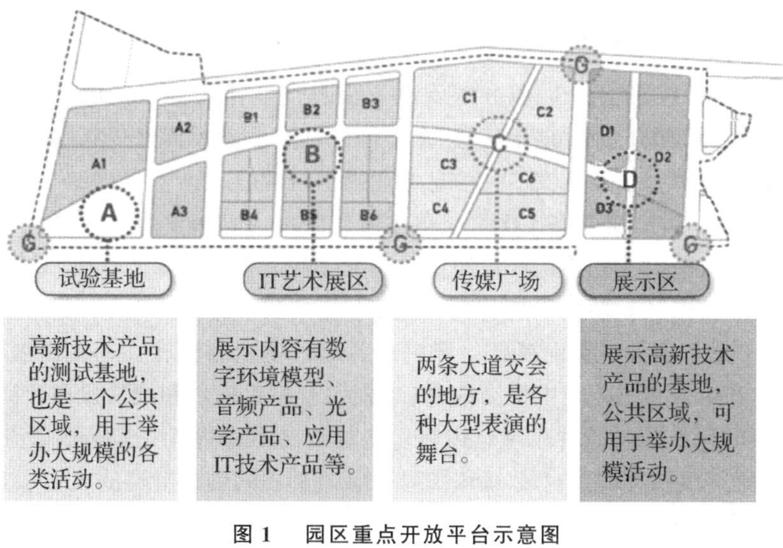

图 1　园区重点开放平台示意图

二、DMC 开发时序

DMC 采用分阶段开发建设，确保开发的高效性和灵活性，基础设施先行，办公区域补充，扩展功能完善。

第一阶段：基础设施区域建设

重点建设基础设施区域，主要包括了文化商务区、国际商务区、中心商业区以及教育研发区等。重点项目包括 DMC 公寓、DMC 研发中心、文化内容中心、韩国电子协会大楼、KGIT 中心、上岩 IT 大厦等。本阶段的建设完成了区域内信息通信网络设施、数据中心等相关 IT 功能支持设施以及文化、生活服务和商务等功能支持设施的建设。

第二阶段：办公区域建设

重点建设办公区域，主要包括信息传媒办公室和高科技企业办公区域。重点项目包括 KBS 媒体中心、MBC 广播电视大厦、SBS 大厦、YTN 等各大广播电视台大厦、PANTEC、TRUTEC 和 Nuritkum 广场等高科技企业办公大楼。

第三阶段：扩展功能区域建设

重点建设 DMC 区域内扩展功能区域，包括国际商务中心大厦(DMC 地标建筑)、周边绿化公园及相关设施建设等。这一阶段的建设，主要为了实现将 DMC 打造成首尔第二个市中心的远景目标。

三、DMC 产业发展

DMC 将传媒娱乐、IT 服务以及电子信息产业作为重点发展产业，三大产业发展相辅相成，通过电子信息与 IT 服务的产业发展促进传媒娱乐产业信息化发展，传媒娱乐产业发展为信息产业提供内容服务。

✣ 传媒娱乐产业：传媒娱乐产业在世界范围内高速发展，并且具有高附加值。韩国政府对文化传媒产业的发展高度支持。传媒娱乐产业使 DMC 有别于一般高科技园区，使其更具吸引力和核心竞争力。

✣ IT 服务产业：借助视频、音频、图形、动画制作软件，在原创设计、内容制作和运营传播环节中提高效率。结合 IT 相关软件和硬件服务，通过多元化表现形态为受众提供数字化内容。通过提供数据库相关软硬件设施，建立灾备中心和网络管理中心，确保灾难来临时的不间断广播通信。

✣ 电子信息产业：通过新型电子终端产品和数码配件的研发和生产，拓宽传媒产业传播途径。高速网络基础设施是确保传媒娱乐产业信息传播的实时性和高速性。多元化的信息网络基础设施确保信息传播的安全性和可扩展性。

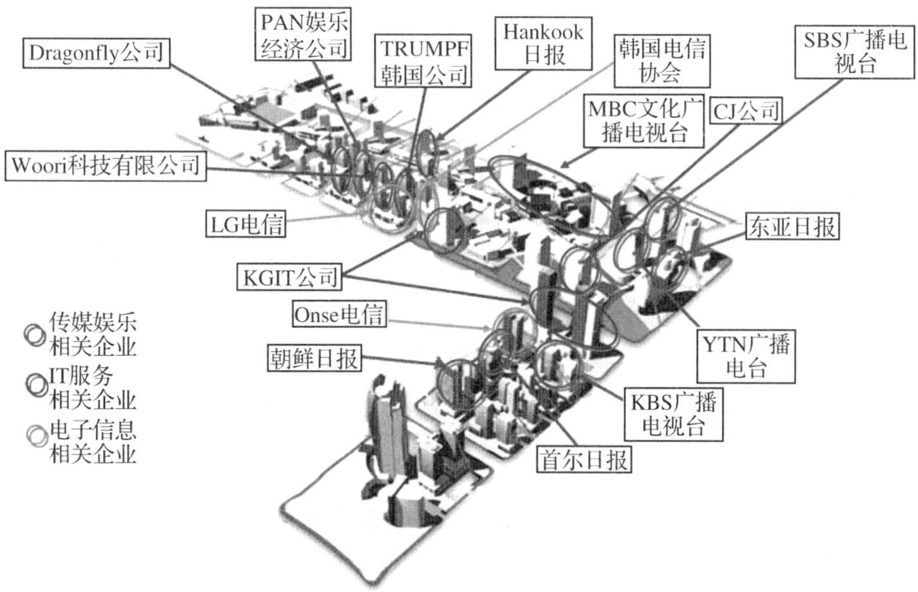

图 2　DMC 三大产业相关企业分布

四、DMC 建设效益分析

(一)社会效益

新媒体领域的领导者：DMC 具有将信息技术和文化进行完美融合的属性，并致力于发展最为迅速的媒体和娱乐行业，这种新型媒体的产业使韩国在世界新媒体领域处于领先地位。

科技创新的温床：DMC 通过提供具有高科技的文化产品和服务，以满足本地需求，从而成为科技创新的温床，并为首尔未来的发展增添新的价值。

提高创新 IT 人士的综合平台：DMC 举办的国际信息传媒企业和软件公司大会引进了更多著名传媒研究机构，致力于多项高科技传媒的研究，从而提供了一个融合大学、企业以及研究中心的平台，帮助创新 IT 专业人员在数字内容以及软件方面进行能力的提升。

(二)经济效益

创造就业机会和促进经济发展：通过将上岩洞建成知识型产业的集中小区，发展其高新科技技术的优势，通过举办刺激创业的活动和扩大就业的机会来使地区的经济更加发达。

促进产业发展：以麻浦西工会为轴心对文化产业(出版、印刷和 IT 制造业为主)的城市型工厂建造进行一定的扶持，通过对中小风险投资企业给予从设施开始，到各种行政援助和税务优惠、基金支持等各种优惠政策，促进区域文化产业以及 IT 制造业的发展。

增加财政收入：随着 DMC 各个项目的建成和发展，将创造超 16 万个的就业机会，同时预计将带来超过 106 亿美元的收入，促进地方财政收入。

五、DMC 开发模式

项目主要运营方为首尔市政府，同时 SH 公司协助其进行项目的开发。具体参与 DMC 开发项目各方的主要职能如下：

首尔市政府城市竞争总部的投资促进部：主要负责土地准备、供给以及实施分区规划等；

MG (Seoul Metropolitan Government)主导开发，SH 公司协助土地准备以及负责基础设施的兴建；

首尔商业发展署(DMC 管理团队)：项目推广和招商引资，从而使国内外企业和研究机构入驻 DMC；

首尔开发机构：负责准备项目的启动，同时负责项目交通系统的研发。

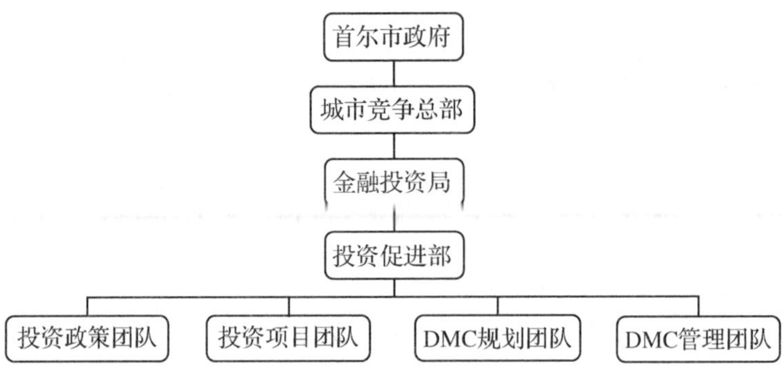

图 3　DMC 项目组织架构

六、经验借鉴

(一)开发模式方面

合理布局和开发区域功能：通过区域单元规划引导地区进行针对性的开发，在 DMC 各不同区域内设立各自区域的形象，布局合理、特色鲜明；通过区域功能规划的开发，有效地吸引了目标企业的入驻，同时通过合理的楼宇空间分布形成适宜的空中轮廓线。

注重引导公共设施和用户之间和谐搭配：在 DMC 区域内通过合理引导公共设施和用户之间进行有效融合，形成公共设施和用户之间的良性互动，为早期 DMC 的发展打下坚实的基础。

(二)总体规划方面

注重生态发展：在建设中注重整个区域和生态区域进行有效结合，如兰芝岛公园等一些能够显示最佳区域特征的公园开发规划；如在传媒大道步行街区进行中央公园和绿地开发，有利于树立 DMC 在外界进行环保的形象。在用户开发方面，DMC 为其提供充足的空置办公楼空间以确保舒适的商务环境，并将办公环境和公共区域的公园绿地进行有效结合，全面提升了整个区域的生态价值和功能。

(三)产业发展方面

有序的规划建设保障了经济发展：开发土地分区规划和区域单元规划的实施，确保了 DMC 主要区域土地销售的顺利进行，并为其提供最适合的开发条件；通过逐步有序建立的项目实施和发展规划，为 DMC 早期的发展奠定基础，并对 DMC 未来的发展具有良好的经济效应。

产业精准定位促进了数字与传媒行业的相互成就：以传媒娱乐产业为核心，发展产业—商务—研发相结合的综合模式，并有效促进了信息和通信行业的发展。